21世纪会计系列规划教材

通用型

Enterprise Internal Control

企业内部控制学

（第二版）

陈维青　胡本源／主编

买买提明·木沙　陈利军　龚凤兰／副主编

东北财经大学出版社
Dongbei University of Finance & Economics Press

大连

图书在版编目（CIP）数据

企业内部控制学/陈维青，胡本源主编. —2版.—大连：东北财经大学出版社，2016.2（2018.12重印）

（21世纪会计系列规划教材·通用型）

ISBN 978 - 7 - 5654 - 2251 - 5

Ⅰ.企…　Ⅱ.①陈…②胡…　Ⅲ.企业内部管理–高等学校–教材

Ⅳ.F270

中国版本图书馆CIP数据核字（2016）第027615号

东北财经大学出版社出版

（大连市黑石礁尖山街217号　邮政编码　116025）

教学支持：（0411）84710309

营　销　部：（0411）84710711

总　编　室：（0411）84710523

网　　址：http：//www.dufep.cn

读者信箱：dufep@dufe.edu.cn

大连市东晟印刷有限公司印刷　　东北财经大学出版社发行

幅面尺寸：170mm×240mm　字数：354千字　印张：17.75　插页：1

2016年2月第2版　　　　　　　2018年12月第6次印刷

责任编辑：李智慧　李　栋　　　　　　　责任校对：贺　丽

封面设计：冀贵收　　　　　　　　　　　版式设计：钟福建

定价：36.00元

第二版前言

企业内部控制是现代企业管理的重要手段。内部控制有效与否，直接关系到一个企业的兴衰成败。企业实行有效的内部控制制度，有助于促进企业发展生产，提高经济效益。

1992年9月，COSO委员会发布了《内部控制——整合框架》。该框架成为各类商业机构理解和建立有效的内部控制的公认框架或准则。2004年4月，COSO委员会在《内部控制——整合框架》的基础上，结合《萨班斯-奥克斯利法案》在报告方面的要求，同时吸收各方面的风险管理研究成果，发布了《企业风险管理——整合框架》，旨在为各国企业的风险管理提供一个统一术语与概念体系的全面的应用指南。

2008年6月28日，在借鉴以美国COSO框架为代表的国际内部控制框架，并结合中国国情的基础上，财政部会同证监会、审计署、银监会、保监会制定并印发了《企业内部控制基本规范》。该规范自2009年7月1日起在上市公司范围内施行，鼓励非上市的大中型企业执行。

2010年4月26日，财政部、证监会、审计署、银监会及保监会又联合发布了《企业内部控制配套指引》，包括18项《企业内部控制应用指引》、1项《企业内部控制评价指引》和1项《企业内部控制审计指引》。自2012年起，我国对上市公司实施全面内部控制审计的序幕正式拉开。为了有效地通过内部控制审计，企业需要提交一份合格的内部控制自我评价报告。因而，内部控制流程梳理、风险识别与评估以及内部控制体系建设已成为企业保持稳健发展、提升全员胜任能力的必修课。企业管理人员需要更好地掌握从事企业内部控制系统建设所需的基本理论、法规要求、实务操作技能、评价指标和管理方法等，从而提高企业内部控制系统的有效性。

自20世纪90年代以来，社会经济环境已发生很大变化，互联网经济、大数据应用、财务共享等诸多新运营方式或模式对传统运营方式产生了极大的冲击，对内部控制也提出了更深层次、更细致、更多元化的要求，引发了对内部控制框架的反思、改进和补充以及对内部控制方式和手段的革新。2013年5月，COSO委员会又发布了新的内部控制框架。新内部控制框架主要提供了对内部控制的一个概述，包括对其定义、目标、必备要素、相关原则的描述，以及有效内部控制体系的要求，同时也包括对内部控制局限性的讨论。

基于以上背景，本书第二版重新梳理了内部控制的产生与发展过程，结合内部控制理论及我国内部控制实践的最新进展，在引入国际最新内部控制框架的基础上，系统阐述了内部控制的要素、目标与原则以及内部控制有效性评价。通过对本书的学习，可以更深入地了解企业内部控制基本架构，掌握建立与完善企业内部控制制度的基本理论与方法。本书第二版的主要特点如下：

1.结合COSO内部控制新框架的变化，及时更新了教材相关章节内容。在编写本书的过程中，我们力求立足于国内实际、兼顾国际内部控制框架以及相关理论的发展动态。因此，本书既有对国际领域相关进展与动态的介绍，又有对国内企业开展内部控制理论研究及实务工作的阐述。

2.根据内部控制的发展方向，重新设计了本书的结构，主要体现在第一篇。第一篇由原来的四章变为现在的三章，这样的结构，使本书的条理和脉络更加清晰，各章内容也更加有所侧重。

3.为进一步体现本课程实践性和应用性较强的特点，在第一版每章都有导入性案例的基础上，章后又增加了一些案例，既可使较为枯燥、较难理解的内部控制的教学和学习尽可能地有趣和生动，又能实现理论性与实践性的统一。

本书由新疆财经大学会计学院陈维青教授、胡本源教授任主编，负责设计全书框架、草拟写作提纲、组织编写工作及最终的统稿和定稿；由买买提明·木沙博士、陈利军教授、龚凤兰副教授任副主编。本书各章的具体分工如下：第一、二、六、八、九章由陈维青教授编写，第三、十六章由陈利军教授编写，第四、五、七章由龚凤兰副教授编写，第十、十一章由黄俊荣博士编写，第十二、十五章由买买提明·木沙博士编写，第十三、十四章由王艳丽博士编写，第十七章由孙文娟博士编写，第十八章由胡本源教授编写。

本书在编写过程中参考了有关书籍和资料，得到了国家级特色专业建设点项目的资助，在此表示衷心感谢！

由于作者水平有限，书中不妥乃至错误之处在所难免，敬请各位同仁和广大读者批评指正，以便修正和提高。

编　者

2016年1月

目　录

第一篇 内部控制基础与架构

第一章 绪 论

【学习目标】

通过本章的学习，了解内部控制的产生过程，掌握内部控制的定义，理解内部控制的理论基础以及内部控制的必要性。

【导入性案例】

审计署审计长刘家义2008年8月27日在报告2007年度中央预算执行和其他财政收支的审计情况时说，审计结果表明，中央部门预算执行中，部门本级存在问题的金额达293.79亿元，部门所属单位存在问题的金额达170.7亿元。刘家义介绍，全年共审计53个部门，延伸审计368个所属单位。

在审计中发现，中国石油天然气集团公司、中国华电集团公司、哈尔滨电站设备集团公司3家中央企业在经营管理方面存在四大问题。一是损益不实78.65亿元；二是决策不当、管理不善造成直接损失或潜在损失16.63亿元；三是海外投资管理不够规范，已形成损失或面临损失4.24亿元；四是违法违规操作导致国有资产流失5.72亿元。审计署对这3家央企原领导人员任期经济责任履行情况进行了审计，检查资产总额7 960.9亿元，未发现其有个人经济问题。

资料来源 根据2008年8月28日《2007年中央预算执行和其他财政收支审计工作报告》整理而成。

第一节 内部控制及其演变

一、内部控制定义

所谓内部控制，是指由企业董事会/监事会、经理层和全体员工实施的，旨在合理保证企业经营管理合法合规、资产安全、财务报告及相关信息真实完整，提高经营效率和效果，促进企业实现发展战略的一系列控制活动过程。

从上述定义可知，内部控制是指经济组织在经济活动中建立的一种相互制约的业务组织形式和职责分工制度。内部控制的目的在于改善经营管理、提高经济效益。它是因加强经济管理的需要而产生的，是随着经济的发展而发展完善的。最早的控制主要着眼于保护财产的安全完整、保证会计信息资料的正确可靠，侧重于从钱物分管、严格手续、加强复核等方面进行控制。随着商品经济的发展和生产规模的扩大，经济活动日趋复杂，早期的内部控制逐步发展成近代的内部控制系统。

二、内部控制的演变

"控制"一词最早于公元1600年前后出现于英语词典中。该词来源于希腊文，原意为"掌舵术"，即为掌舵的方法和技术之意；此后该词词义又多次演变，用来表示国家管理的艺术。1948年，美国数学家诺伯特·维纳（Norbert Wiener）出版了《控制论——关于在动物和机器中控制和通讯的科学》一书，这标志着控制论的诞生，控制论开始成为一门新兴科学。在控制论中，"控制"是主体为改善某对象的功能或运行、获取信息，并以这种信息为基础而施加于该对象的作用。控制的基础是信息，控制系统实际是信息反馈系统。

内部控制属于控制论中经济控制论的一个分支，它是用控制论和经济控制论的原理和方法，来分析和研究组织的经营控制过程。

内部控制的发展历程可以划分为以下几个阶段。

（一）20世纪40年代以前的"内部牵制"阶段

所谓内部牵制，是指一个人不能完全支配账户，另一个人也不能独立地加以控制的制度。也就是一名员工与另一名员工必须是相互控制、相互稽核的。在这一阶段，内部牵制主要以账目间的相互核对为主要内容并实施岗位分离，即通过授权审批、职责分工、双重记录、核对记录等手段，坚持钱、物、账分管，来防止弊端的发生，以保证会计记录的正确和财产的安全。它是现代内部控制理论中有关组织控制、职务分离控制的雏形，是在当时生产规模较小和管理理论比较原始的情况下，通过总结以往经验并在结合实践的基础上逐渐形成的。

内部牵制阶段是内部控制的最初形态。据史料记载，在公元前3600年前的美索不达米亚文化时期，出现了用各种标记和符号对钱、财、物的使用情况进行核对和记录的简单内部控制实践，这是内部控制的萌芽期。古埃及银库记录官和银库监督官对银库实施双重监督，古罗马设置了"双人记账制"和财务支出检查与复核制度。我国西周时期，实施了分权控制方法、九府出纳方法和交互考核制度。13世纪，"借贷"复式记账法的出现，极大地促进了内部控制的发展。以账目间互相核对为主要内容并实施一定程度的岗位分离，在当时被认为是确保钱财和物品正确无误的理想方法。漫长的几千年来，内部控制一直以最原始的"内部牵制"的形式出现。在这一历史阶段，企业这种组织形式从无到有，数量较少，规模较小，主要是个人业主制企业或合伙制企业，企业内部管理的重点在于保护业主资产的安全。内部牵制以业务授权、权责分工、双重记录、定期核对等为基本内容，以加强内部分工控制为手段，来保护组织或个人的财产安全。这满足了在管理上依靠个人的经验和判断、处于小生产经营管理方式的组织内部管理的需要。在现代企业内部控制中，仍然闪耀着古代内部牵制的思想和方法的光芒。比如，现代会计记录依然沿用的是意大利复式记账方法；西周时期要求财富管理应做到"一毫财富之出入，数人耳目之通焉",演绎至现代即是"四眼原则"。内部牵制主要包括四项功能:(1)实物牵制,由两个或两个以上的人员共同掌握必要的实物工具,共同操作才能完成一定程序的牵制;(2)物理牵制,利用既定的标准或业务处理程序对各个部门、岗位或人员进行控制;(3)分权牵制,通过组织规划与结构设计把各项业务活动按其作业环节划分后交由不同部门或人员;(4)簿记牵制,在账簿组织方面,利用复式记账和账簿之间的钩稽关系,做到相互制约。

内部牵制思想是从一个环节或一个部门出发进行控制管理的,它缺乏全局观念,不强调业务流程和系统控制,即只强调点,不注重点与点之间的关系。

(二)20世纪40年代到70年代末的"内部控制"阶段

随着经济的发展,市场竞争日益加剧,企业想要在竞争中赢得主动,就必须加强管理,采取更加完善、更为有效的控制方法。因此,以账户核对和职务分工为主要内容的内部牵制,从20世纪40年代开始逐步演变为由组织结构、岗位职责、人员条件、业务处理程序、检查标准和内部审计等要素构成的较为严密的内部控制系统。

1949年,美国会计师协会的审计委员会(CAPAIA)对内部控制首次作了权威性定义:"内部控制是所制定的旨在保护资产、保证会计资料可靠性和完整性、提高经营效率、推动管理部门所制定的各项政策得以贯彻执行的组织计划和相互配套的各种方法及措施。"可见,内部控制已经突破了与财会部门直接有关的控制的局限。

这一时期,内部控制开始有了内部会计控制和内部管理控制的划分,如CAPAIA在1958年的第29号审计程序公报《独立审计人员评价内部控制的范围》中,将内部控制分为内部会计控制和内部管理控制,前者涉及与财产安全和会计记录的准确性、可靠性直接相关的方法和程序,后者主要是与贯彻管理方针和提高经营效率有关的方法和程序。总的来说,内部控制的范围更大,方法更趋于科学与完善。

(三)20世纪70年代到90年代末的"内部控制结构"阶段

在这一时期,企业开始需要以经营业务为导向,针对主要经营业务进行风险控制评价。因此,管理环境被纳入内部控制的视线,并引起内部控制各要素的重新划分与结构整合。

1988年,美国注册会计师协会发布了《审计准则公告第55号》(SAS No.55),以《财务报表审计对内部控制结构的考虑》为题,首次采用"内部控制结构"一词,将其界定为"为合理保证企业特定目标的实现而建立的各种政策和程序",并且明确了内部控制的内容包括三个部分:控制环境、会计制度、控制程序。

在"内部控制结构"中,不再划分内部会计控制与内部管理控制,而统一以要素表述内部控制,且正式将控制环境纳入内部控制范畴,它是充分有效的内部控制体系得以建立和运行的基础及保证。

（四）20世纪90年代以后的"内部控制整合框架"阶段

20世纪80年代，美国的一系列财务报告舞弊和企业"突发"破产事件，引起人们对内部控制的重新思考。此时，很多人认识到可以把加强上市公司内部控制作为从根源上解决虚假财务信息的手段之一。COSO委员会先后发布、完善的《内部控制——整合框架》指出，内部控制是一个过程，受企业董事会、管理层和其他员工影响，旨在保证财务报告可靠性、经营效果和效率，以及对现行法规的遵循。它认为，内部控制整体框架主要由控制环境、风险评估、控制活动、信息与沟通、监督五项要素构成。

在美国有史以来最大的能源交易商——安然公司破产以及施乐、世通等大公司财务舞弊问题暴露后，人们充分认识到了对风险管理的必要性，因此在2004年，COSO委员会发布了《企业风险管理——整合框架》。

内部控制，是从最初的内部会计控制，到提出内部管理控制，再到将两者结合讨论制定出整合框架，最后演变为企业的风险管理。从内部控制的发展可以看出，内部控制的建立是企业不断成长壮大的结果，是现代化管理不断发展变化的客观要求，审计技术的进步和管理理论的创新都是推动内部控制不断发展的动力。

（五）2001年后风险管理框架阶段

2001年，COSO委托普华永道开发一个为管理层评价和改进其所在组织的企业风险管理的简便易行的框架，2004年9月，《企业风险管理——整合框架》正式文本发布。该框架认为：企业风险管理是一个过程，它由一个主体的董事会、管理层和其他人员实施，应用于战略制定并贯穿于企业之中，旨在识别可能会影响主体的潜在事项，管理风险以使其在该主体的风险容量之内，并为主体目标的实现提供合理保证。该框架拓展了内部控制，更有力、更广泛地关注于企业风险管理这一更加宽泛的领域。尽管风险框架不打算，也的确没有取代内部控制框架，但风险管理框架文本指出，风险管理框架将内部控制框架涵盖在其中。

风险管理框架包括了八大要素：内部环境、目标制定、事项识别、风险评估、风险反应、控制活动、信息与沟通、监督。企业风险管理并不是一个严格的顺次过程，一个构成要素并不是仅仅影响接下来的那个构成要素。它是一个多方向的、反复的过程。在这个过程中，几乎每一个构成要素都能够、也的确会影响其他构成要素。

第二节 内部控制的理论基础

委托代理理论和控制论是内部控制的理论基础。

一、委托代理理论

委托代理理论（principal-agent theory）产生于20世纪30年代，美国经济学家伯利和米恩斯因为洞悉企业所有者兼具经营者的状况存在着极大的弊端，于是提出

"委托代理理论"，倡导所有权和经营权分离，企业所有者保留剩余索取权，而将经营权让渡。"委托代理理论"早已成为现代公司治理的逻辑起点。

委托代理理论是制度经济学契约理论的主要内容之一，所研究的委托代理关系是指一个或多个行为主体根据一种明示或隐含的契约，指定、雇用另一些行为主体为其服务，同时授予后者一定的决策权利，并根据后者提供的服务数量和质量对其支付相应的报酬。委托代理关系起源于"专业化"的存在。当存在"专业化"时就可能出现一种关系，在这种关系中，代理人由于相对优势而代表委托人行动。现代意义的委托代理的概念最早是由罗斯提出的，他指出：如果当事人双方中的代理人一方代表委托人一方的利益行使某些决策权，则代理关系就随之产生。委托代理理论从不同于传统微观经济学的角度来分析企业内部、企业之间的委托代理关系，它在解释一些组织现象时，优于一般的微观经济学。

委托代理理论是建立在非对称信息博弈论的基础上的。非对称信息（asymmetric information）指的是某些参与人拥有但另一些参与人没有的信息。信息的非对称性可从以下两个角度进行划分：一是非对称发生的时间，二是非对称信息的内容。从非对称发生的时间看，非对称性可能发生在当事人签约之前（ex ante），也可能发生在签约之后（ex post），分别称为事前非对称和事后非对称。研究事前非对称信息博弈的模型称为逆向选择（adverse selection）模型，研究事后非对称信息的模型称为道德风险（moral hazard）模型。从非对称信息的内容看，非对称信息可能是指某些参与人隐藏的行为（action），研究此类问题的模型，我们称为隐藏行为（hidden action）模型；也可能是指某些参与人隐藏的知识（knowledge），研究此类问题的模型，我们称为隐藏知识（hidden knowledge）模型。

委托代理理论的主要观点认为：委托代理关系是随着生产力大发展和规模化大生产的出现而产生的。其原因一方面是生产力发展使得分工进一步细化，权利的所有者由于知识、能力和精力的原因不能行使所有的权利了；另一方面专业化分工产生了一大批具有专业知识的代理人，他们有精力、有能力代理行使好被委托的权利。但在委托代理的关系当中，由于委托人与代理人的效用函数不一样，委托人追求的是自己的财富更大，而代理人追求自己的工资津贴收入、奢侈消费和闲暇时间最大化，这必然导致两者的利益冲突。在没有有效的制度安排下，代理人的行为很可能最终损害委托人的利益，而全世界——不管是经济领域还是社会领域——都普遍存在委托代理关系。

由于委托代理关系在社会中普遍存在，因此委托代理理论被用于解决各种问题。比如，国家与国企经理、国企经理与雇员、国企所有者与注册会计师、公司股东与经理、选民与官员、医生与病人、债权人与债务人都是委托代理关系。因此，寻求激励的影响因素、设计最优的激励机制，将会越来越广泛地被应用于社会生活的方方面面。

通常人们把内部控制理解为组织为了减少决策失误和工作缺陷而实施的控制，

这些控制可能是内部监督，也可能是管理手册、规章制度等。这种理解没有错，但不全面。按照现代的内部控制理论，这些仅仅是内部控制的一部分，而不是全部。现代内部控制理论认为，内部控制是一个系统化的框架，它建立在风险管理的基础上，包括控制环境、风险分析、控制活动、信息与沟通、监督五大要素。

二、控制论

内部控制制度设立的理论基础——控制论，主要研究生物系统和非生物系统内部通信、调节和控制的一般规律，一切有生命和无生命的系统都是反馈系统，具有反馈控制原理，控制系统都是通过各种反馈来达到控制的目的。内部控制所研究的组织，同样是一个信息系统，通过信息的变换和反馈，辅之以专门的施控方法达到控制的目的。所谓控制是施控主体对受控客体的一种能动作用，这种作用使受控客体为施控主体的目标所驱动以最终达到施控主体的预定目标。施控主体主要指组织的管理层，受控客体是组织内部的各个构成元素及彼此间的耦合关系。

第三节　内部控制的必要性

内部控制主要是指内部管理控制和内部会计控制，内部控制系统有助于企业实现经营目标。随着社会主义市场经济体制的建立，内部控制的作用会不断扩展。内部控制的存在与发展，并非仅仅是外部审计人员的主观意愿，而是经济组织本身及其管理部门的需要，内部控制是一切管理工作的基础。在竞争激烈的市场经济条件下，在科技、信息日新月异的环境中，在企事业及政府部门中设置内部控制，正是出于自身持续经营和发展的需要。

1.提高会计信息资料的正确性和可靠性

企业决策层要想在瞬息万变的市场竞争中有效地管理企业，就必须及时掌握各种信息，以确保决策的正确性，并可以通过控制手段尽量提高所获信息的准确性和真实性。因此，建立内部控制系统可以提高会计信息的正确性和可靠性。

2.保证生产和经营活动顺利进行，圆满实现企业的经管目标

内部控制系统通过确定职责分工，严格各种手续、制度、工艺流程、审批程序、检查监督手段等，可以有效地控制本单位生产和经营活动顺利进行，防止出现偏差，纠正失误和弊端，保证实现单位的经营目标。

3.保护企业财产的安全完整

财产物资是企业从事生产经营活动的物质基础。内部控制可以通过适当的方法对货币资金的收入、支出、结余以及各项财产物资的采购、验收、保管、领用、销售等活动进行控制，防止贪污、盗窃、滥用、毁坏等不法行为，保证财产物资的安全完整。

4.保证企业既定方针的贯彻执行

企业决策层不但要制定管理经营方针、政策、制度，而且要狠抓贯彻执行。内

部控制则可以通过审核批准、监督检查等手段促使全体职工贯彻和执行既定的方针、政策和制度，同时，可以促使企业领导和有关人员执行国家的方针、政策，在遵守国家法规纪律的前提下认真贯彻企业的既定方针。

5.为审计工作提供良好基础

审计监督必须以真实可靠的会计信息为依据检查错误、揭露弊端、评价经济责任和经济效益，而只有具备了齐全的内部控制制度，才能保证信息的准确、资料的真实，并为审计工作提供良好的基础。总之，良好的内部控制系统可以有效地防止各项资源的浪费和舞弊的发生，提高生产、经营和管理效率，降低企业成本费用，提高企业经济效益。

复习思考题

1.什么是内部控制？如何理解内部控制的概念及必要性？

2.内部控制的发展大致经历了几个阶段？每个阶段的主要特征是什么？

3.内部控制的理论基础有哪些？

中英文专业术语

内部控制 internal control

内部牵制 internal check

委托代理理论 principal-agent theory

非对称信息 asymmetric information

补充学习内容

委托代理理论与权变理论。

第二章 国际内部控制框架

【学习目标】

通过本章的学习，了解COSO框架的基本特征及框架，掌握COSO与企业内部控制的内在关系，理解COSO框架中有关内部控制目标与要素的内涵，并理解内部控制有效性的评价。

【导入性案例】

安然事件

安然公司（股票代码：ENRNQ），曾是一家位于美国得克萨斯州休斯敦市的能源类公司。在2001年宣告破产之前，安然是叱咤风云的"能源帝国"，2000年总收入高达1 000亿美元，名列《财富》杂志"美国500强"中的第七。2001年10月16日，安然公司公布该年度第三季度的财务报告，宣布公司亏损总计达6.18亿美元，引起投资者、媒体和管理层的广泛关注，从此，拉开了安然事件的序幕。2001年12月2日，安然公司正式向破产法院申请破产保护，破产清单所列资产达498亿美元，成为当时美国历史上最大的破产企业。2002年1月15日，纽约证券交易所正式宣布，将安然公司股票从道·琼斯工业平均指数成分股中除名，并停止安然股票的相关交易。至此，安然大厦完全崩溃。短短两个月，能源巨擘轰然倒地，实在令人难以置信。

安达信公司作为安然公司多年的审计所，在为安然公司提供审计服务的同时，还为其提供了大量的非审计服务，非审计服务的收费也高于审计服务收费。正因为如此，人们对于安达信未能及时发现安然公司的舞弊行为提出质疑。

而2002年1月10日，安达信公开承认销毁了与安然审计有关的档案，这就更加证实了人们的疑问。很快，安然公司丑闻转化为审计丑闻。2002年10月16日，休斯敦联邦地区法院对安达信妨碍司法调查作出判决，罚款50万美元，并禁止它在5年内从事业务。

但是事情的变化令人难以置信，2005年6月，美国最高法院推翻了3年前对安达信公司所作的有罪判决。负责审理此案的全体法官一致认为，原陪审团作出的庭审说明太过含糊，当年对安达信"妨碍司法公正"的裁决是不恰当的。然而，这一裁定对因安达信倒塌而深受打击的28 000名员工来说已经没有太大意义了。

在此事件中受到影响的还有安然的交易对象和那些大的金融财团。据统计，在安然破产案中，杜克（Duke）集团损失1亿美元，米伦特公司损失8 000万美元，迪诺基损失7 500万美元。在各个财团中，损失比较惨重的是J.P.摩根和花旗集团。仅J.P.摩根对安然的无担保贷款就高达5亿美元，据称花旗集团的损失也差不多与此相当。此外，安然的债主还包括德意志银行、中国银行、招商银行三家大银行等。

安然、世通事件后，2002年美国国会通过《萨班斯-奥克斯利法案》（SOX法案），该法案第404条款提出的内部控制评审要求旨在通过加强内部控制来改进公司治理状况。在经历一系列财务舞弊事件之后，我国也开始注意到内部控制对企业发展的重要性。2008年，财政部等五部委联合印发《企业内部控制基本规范》，2010年发布基本规范配套指引。这些法规的陆续颁布及补充，极大地推动了我国企业内部控制建设。值得注意的是，美国COSO框架、巴塞尔体系及委托代理理论为我国的内部控制建设提供了很好的理论借鉴。

资料来源　根据百度文库《安然事件》（http://www.baike.baidu.com/view/159250.htm）整理而成。

第一节　COSO内部控制框架概述

COSO是全国反舞弊财务报告委员会下属的发起人委员会（The Committee of Sponsoring Organizations of The National Commission of Fraudulent Financial Reporting）的英文缩写。

在美国，20世纪70年代中期，与内部控制有关的活动大部分集中在制度的设计和审计方面，重在改进内部控制制度和方法。1973年至1976年对水门事件（美国公司进行违法的国内捐款和贿赂外国政府官员）的调查使得立法机关与行政机关开始注意到内部控制问题。针对调查的结果，美国国会于1979年通过了《反国外贿赂法》（简称FCPA）。FCPA除规定了关于反贿赂的条款外，还规定了与会计及内部控制有关的条款。因此美国许多机构都加强了对内部控制的研究并提出许多建议。1985年，由美国注册会计师协会、美国会计协会、财务经理人协会、内部审计师协会、管理会计师协会联合创建了反舞弊财务报告委员会，旨在探讨财务报告中的舞弊产生的原因，并寻找解决之道。两年后，基于该委员会的建议，其赞助机构成立COSO委员会，专门研究内部控制问题。1992年9月，COSO委员会在经历大量的测试之后，发布《内部控制——整合框架》，简称COSO报告，1994年进行了增补，2013年5月，美国COSO又发表了新的内部控制框架。新内部控制框架主要提供了对内部控制的一个概述，包括对内部控制定义、目标、必备要素、相关原则的描述，以及有效内部控制体系的要求，同时也包括对内部控制局限性的讨论，即为何一个完美无缺的内部控制体系是不存在的。COSO框架成为各类商业机构理解和建立有效的内部控制的公认框架或准则。我国目前的内部控制制度建设也借鉴了美国的COSO框架。

COSO内部控制框架的提出标志着内部控制理论发展到新的阶段，对企业完善和优化内部控制、提高风险防范能力具有十分重要的意义。COSO内部控制框架之所以被广泛地选择作为构建和完善内部控制体系的标准，是因为虽然COSO内部控制框架并非唯一的内部控制框架，但却是美国证券交易委员会唯一推荐使用的内部控制框架，《萨班斯-奥克斯利法案》第404条款的最终细则也明确表明COSO内部控制框架可以作为评估企业内部控制的标准。股份公司作为纽约证交所上市公司，需要按照法案要求，引进COSO内部控制框架，整合现有内部控制，满足法案的要求。同时，对股份公司来说，这也是梳理管理流程、规范管理、提升整体管理水平的契机。COSO内部控制框架是一个较为理想的框架，几乎所有公司的内部控制均与之有一定差距，美国各大公司也正在为此而努力，虽然这必然加大企业负担，但多数公司同股份公司一样，希望通过理解和贯彻COSO内部控制框架要求，来实现提升管理水平的目的。

2004年，COSO根据SOX法案的要求又提出了《企业风险管理——整合框架》（ERM框架），将企业内部控制的发展带入了一个新阶段。ERM框架将风险管理要素分为八个：内部环境、目标制定、事项识别、风险评估、风险反应、控制活动、信息与流通、监督。

ERM框架八要素并没有否定内部控制框架的五要素，由于后者比前者更为成熟、稳定，再加上美国证监会推荐、参照的框架也是五要素，因此，大多数国家，包括我国设计的内部控制要素还是五要素。

一、内部控制的定义

COSO对于内部控制的定义如下：

内部控制是一个由主体的董事会、管理层和其他员工实施的，旨在为实现运营、报告和合规目标提供合理保证的过程。

这个定义强调内部控制是：

（1）旨在实现目标——这些相互独立但又互有重叠的目标类别包括运营、报告和合规。

（2）一个持续不断的过程—— 此过程包括持续的任务和活动，是达到目的的手段，而非目的本身。

（3）由人来实施—— 不仅仅是单纯的政策、流程手册、系统和表单，而且包括组织中各层级人员，他们的实施行为是内部控制的重要组成部分。

（4）可以提供合理保证——向组织的高级管理层和董事会提供合理保证，但非绝对保证。

（5）与组织的结构相适应——可灵活应用于整个组织或其中一个下属单位、分部、业务单元或业务流程。

COSO内部控制的定义之所以被设计得很宽泛，是因为它需要体现如何设计、实施和执行内部控制，以及开展内部控制体系有效性评估这些最为基本的重要概念，为那些不同类别、行业和地区的组织应用本框架提供基础。

二、内部控制的目标

COSO内部控制框架列举了三种类别的目标，使组织可以关注于内部控制的不同方面：

（1）运营目标——组织运营的效果和效率，包括运营和财务业绩目标、保护资产以避免损失。

（2）报告目标——内外部的财务和非财务报告的可靠性、及时性、透明度，以及监管者、标准制定机构和组织政策所要求的其他方面。

（3）合规目标——遵守组织所适用的法律法规及规章。

原内部控制框架的三个目标中有一个是财务报告。其实这个财务报告指的是外部财务报告，如上市公司的年报和季报。而新的内部控制框架延伸了这个目标。目前的报告目标不仅包括外部财务报告，而且包括了内部财务报告、内部非财务报告和外部非财务报告。这无疑扩大了COSO内部控制框架的实施范围，突出了内部控制对运营过程的作用。对一般性报告的重视，与COSO近些年来越来越重视内部控制过程的信息沟通是一致的。例如，COSO在2009年曾经发表了关于内部控制框架的监督评价指南。新的内部控制框架在评价内部控制的有效性方面使用了该指南中的内容。

第二节　COSO内部控制要素

一、要素组成

COSO内部控制框架认为，内部控制由五个不可分割的要素组成。

（一）控制环境

控制环境是一套标准、流程和结构，能够为组织实施内部控制提供基础。董事会和高级管理层应在高层建立基调，强调内部控制的重要性（包括期望的行为准则），并应在组织的各个层级强化这种要求。控制环境包括了组织的诚信和道德价值观；促成董事会行使治理监督职责的各种要素；组织结构以及权力与责任的分配；吸引、培养和留用人才的程序；用以实现绩效问责的严密的绩效衡量、激励和奖励机制。控制环境会对整个内部控制体系产生深远的影响。

（二）风险评估

每个主体都面临着来自内外部的各类风险。风险是指某项事件将发生并对组织实现其目标产生负面影响的可能性。风险评估应通过动态和反复的过程，以识别和评估影响组织目标实现的风险。在考虑影响主体目标实现的各个方面的风险时，应与已建立的各项风险容忍度相关联。由此，风险评估为形成如何管理风险的决策奠定基础。风险评估的先决条件是已建立了各种目标，并关联到主体内不同的层级。管理层应充分明确运营、报告和合规三大类具体目标，以便识别和评估与这些目标相关的风险。管理层也应考虑这些目标对于主体的适用性。风险评估还要求管理层考虑可能导致内部控制失效的外部环境以及内部商业模式变化带来的影响。

（三）控制活动

控制活动是通过政策和程序所确立的行动，旨在协助确保管理层关于降低影响目标实现的风险的方针已经落实。在主体的各个层级、业务流程的各个环节，以及技术环境中都应实施控制活动。在性质上，控制活动可以是预防性的，也可以是发现性的；可能涵盖一系列的人工和自动化控制，如授权、批准、核查、对账和企业绩效评估等。不相容职责分离就是典型的应选择和执行的控制活动。如果不相容职责分离对主体来说难以实施，管理层应选择并执行替代性的控制活动。

（四）信息与沟通

信息对于主体履行内部控制责任以促进目标实现是非常必要的。管理层应从内外部来源获取或生成和使用高质量的、相关的信息，以支持内部控制的持续运行。沟通是提供、共享和获取所需信息的持续和不断重复的过程。内部沟通是让信息在整个组织内向上、向下和横向传递的手段，它使员工能清晰获得高层要求其认真履行控制职责的讯息。外部沟通则是双重的：将外部的相关信息引入，以及向外部提供信息以回应相关方的要求和期望。

（五）监督活动

主体应通过持续评估、单独评估或者两者的组合，以确认内部控制的五个要素是否存在并持续运行。持续评估应被嵌入主体不同层级的业务流程中，以提供及时的信息。单独评估应定期开展，其评估范围和频率因风险评估结果、持续评估的有效性以及管理层的其他考虑而有所不同。主体应依据监管机构、标准制定机构，或管理层和董事会所设定的标准，对各种发现进行评估，必要时应当向管理层和董事会报告各项缺陷。

内部控制各要素之间相互关系可以用图2-1表示。

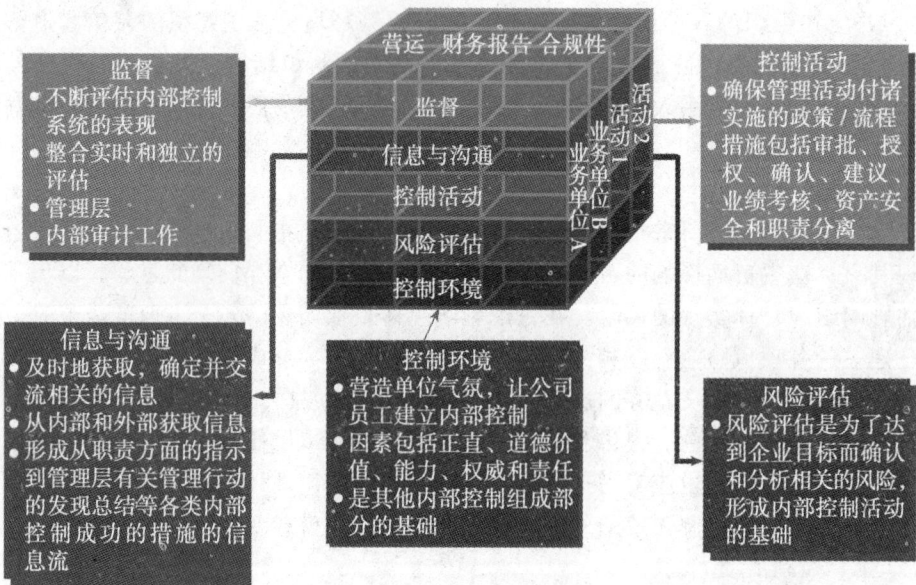

图2-1　内部控制要素关系图

资料来源　http：//blog.donews.com/newstree/archive/2006/12/05/1090888.aspx.

二、与各要素相关的原则

COSO内部控制框架详细阐述了17项与各要素相关的原则。由于这些原则是从各要素中直接得出的，主体可以通过应用所有的原则从而实现有效的内部控制。所有原则均适用于运营、报告及合规目标。各要素的原则如下：

（一）与控制环境相关的原则

原则1　组织应展现对诚信和道德价值的承诺。

原则2　董事会应展现出其独立于管理层，并对内部控制的开展与成效实施监督。

原则3　管理层为实现目标，应在董事会的监督下确立组织架构、汇报路线、合理的权力与责任。

原则4　组织应展现出其对吸引、培养和留用符合组织目标要求的人才的承诺。

原则5　组织为实现目标，应要求员工承担内部控制的相关责任。

（二）与风险评估相关的原则

原则6　组织应设定清晰明确的目标，以识别和评估与目标相关的风险。

原则7　组织应对影响其目标实现的风险进行全方位的识别和分析，并以此为基础来决定应如何管理风险。

原则8　组织应在评估影响其目标实现的风险时，考虑潜在的舞弊行为。

原则9　组织应识别并评估对其内部控制体系可能造成重大影响的改变。

（三）与控制活动相关的原则

原则10　组织应该选择并执行那些可以将影响其目标实现的风险降至可接受水平的控制活动。

原则11　针对信息技术，组织应选择并执行一般控制活动以支持其目标的实现。

原则12　组织应通过政策和程序来实施控制活动。政策是建立预期，程序是将政策付诸行动。

（四）与信息与沟通相关的原则

原则13　组织应获取或生成和使用高质量的、相关的信息来支持内部控制的持续运行。

原则14　组织应在内部对内部控制目标和责任等必要信息进行沟通，从而支持内部控制持续运行。

原则15　组织应就影响内部控制发挥作用的事项，与外部进行沟通。

（五）与监督活动相关的原则

原则16　组织应选择、开展并实施持续和（或）单独评估，以确认内部控制的各要素存在并持续运行。

原则17　组织应评价内部控制缺陷，并及时与整改责任方沟通，必要时还应与高级管理层和董事会沟通。

三、要素内容

（一）控制环境

控制环境是其他控制要素的基础。控制环境包括：员工的诚信和道德价值观；员工的胜任能力；董事会和审计委员会；管理层的经营理念和经营风格；组织结构；管理层授权和职责分工；人力资源政策和措施。

1.员工的诚信和道德价值观

内部控制是由人建立、执行和维护的，人是内部控制有效运行的根本因素。人的道德价值观影响着人的行为。企业员工具有良好的道德标准并形成良好的道德氛围对控制系统的有效运行非常重要，也有助于防范那些内部控制系统难以控制的行为。员工的诚信和道德价值观是指员工行为的准则，是指什么行为可接受、什么行为不可接受，以及遇到不正当行为应该采取的行动等，主要包括以下内容：

● 利益冲突：每一个员工都有责任将公司利益放在第一位，避免私人利益与公司利益发生冲突。

● 合法性：公司要承诺在进行业务时是抱着诚实和诚信原则，并遵循所有适用的法律和规章制度。

● 及时向指定人员报告或检举揭发违规事项：员工有义务对所发现的关于会计、内部控制或审计等的违反法律、规章制度或行为准则的问题，向道德规范委员会报告，或向披露委员会或审计委员会汇报。一旦发现任何高级管理人员违反法律、规章制度或行为准则，应迅速向道德规范委员会等相关机构报告。对检举人应当建立保密制度，包括匿名保护。

● 遵守道德准则的责任：明确员工必须遵守道德准则。对违反准则的人员建立惩罚机制，甚至解雇或免职。

● 公司机遇：禁止员工通过利用公司财产、信息或职位为自己或其他人牟取商业机遇。

● 保密：机密信息是一家公司最重要的资产之一。公司建立相应政策保护机密信息，包括：（1）属于公司商业性机密信息；（2）属于非披露协议下的信息。每一个员工在入职后应执行保密协议和保护公司知识产权。员工即使在终止雇用之后，仍然有义务保护公司的机密信息。

● 公平交易：每一个员工都应该努力去公平对待顾客、供应商、竞争者、公众，并遵循商业道德规范。为了获得或维持业务而进行贿赂、提供回扣或其他诱惑等都是不允许的。与业务相关，偶尔赠送非政府雇员的价值较低的商业礼物的做法是可以接受的。但在未得到道德委员会事先批准的情况下，赠送礼物或款待政府雇员是不允许的。员工代表公司购买商品应遵循公司的采购政策。

● 公司资产的保护及恰当使用：每一个员工必须保护公司资产，包括实物资源、资产、所有权、机密信息，杜绝损失、失窃或误用。任何可疑的损失、误用或失窃都应该报告给经理或法律部门。公司资产必须用于公司业务，符合公司政策。

● 全面、公正、正确、及时地理解财务报告及其披露事项：因为公司必须提供完整、公正、及时和可理解的披露报告及文件，并存档或呈交给证监会以及公共传媒，所以每一个员工都有责任保证会计记录的准确性。管理层必须建立和保持适当的内部控制，遵循公司已有的会计准则和流程，保证交易记录的完整和准确，禁止干扰或不正当地影响公司财务报表审计。要求证实会计记录和报表受控，能够保证准确性，包括提供给审计和定期向证监会报告的义务。

对于企业来说，首要的工作是建立一套员工能够接受和理解的诚信和道德标准，如道德行为手册；其次是必须让员工知晓和理解这些规定（例如，要求所有员工定期签字确认），这是执行的前提条件；最后就是贯彻执行。在公司内传递道德标准的最有效方式是管理层以身作则，员工对内部控制的态度通常会效仿他们的领导。另外，对违反准则的员工应予以相应惩罚，建立鼓励员工揭发违规行为的机制，以及对未能汇报违规行为员工的教育培训等都具有特别重要的意义。

员工个人可能由于下列因素而卷入不诚实、非法或不道德的行为：

● 不切实际的业绩目标，特别是短期业绩的压力（例如，为了实现预先设定的利润指标而在财务报告中虚报收入）。

● 将奖金分配与业绩挂钩（例如，错报与业绩考核指标相关的财务信息）。

● 内部控制制度不存在或无效（例如，敏感业务区域未设立严格的职责分工，这为偷窃公司资产或隐藏不良行为提供了可能）。

● 组织高度分散，可能导致高层管理人员不清楚基层的行为，缺少必要的监管，因此减少了基层舞弊被发现的机会。

● 内部审计职能薄弱，没有及时发现和报告不正确的行为。

● 董事会缺少对高层管理人员的客观监管，可能导致管理人员凌驾于内部控制制度之上。

● 管理层对不正确行为的惩罚力度不够或不公开，从而失去了应有的威慑力。

2. 员工的胜任能力

胜任能力是要求员工具备完成工作任务所需的知识和技能，目的是保证员工能够正确理解相关规定、及时恰当分析和处理业务，这是维护内部控制有效性的必备条件。为此，管理层需要设定工作岗位的知识和技能水平要求，在招聘、选用员工时作为评选的标准或条件。在设定工作所需知识和技能时，一方面要根据工作的性质和所需的职业判断，考虑能力需求；另一方面还应考虑人力资源成本即薪酬（例如，没有必要雇用一名电子工程师来换一个灯泡）。

3. 董事会和审计委员会

董事会或审计委员会的职能是实施治理、指导和监督管理层的工作。如果对管理层缺乏必要的监督，管理层可能会凌驾于控制之上，甚至故意歪曲结果，因此董事会或审计委员会监督作用对确保内部控制的有效性十分重要。董事会或审计委员会作用的发挥，必须具备以下条件：一是要独立于管理层，不受其影响；二是具有足够知识、行业经验和时间，以便于履行职责；三是能够与财务、法律、内部审计和外部审计及时沟通，得到适当信息；四是能够控制高级管理人员的薪酬，有权聘用和解聘高级管理人员。

补充说明一点，我国股份公司的治理结构与国外有所不同，股份公司设置监事会，其职能类似于国外审计委员会的职能，所以股份公司的董事会、审计委员会和监事会都需要符合上述条件。

4.管理层的经营理念和经营风格

管理层的经营理念和经营风格影响企业的管理方式，包括面对各种风险的态度。管理层的经营理念和经营风格形成了企业文化，它既是一切业务实现的基础，也为内部控制的实施提供了平台。它往往是企业内部一种无形的力量，影响企业成员的思维方法和行为方式，包括企业承受经营风险的种类、整个企业的管理方式、企业管理阶层对法规的反应、对企业财务的重视程度以及对人力资源的政策及看法等，它们都深深地影响着内部控制的成效。例如，有些公司管理层的经营理念和风格较为激进，愿意承担更高的风险以追求更高的盈利回报；而有些公司的管理层则比较保守，在风险承担方面表现得较为谨慎。可以看出，不同的经营理念和风格决定了管理层在承担风险方面采取不同的态度和作出不同的决策。以销售信贷政策为例，对风险承受力高的公司相比承受力低的公司，其设定的信用销售额度更高，以期望通过更优惠的政策吸引和保留客户，从而获得更高的销售额。管理层的经营理念和经营风格还表现在：管理层对财务报告的态度，在会计政策选择方面是否谨慎，进行会计估计时是否遵循审慎性原则，对待数据处理、会计职能及人事管理等方面的态度等。

5.组织结构

组织结构是权责分工的架构，在此架构中规划、执行、控制和监督为实现企业目标而进行的活动。每个企业都可根据自己的需要确定组织结构，可以是集权型，也可以是分权型；可以是直接的报告关系，也可以是矩阵型组织结构；可以按产品或行业组织，也可以按地理分布或功能组织。但不论何种组织结构，都应根据公司的业务性质，进行适当的集中或分散，确保信息的上传、下达和在各业务间的流动，确保企业目标的实现。

6.管理层授权和职责分工

管理层授权和职责分工是指对员工进行授权和分配责任，将企业的目标层层分解落实到每个员工的头上，从而将员工的行为与企业目标联系起来，增强员工的自主控制意识。管理层授权和职责分工的关键是权力与责任的对等。

7.人力资源政策和措施

人力资源政策和措施是关于员工聘用、培训、考核、晋升、薪酬等方面的政策和程序，目的是聘用和维持有能力的人员，保证公司的计划得以实施、目标得以实现。因此，人力资源政策和措施应考虑如何招聘到有能力、可信任的人员，如何进行相关培训使员工意识到他们的工作职责和公司对他们的要求，如何通过考核、薪酬、提升等政策激励约束员工。

（二）风险评估

1.风险及风险评估的定义

风险是任何影响目标实现的因素。所有的企业，无论规模、结构和行业性质，都面临着风险，可以说有经营就有风险。风险有来自企业内部的，也有来自企业外部的。为了加强对风险的控制，必须进行风险评估。风险评估是指对相关风险进行识别和分析，是发现和分析那些影响目标实现的风险的过程，是确定如何管理和控制风险的基础。风险评估的前提条件是设立目标，只有先确立了目标，管理层才能针对目标确定风险并采取必要的行动来管理风险。

企业的目标可以分为公司层面目标和业务活动层面目标。公司层面目标是指公司的总目标和相关战略计划，与高层次资源的分配和优先利用相关。业务活动层面目标是总目标的子目标，是针对企业业务活动的更加专门化的目标。业务活动层面目标应该清楚，易于理解，以便从事该操作的人能实现其目标，同时还必须是可衡量的，以便于考核。实现目标需要耗费资源，因此设立目标必须考虑可获得的资源，企业应该对目标进行分析，提醒自己找出与总目标不相关的操作目标，以免资源浪费，而对实现总目标至关重要的操作目标，则优先安排资源。

2.如何进行风险评估

（1）风险识别。

风险评估的过程首先是进行风险识别，风险识别需要考虑所有可能发生的风险，并且需要考虑企业和相关外界之间的所有重大相互影响。风险识别也是一个重复的过程，需要针对环境的变化持续进行。导致企业经营风险的因素包括内部和外部两个方面：

外部因素包括：

• 技术发展——影响研发的性质和时机，或带来采购的变化（例如，出现新的、更高效的油气开采技术，会导致未掌握相关技术的公司市场竞争力降低，进而影响经营目标的实现）。

• 不断变化的客户需求和期望——影响产品开发、定价（例如，纳米技术的应用，客户对产品的期望改变）。

• 竞争——影响营销和服务活动（例如，市场开放导致更多具有较高竞争力的国外石油公司进入中国市场）。

• 新的法律和法规——影响经营政策和策略。

- 自然灾害——造成损失。
- 经济形势的变化等——影响融资、资本支出和扩张决策。

内部因素包括：

- 信息系统运行的中断——影响经营运转。
- 雇员的素质和培训、激励的方法——影响控制理念。
- 管理层职责的改变——影响某些实施控制的方式。
- 企业经营活动的性质、员工对资产的接触途径——可能带来挪用资产。
- 董事会或审计委员会无法有效履行其职责——可能为管理层轻率的行为提供机会。

（2）风险分析。

识别风险后，需要进行风险分析，分析的内容主要有：

- 估计风险的重要性程度。
- 评估风险发生的可能性（或频率、概率）。
- 考虑如何管理风险，即评估需要采取何种措施。
- 针对风险分析的结果而采取的控制活动，管理层应仔细考虑现有内部控制程序对于已识别的风险是否合适。如果现有程序可能已经足够或只需要执行得更好，那么就不必制定附加程序。

管理层还应认识到，总会存在一些残留风险的可能性，不仅因为资源总是有限的，还因为每个内部控制系统都有内在局限性。因此，管理层的一项重要工作是权衡利弊，确定能够谨慎地接受多少风险，并尽力将风险控制在可接受的水平内。

（3）应对变化。

经济形势、行业和法规环境不断改变，企业业务活动不断发展，使得在一个环境下有效的内部控制在另一环境下未必有效。风险评估的本质就是一个识别变化的环境并采取相应行动的过程，风险评估应持续地进行，并且应特别关注下面的情形：

- 变化的经营环境——变化的法律或经济环境可能导致竞争压力的增加和显著不同的风险。
- 新的人员——新来的高层管理人员的经营风格与原先的不同。
- 新的或经修订的信息系统——能否正常运行。
- 经营的快速增长——当经营快速扩张，现有制度的局限可能导致控制失效；当程序变动或新人员增加时，现有的监督可能就不能保持充分的控制。
- 新技术——新技术被运用到生产流程或信息系统中，内部控制就很可能需要修改。
- 新业务、产品、活动——当企业进入新的商业领域或从事不熟悉的交易时，现有的控制可能就不充分了。
- 公司重组——公司因为收购、合并或者业务下滑、成本控制等原因进行结构重组。重组可能导致内部裁员、职责分工的合并，或者，原来的一个重要控制岗位被取消，却没有相应的替代控制出现。很多公司重组后大量削减人员，就碰到了严重的控制缺陷。

● 海外经营——海外经营的扩张或收购带来了新的和独特的风险。例如，内部控制环境可能受到当地管理层文化和风俗的影响。另外，当地经济和法律环境可能带来独特的风险因素。

（三）控制活动

控制活动是指为确保管理层指示得以执行的政策和程序。它有助于进行风险管理和保证企业目标的实现，控制活动贯穿于企业的所有层次和部门。它们包括一系列不同的活动，如审批、授权、确认、核对、审核经营业绩、资产保护以及职责分工等。

1.控制活动的类型

控制活动可以有不同的类型：

（1）针对企业的不同目标，控制活动可以分为提高经营效率和效果、增强财务报告的可靠性、遵守法规等三类控制活动；

（2）根据控制活动的不同作用，控制活动又可以分为预防性控制、检查性控制、指导性控制、纠错性控制、补偿性控制等五种类型；

（3）根据组织中实施人员的不同，控制活动也可以分为高层复核、指导并管理业务活动、信息处理、实物控制、业绩指标分析、职责分离等。

● 高层复核——管理层将实际业绩情况和预算相比较，将当期业绩和前期相比较，将本企业的业绩情况与竞争对手相比较，对企业主要行为进行追踪，以衡量目标实现的程度。

● 指导并管理业务活动——负责整个板块生产的领导，按产品类别等内容审阅生产业绩报告，对照经营目标，分析其中反映出的生产管理方面的问题，并指出需要改进的方向。

● 信息处理——这类控制被用于核对交易的准确性、完整性和遵循性。例如，系统对数据录入设定编辑复核功能，并对数据修改实行系统性控制；客户订单，只有与经批准的客户文件和信用额度相符，才能被接受；交易应按连续的编号记账；系统管理员对例外事项报告进行跟踪调查，必要时向主管领导报告。

● 实物控制——对设备、存货、证券、现金及其他资产实物采取保管措施，并定期进行盘点和账实核对。

● 业绩指标分析——采购部门的员工分析采购价格变动、紧急采购订单占全部订单的比率、退货订单占全部订单的比率，通过调查异常的结果和异常的变动趋势，关注那些可能影响目标实现的问题，并提出改进方案。

● 职责分离——职责在不同人员之间的分工或分离，可以降低发生错误或不当行为的可能性。例如，交易的授权、记录和处理相关资产的职责应予以分离；授权赊销的经理不应负责应收账款的记录或现金收入的处理。

2.控制活动的要素

控制活动一般包含两个要素：第一个要素，政策——它描述应该做什么；第二个要素，程序——它描述应该怎样做。政策是程序的基础，同时，程序又影响政策的执行。例如，政策要求，应该由专人定期进行存货盘点，程序即盘点本身，包括实施的频率、关注的要点、存货的性质、数量等。

3.控制活动应和风险评估相结合

管理层在进行风险评估的同时，应该针对该特定风险找出并实施有效的措施，这些针对某项特定风险的具体措施也就是建立控制活动的要素，它有助于保证控制活动得以及时、有效地实施。

4.信息系统的控制

随着信息技术的发展，大多数企业，包括小公司或大公司的部门，都引进、建立和运用了现代化信息处理系统。现代化的信息系统不仅提高了企业的工作效率，而且也改变了企业的经营方式和方法，甚至影响了企业的战略规划，因此信息系统的控制十分重要。

信息系统的控制活动可分为两大类。第一类是一般性控制，适用多数应用系统并协助确保其持续、正确地运行，包括对数据中心操作系统软件的购买和维护、数据的安全，以及应用系统开发和维护的控制。第二类是应用性控制，包括应用软件中的电算化步骤，以及用以控制不同种类交易处理过程的相关手工操作程序，它是保证交易处理的完整性与准确性、交易授权有效性的内部控制。例如，公司的销售政策规定给予金额在20万元以上的订单8折优惠。系统根据事先的设定，对于20万元以上的订单自动给予20%的折扣优惠，而对于20万元以下的订单仅允许全价销售。

这两类对计算机系统的控制是相互关联的。一般性控制用于保证建立在计算机程序基础上的应用性控制得以实施。

（四）信息与沟通

信息与沟通是指相关信息以某种形式并在某个时段被识别、获得和沟通，以促使员工履行自己的职责。这里所说的信息是指来源于企业内部及外部，与企业经营相关的财务及非财务的信息。信息必须在一定的时限内传递给需要的人，以帮助人们行使各自的控制和其他职能。沟通则是指信息在企业内部各层次、各部门，在企业与顾客、供应商、监管者和股东等外部环境之间的流动。

有效的沟通必须广泛进行，自上而下、自下而上地贯穿整个组织。所有人员都要从高级管理层获得明确的信息，必须认真对待控制责任。他们必须了解各自在内部控制体系中担任的角色，以及个人行为与他人工作的相互关系。他们必须有自下而上传递重要信息的渠道和方法。同时，也要求与顾客、供应商、监管者和股东等外部人员建立有效的沟通。

1.信息

企业的管理活动依赖于各种信息，既包括内部生成的信息，也包括从外部获取的行业、经济、监管等方面的信息。因此，企业必须要建立良好的信息系统来识别、获得、加工和报告这些信息。有效的信息系统不仅能够识别和获得所需要的财务和非财务的信息，还能够在一定时限内根据需要加工和报告这些信息。另外，当企业面临基本的行业变化，面临有高度创新能力且反应迅捷的竞争对手或面对重大的顾客需求变化时，信息系统必须随企业目标、经营环境的变化而变化，及时适应新的需求。

（1）信息的识别和获取。

信息的识别和获取的方式是多种多样的：信息系统可以采取监控方式，定期获取特定的数据；或者，可以采取某些特定的方式获取所需信息，如通过问卷、采访、广泛的市场需求调研或针对特定群体的调查获得顾客对产品和服务的需求信息；通过与顾客、供应商、监管者以及员工的谈话获得识别风险和机遇所必需的重要信息；参加专业或行业的研讨会也可以获得有价值的信息。

（2）信息加工和报告。

信息是决策的基础，但并非所有的信息都是有用的信息，因此，需要对信息进行加工整理、归纳汇总，根据需要向不同的部门和人员报告不同的信息。为了提高信息的质量，需要考虑：

- 内容是否适当——它是所需要的信息吗？
- 信息是否及时——当我们需要时就能获得吗？
- 信息是当前的吗——是我们能获得的最新的信息吗？
- 信息是否准确——数据都准确吗？
- 信息是否畅通——相应的部门能容易地获得信息吗？

在设计系统时必须考虑以上问题。如果不考虑，系统很可能无法提供管理层和其他人员需要的有用信息。

（3）信息系统的整合。

信息系统是经营行为的一个组成部分，它通过获取决策所需的信息来影响控制。随着信息技术的发展，信息系统可以更迅速、更广泛地提供更有价值的信息，对企业的管理影响更加深远，甚至影响到企业的战略规划。一项最新发布的研究表明，信息系统的规划、设计和应用已经开始同组织的整体战略整合在一起。多数新的生产系统与企业其他的系统，可能还包括企业的财务系统，高度地整合为一体。当系统执行其他的运行时，财务数据和会计记录会自动更新。

2.沟通

沟通是信息系统固有的，是将信息提供给相关人员，以便于其履行职责。沟通必须贯穿于信息处理的整个过程，有效的沟通不仅在整个企业内进行，也包括与外部进行的沟通。

（1）内部沟通。

内部沟通是指企业内部上下级之间、横向部门之间的沟通，下面以列举的方式介绍内部沟通的主要内容：

• 所有的人员，特别是那些有着重要的经营和财务管理职责的人员，取得管理所需信息，并清楚地知道必须严肃履行内部控制的责任。

• 每个人需要理解所负责的内部控制部分如何运行及个人在系统中的职责。

• 在执行自己的职责时，每个人都应该知道，当意外发生时，不仅要注意事件本身，还要注意事件的原因。这样，就可以了解到系统潜在的缺陷，并采取预防的措施。比如，发现滞销的存货不仅要在财务报告上留下准确的记录，更重要的是对存货滞销的原因作出判断。

• 员工需要知道自己的行为怎样与他人的工作相联系。

• 需要知道什么样的行为是被期望的，什么是可以接受的，什么是不可接受的。

• 员工也需要知道在企业中自下而上传递重要信息的方法和渠道。员工必须相信他们的上级确实想了解问题并愿意有效地解决问题，在任何情况下不会因报告相关信息而受到报复。

在多数情况下，正常的报告渠道就是适当的沟通渠道。然而，在特定条件下，需要一个独立的沟通渠道作为预防失败的机制，在正常渠道不起作用时加以运用。例如，为员工提供直接接触财务总监或企业法律顾问这样的高层领导的渠道；总裁可以定期抽出时间接待员工来访，并且让员工知道为任何事情的来访都是受欢迎的；总裁也可以定期去车间拜访他的员工，形成一种人们能够交流难题和关心的问题的氛围。

管理层与董事会及其委员之间的沟通至关重要。管理层必须使董事会了解最新的业绩、发展、风险、主要的革新以及其他任何相关的事件或事故。与董事会的沟通越好，董事会越能有效地行使监督职能，并能够对于关键的事务采取合理的行动，提供建议和忠告。同样，董事会也应该向管理层传达其所需要的信息，并提供指导和反馈。

（2）外部沟通。

企业不仅在内部需要有适当的沟通，而且与外部也需要沟通，与外部沟通的内容包括：

通过开放的沟通渠道，了解顾客、供应商对于产品或服务的设计或质量方面的要求，使公司注意顾客的需求和偏好。

在与外部的交往中强调企业的道德标准，使外部人员认识到不适当的行为。比如公司可以同供应商直接沟通，解释公司期望雇员在与其打交道时应怎么做，明确回扣以及其他不适当的收入。

与外部审计师的沟通，管理层和董事会可以了解重要的控制信息。

与股东、监管者、财务分析师以及其他外界的交流，可以了解企业所面临的情况和风险。

管理层同外界的交流（无论是公开的、即将进行的、严格跟踪的还是其他的）也可以向整个公司内部传递信息。

（3）沟通的方式。

沟通可以采用诸如政策手册、备忘录、布告通知、录像录音带的形式，也可采用口头传递消息的方式。另一种有影响力的沟通手段是管理层在领导下属工作时的言行。

（五）监督

内部控制随着时间、环境而变化，曾经有效的程序可能会变得不太有效，因此需要对内部控制进行监督。监督是评估内部控制系统在一定时期内运行质量的过程，目的是保证内部控制持续有效。监督可通过两种方式进行：持续性监督行为和独立评估。持续性监督行为是植根于企业日常、重复发生的活动中的。与独立评估相比，由于持续性监督程序在实时基础上实施、动态地应对环境的变化，并在企业中根深蒂固而显得更加有效。不过，独立评估发生在事实之后，比起持续性监督程序，可以更快地发现问题。一个感到有必要进行经常性的独立评估的企业，应重点关注改进持续性监督的途径，并强调"嵌入"而非"外加"的控制。

1.持续性监督行为

持续性监督行为发生在经营的过程中，它包括日常管理和监督行为、比较、核对和其他常规性活动。持续性监督行为有下面一些例子：

在执行常规管理行为时，经营管理层取得内部控制持续运转的证据。

与外界各方的沟通能够印证内部产生的信息或揭示问题。例如，顾客支付账单，表明其确认了账单数据；相反地，顾客对账单的投诉可能表明销售交易过程存在系统缺陷。公司审核有关作业安全的政策和操作步骤，从经营安全性和合规性的角度为内部控制有效运行提供信息，因而被视为一项监督；监管者就合法性或其他事项与企业进行交流，也会从某种角度反映内部控制系统是否有效运行。

适当的组织结构和监督行为不但监督内部控制职能的执行并且能够发现内部控制的缺陷。例如，财务负责人对财务人员针对交易正确性和完整性实施的内部控制活动实施日常的监管。另外，管理层对员工的职责分配定期进行审核，以确保合理分工以便相互制衡，有利于防止员工舞弊，并可以限制个人掩盖其可疑行为的能力。

将信息系统所记录的数据与实物资产相核对。例如，产成品存货应定期进行盘点，将盘点的数据与相应的会计数据核对并记录存在的差异。

内部及外部审计师定期为进一步加强内部控制提供建议。审计师通过评价内部控制的设计并测试其有效性，发现一些潜在的问题并向管理层提供解决问题的建议。

培训研讨会、计划会议及其他会议能向管理层提供有关控制是否有效的重要反馈。这种方式不但能指出控制中存在的个别问题，还能增强参与者的控制意识。

定期询问职员理解及执行企业相关规定的情况。如向经营及财务人员询问相关的控制程序是否正常运行。

2.独立评估

独立评估是独立于控制活动之外而采取的定期评估行为。尽管持续性监督程序可以提供关于其他控制要素有效性的重要反馈信息，但经常地对系统的有效性直接进行评估也是十分必要的。这样同时也提供了一个机会来评价持续性监督程序是否有效。

（1）范围和频率。

独立评估的范围和频率主要依赖于风险评估和持续性监督程序的有效性。由于所控制风险的大小及内部控制在降低风险中的重要性不同，对于内部控制进行评价的范围和频率也不一样。例如，那些致力于重大风险或对降低风险具有重要作用的控制就应经常地进行评价。

（2）评价主体。

评价主体，即由谁来实施独立评估。一般来说，评价主体包括：

一是自我评价，即负责某一单位或职责的人员对其控制自身活动的有效性进行评价。例如，一位部门主管应指导本部门内部控制的评价活动。他或她可能亲自评价内部控制环境因素，然后请部门内负责各种经营活动的人员评价其他要素的有效性。

二是内部审计人员评估，有时，在董事会、高级管理层、子公司及部门主管的特殊要求下，内审人员也会对内部控制进行评价。同样，在评价内部控制时，管理层也可利用外部审计人员的工作。

（3）评价程序及方法体系。

首先是同企业职员进行探讨并审阅已有的文件，了解系统的运行过程或内部控制系统的设计；其次是根据已确定的目标分析内部控制的设计和测试结果，分析是否对既定目标提供了合理保证。

评估方法可以有许多选择，包括检查清单、发放调查问卷和绘制流程图等方法，也可与那些被认为在内部控制系统方面具有良好声誉的公司进行比较。

（4）行动计划。

第一次指导评估内部控制系统的管理人员可以考虑下列建议，决定对何处着手和如何去做：

• 决定评估的范围，包括目标的分类、内部控制要素和需要采取的行动。

• 确定对内部控制的有效性提供常规保证的持续的监督行为。

• 分析内部审计的控制评估工作，考虑外部审计师与控制相关的发现。

• 按照单位、要素或高风险区域划分重要性程度和先后次序，保证及时的关注。

- 在以上基础上，建立相关的评估程序。
- 汇集所有进行评估的各方，共同考虑下列问题：不仅要考虑评估范围和时间表，而且要考虑所使用的方法体系、应用的工具、来自内外部审计师和监管者的建议、报告所发现问题的方式以及设定最终的文本化程度。
- 监督进展和复核发现。
- 保证采取必要的追踪措施，必要时修改后续的评估部分。

（5）报告缺陷。

这里的"缺陷"被广泛定义为内部控制系统中值得注意的问题。缺陷可能代表一个假想的、潜在的或实际的缺点，或一个强化内部控制系统的机会。向恰当的当事人提供有关内部控制缺陷的必要信息，对内部控制制度的持续有效运行十分关键。内部控制的缺陷应自下而上进行报告，重要事项应报知高层管理人员和董事会。对于发现的内部控制缺陷，不仅应向负责的个人汇报，由他采取正确的措施，还至少应向该责任人的上一级汇报。这一过程使得责任人能及时采取措施，也便于其上级提供所需的支持或进行监督，并与企业中受影响的他人进行沟通。

（6）文本化。

企业内部控制的文本化有利于评估，有利于增进员工对内部控制系统如何运行及各自职责的理解，更易于必要时对其修改。文本化的程度根据各企业的规模、复杂性和类似因素的不同而存在差异。大一些的公司通常有书面的政策手册、正式的组织图、书面的工作描述、经营指导、信息系统流程等。小一些的公司内部控制文本化的程度一般低得多。控制没有文本化并不意味着内部控制系统是无效的或无法评估，不过当需要向更多人提供有关内部控制的阐述或评估时，内部控制文本化的重要性程度将会提高。当管理层希望向外界提供关于内部控制系统效果的声明时，他们应当考虑形成文件来支持该声明。如果该声明今后被质询，这些文件将很有用。

第三节　内部控制有效性评价

COSO内部控制框架阐明了有效内部控制体系的要求。有效的内部控制体系可为主体目标的实现提供合理保证，并将影响主体实现其目标的风险降低至可接受的水平，这些风险可能涉及一种、两种或全部三种目标类别。这就要求：内部控制五个要素中的每个要素以及相关原则必须同时存在并持续运行。"存在"是指在内部控制体系的设计和实施以实现特定目标的过程中，应确定各要素和相关原则存在。"持续运行"是指在内部控制体系的执行以实现特定目标的过程中，应确定各要素和相关原则持续存在。五个要素以整合的方式共同运行。"共同运行"是指确定五个要素共同持续运行，以将影响目标实现的风险降低至可接受的水平。五个要素作为一个整合的体系共同运行，不应仅考虑单个要素，而要整体考虑。各要素是相互依存的，这是因为彼此间存在大量联系，特别是通过各原则在相关要素内以及各要素之间互动的方式。若存在一项重大缺陷，而该缺陷与某要素或相关原则的存在并持续运行相关，或与各要素未以整合的方式共同运行相关，组织就不能得出其已满足有效内部控制体系所有要求的结论。

当内部控制体系被确定为有效时，可以就其在主体结构内的应用向高级管理层和董事会提供如下合理保证：

当外部事件对目标的实现不太可能造成重大影响，或组织可以合理地预测外部事件的性质和发生时间，并将其影响降低到可接受水平时，组织可以实现运营目标的效果和效率。当外部事件可能对目标实现造成重大影响，且组织不能将其影响降低到可接受水平时，需要知晓运营目标的效果和效率被控制的程度。

本框架要求在设计、实施和执行内部控制及评估其有效性时，应进行判断。运用判断可以协助管理层在相关法律法规、规章及标准所限定的范围内更好地作出内部控制方面的决策，但并不能保证达到完美效果。

复习思考题

1. COSO内部控制框架提出的内部控制要素有哪些？
2. COSO内部控制框架列举的内部控制目标是什么？
3. 试分析何为有效的内部控制体系。
4. 安然事件对我国的内部控制制度建设有何启示？

中英文专业术语

控制环境 control environment
风险评估 risk appraisal
控制活动 control activity
信息与沟通 information and communication
监督 monitoring
全国反舞弊财务报告委员会下属的发起人委员会 The Committee of Sponsoring Organizations of The National Commission of Fraudulent Financial Reporting，简称COSO

补充学习内容

1. COSO内部控制、风险管理的相关文献。
2. 查找相关案例，深入理解内部控制的内涵。

第三章 我国内部控制概述

【学习目标】

通过本章的学习，理解我国内部控制理论、内部控制的目标与原则的内在关系，掌握内部控制的基本原则与内部控制的方法。

【导入性案例】

某市某国际信托投资公司（下称国投）总经理张某涉嫌玩忽职守，违法向多家企业发放贷款，造成国投损失300多万元。该市中级人民法院于2012年10月审理了此案。

2007年下半年，某厂法定代表人刘某虚假出资注册成立了三亚有限公司。为套取国外银行贷款以购买进口设备，刘某通过该市市长等与张某结识，要求国投为其提供对外融资担保。刘某多次去张某家中游说，许诺事成之后，将三亚公司的部分业务交给张某的儿子去做。此后，张某在对刘某经营业绩及公司资本金不了解的情况下，以转贷协议和支持市重点工程为由，决定向三亚公司放贷1 000万美元。由于张某的违规行为，国投受到有关部门的处罚。直到2009年2月23日，国投才与三亚公司签订了一份1 000万美元的借款合同，担保方为刘某的另一皮包公司。此外，张某因徇私情，在对某酒店资信状况未作深入了解的情况下，违法决定向该企业发放贷款200万元。试分析国投公司内部控制存在的缺陷。

资料来源 中华会计网校.高级会计师实务案例汇集[M].北京：经济科学出版社，2006.

第一节 内部控制的原则与目标

1999年，修订后的《中华人民共和国会计法》首次以法律的形式对建立健全内部控制提出原则要求，财政部随即连续制定发布了《内部会计控制规范——基本规范》等7项内部会计控制规范，审计署、国资委、证监会、银监会、保监会以及上海、深圳证券交易所等也从不同角度对加强内部控制提出明确要求。然而，随着市场经济的发展和企业环境的变化，单纯依赖会计控制已难以应对企业面对的市场风险，会计控制必须向风险控制发展；同时，各部门之间的内部控制要求也有待于进一步协调，以便为进行内部控制自我评估和外部评价提供统一标准。另外，在全球化背景下，越来越多的国家意识到，强化企业内部控制系统将有助于防止和管理风险、提高运营的效率和效果、确保财务报告的可靠性、提高实现企业战略目标的能力并维护投资者的合法权益。2002年7月美国国会通过的《萨班斯-奥克斯利法案》也对目前国际上各国企业内部控制建设产生了积极影响。在基本规范发布前，尽管我国一些海外上市的企业已经开始按照国际准则进行企业内部控制体系建设，但我国企业内部控制体系建设总体上还处于起步阶段，国内一直没有统一的内部控制规范。近年来，在境内外上市的中国企业陆续建立并实施了各具特色的内部控制制度，但由于缺乏统一的基本规范，存在内部控制监管要求政出多门、企业无所适从的状况。在国内资本市场中，由于没有统一的企业内部控制规范，加上一些上市公司内部控制意识淡薄，也出现了一些企业内部控制失效甚至舞弊的案件，损害了投资者利益，在市场上造成了恶劣影响。此外，由于企业内部控制不规范而使银行产生大量不良贷款的现象也屡见不鲜。针对这些问题，财政部会同有关部门于2006年7月15日发起成立了具有广泛代表性的企业内部控制标准委员会，研究推动企业内部控制规范体系建设问题。2007年3月2日，企业内部控制标准委员会公布《企业内部控制基本规范》和18项具体规范的征求意见稿。2008年6月28日，基本规范正式发布。《企业内部控制基本规范》的发布，标志着企业内部控制规范体系建设取得了重大突破。

一、内部控制的原则

内部控制原则是企业建立与实施内部控制应当遵循的基本指针，基本规范提出，建立与实施内部控制应当遵循5项原则，即全面性、重要性、制衡性、适应性和成本效益原则。

（一）全面性原则

内部控制应当贯穿决策、执行和监督全过程，覆盖企业及其所属单位的各种业务和事项，实现全过程、全员性控制，不存在内部控制空白点。

（二）重要性原则

内部控制应当在全面控制的基础上，关注重要业务事项和高风险领域，并采取更为严格的控制措施，确保不存在重大缺陷。重要性原则的应用需要一定的职业判断，企业应当根据所处行业环境和经营特点，从业务事项的性质和涉及金额两方面来考虑是否及如何实行重点控制。

（三）制衡性原则

内部控制应当在治理结构、机构设置及权责分配、业务流程等方面相互制约、相互监督，同时兼顾运营效率。制衡性原则要求企业完成某项工作必须经过互不隶属的两个或两个以上的岗位和环节；同时，还要求履行内部控制监督职责的机构或人员具有良好的独立性。

（四）适应性原则

内部控制应当与企业经营规模、业务范围、竞争状况和风险水平等相适应，并随着情况的变化加以调整。适应性原则要求企业建立与实施内部控制应当具有前瞻性，适时地对内部控制系统进行评估，以发现可能存在的问题，并及时采取措施予以补救。

（五）成本效益原则

内部控制应当权衡实施成本与预期效益，以适当的成本实现有效控制。成本效益原则要求企业内部控制建设必须统筹考虑投入成本和产出效益之比。对成本效益原则的判断需要从企业整体利益出发，尽管某些控制会影响工作效率，但可能会避免整个企业面临更大损失，此时仍应实施相应控制。

二、内部控制的目标

（一）战略目标

企业内部控制的建立应该着力促进实现发展战略。战略目标要求企业将近期利益与长远利益结合起来，在企业经营管理中努力作出符合战略要求、有利于提升可持续发展能力和创造长久价值的选择。

（二）营运目标

内部控制必须促进提高经营管理效果和效率。它要求企业结合自身所处的特定的经营、行业和经济环境，通过健全有效的内部控制，不断提高劳动活动的盈利能力和管理效率。

（三）报告目标

主要指内部控制必须促进提高信息报告质量。可靠的信息报告为企业管理层提供适合其既定目的的准确而完整的信息，支持管理层的决策和对营运活动及业绩进行监控；保证对外披露的信息报告的真实、完整，有利于提升企业的诚信度和公信力，维护企业良好的声誉和形象。报告目标要求企业通过内部控制，保证信息报告的真实、完整、可靠。

（四）资产目标

内部控制的建立要促进和维护资产安全完整。资产安全完整是投资者、债权人和其他利益相关者普遍关注的重大问题，是企业可持续发展的物质基础。良好的内部控制，应当为资产安全完整提供扎实的制度保障。

（五）合规目标

内部控制的建立要促进对国家法律法规的有效遵循。守法和诚信是企业健康发展的基石。逾越法律的短期发展终将付出沉重代价。合规性目标要求企业必须将发展置于国家法律法规允许的基本框架之下，在守法的基础上实现自身的发展。

财政部、证监会、审计署、银监会和保监会于2008年6月联合发布的《企业内部控制基本规范》指出，内部控制是由企业董事会、监事会、经理层和全体员工实施的，旨在实现控制目标的过程。《企业内部控制基本规范》要求，企业建立内部控制体系时应符合以下目标：

（1）财务报告及相关信息的真实完整；

（2）提高经营效率和效果；

（3）企业经营管理合法合规；

（4）资产安全；

（5）促进企业实现发展战略。

此外,《企业内部控制基本规范》规定了内部控制的实施体系:①以法制为推动。②以企业实施为主体。③以政府监管和社会评价为保障。为推动企业有效实施内部控制规范,政府有关部门应对企业建立与实施内部控制的情况进行监督检查,会计师事务所应对企业内部控制的有效性进行审计,并出具内部控制审核报告。

第二节 内部控制的内容与分类

一、内部控制的内容

《企业内部控制基本规范》(以下简称《基本规范》)共七章五十条,各章分别是:总则、内部环境、风险评估、控制活动、信息与沟通、内部监督和附则。《基本规范》坚持立足我国国情、借鉴国际惯例,确立了我国企业建立和实施内部控制的基础框架,并取得了重大突破。《基本规范》与COSO内部控制报告和ERM框架在内部控制定义、目标和要素三个方面存在密切联系。我国内部控制标准体系在理念和技术方法上既与国际发展趋势相协调,又做到了借鉴、吸收、整合、为我所用,符合我国企业的管理理念、业务流程、思维模式和市场环境。

《基本规范》与COSO内部控制报告、ERM框架在内部控制定义、目标、要素三方面的对比见表3-1。

表3-1 **《基本规范》与COSO内部控制报告、ERM框架对比表**

对比项目	《基本规范》	COSO内部控制报告	ERM框架
定义	由企业董事会、监事会、经理层和全体员工实施的,旨在实现控制目标的过程	内部控制是一个受到董事会、经理层和其他人员影响的过程,该过程的设计是为了提供实现三类目标的合理保证	(1)是一个过程;(2)被人影响;(3)应用于战略制定;(4)贯穿整个企业的所有层级和单位;(5)旨在识别影响组织的事件并在组织的风险偏好范围内管理风险;(6)提供合理保证;(7)为了实现各类目标
目标	合理保证企业经营管理合法合规、资产安全财务报告及相关信息真实完整,提高经营效率和效果,促进企业实现发展战略	经营的效果和效率;财务报告的可靠性;法律法规的遵循性	战略目标、经营目标、报告目标和遵循性目标;将报告目标扩展为企业所有对内和对外的报告;企业风险管理的终极目标为增加利益相关者的价值
要素	内部环境、风险评估、控制活动、信息与沟通、内部监督	控制环境、风险评估、控制活动、信息与沟通、监督	内部环境、目标制定、事项识别、风险评估、风险反应、控制活动、信息与沟通、监督

在发布《企业内部控制基本规范》之后,财政部、证监会、审计署、银监会与保监会于2010年4月26日联合发布了《企业内部控制配套指引》,其中包括18项

《企业内部控制应用指引》、1项《企业内部控制评价指引》、1项《企业内部控制审计指引》。配套指引是对《企业内部控制基本规范》的进一步细化，该指引的发布，标志着以防范风险和控制舞弊为中心、以控制标准和评价标准为主体，结构合理、层次分明、衔接有序、方法科学、体系完备的内部控制规范体系的基本建成（如图3-1所示）。

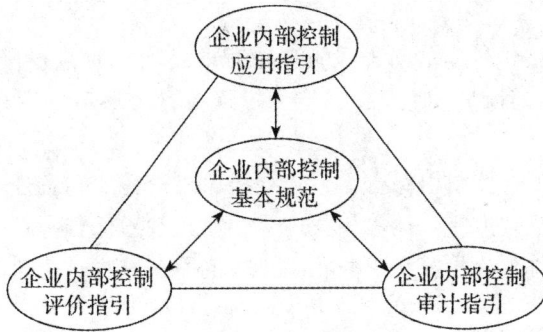

图3-1　企业内部控制规范体系

应用指引在配套指引乃至整个内部控制规范体系中占据主体地位。其中，第1号至第5号，是内部环境的内容；第6号至第16号，涉及的是企业一些主要内部业务流程及应采取的控制措施，分析其中的风险及风险应对策略；第17、18号是有关强化内部信息传递和信息系统的考虑。

内部控制的内容主要包括对货币资金、筹资、采购与付款、实物资产、成本费用、销售与收款、工程项目、对外投资、担保等经济业务活动的控制。

（1）单位应当对货币资金收支和保管业务建立严格的授权批准程序，办理货币资金业务的不相容岗位必须分离，相关机构和人员应当相互制约，加强款项收付的稽核，确保货币资金的安全。

（2）单位应当加强对筹资业务的管理，合理确定筹资规模和筹资结构，选择恰当的筹资方式，严格控制财务风险，降低资金成本，确保所筹措资金的合理使用。

（3）单位应当合理规划采购与付款业务的机构和岗位，建立和完善采购与付款的控制程序，强化请购、审批、采购、验收、付款等环节的控制，做到比质比价采购、采购决策透明，堵塞采购环节漏洞。

（4）单位应当建立实物资产管理的岗位责任制度，对实物资产的验收入库、领用发出、保管及处置等关键环节进行控制，防止各种实物资产的被盗、私拿、毁损和流失。

（5）单位应当建立成本费用控制系统，做好成本费用管理的各项基础工作，制定成本费用标准，分解成本费用指标，控制成本费用差异，考核成本费用指标的完成情况，落实奖罚措施，降低成本费用，提高经济效益。

（6）单位应当制定恰当的销售政策，明确定价原则、信用标准和条件、收款方式以及涉及销售业务的机构和人员的职责权限等相关内容，强化对商品发出和账款回收的管理，避免或减少坏账损失。

（7）单位应当建立科学的工程项目决策程序，明确相关机构和人员的职责权限，建立工程项目投资决策的责任制度，加强工程项目预算、决算、招标、投标、评标、工程质量监督等环节的管理，防范工程在发包、承包、施工、验收过程中的舞弊行为。

（8）单位应当建立科学的对外投资决策程序，实行重大投资决策的责任制度，加强投资项目立项、评估、决策、实施、投资处置等环节的管理，严格控制投资风险。

（9）单位应当严格控制担保行为，建立担保决策程序和责任制度，明确担保原则、担保标准和条件、担保责任等相关内容，加强对担保合同订立的管理，及时了解和掌握被担保人的经营状况和财务状况，防范潜在风险，避免和减少可能发生的损失。

二、内部控制的分类

内部控制可以按照不同的标准进行分类。

（1）内部控制按照控制目的，可分为会计控制与管理控制。

（2）内部控制按照层次，可分为战略控制、管理控制、作业控制。

（3）内部控制按照控制的重要性，可分为主导控制与补偿性控制（替代性控制）。

（4）内部控制按照控制方式，可分为：①命令式控制。在事前、事中控制，为雇员提供指南。②预防性控制。在事前、事中控制，旨在防止发生不希望出现的事情。③侦查式控制。在事中、事后控制，在不希望的事情发生时能够加以识别。④纠正性控制。在事中、事后控制，针对识别出来的风险采取应对策略。内部控制按照控制方式的分类见表3-2。

表3-2　　　　　　　　　　内部控制按照控制方式的分类

按控制方式划分	事前	事中	事后
命令式控制	●	●	
预防性控制	●	●	
侦查式控制		●	●
纠正性控制		●	●

资料来源　叶陈刚，郑洪涛.内部控制与风险管理[M].北京：对外经济贸易大学出版社，2011.

第三节　内部控制的程序与方法

一、内部控制的程序

内部控制程序与控制目标、控制方法密切相关，主要包括以下步骤：

（一）确立控制目标（标准）

（1）明确控制目标（标准）的特性——简明、适用、一致、可行、可操作；

（2）确定关键控制目标（关键业务、关键资源、关键费用或成本项目）；

（3）确定控制标准的类型：定量标准、定性标准，实物标准、价值标准等。

注意：要根据外部环境变化及工作循环的实施结果及时修订控制标准。

（二）衡量控制结果

（1）检查执行记录；

（2）实绩与目标进行比较；

（3）计量偏离目标的差异；

（4）获取实际工作结果的途径包括：观察、审阅内部报表和报告、抽样调查等。

（三）分析差异

（1）判别差异的严重程度；

（2）分析造成差异原因；

（3）分析形成差异的各因素对差异的影响程度。

（四）采取应对措施

（1）根据问题性质采取措施；

（2）根据差异程度采取措施。

（五）综合检查评价

（1）健全性测试——完善程序测试；

（2）控制性测试——功能与业务测试；

（3）综合评价——分析可依赖程序与薄弱环节。

二、内部控制的方法

内部控制的一般方法通常包括职责分工控制、授权控制、审核批准控制、预算控制、财产保护控制、会计系统控制、内部报告控制、经济活动分析控制、绩效考评控制、信息技术控制等。

（一）职责分工控制

要求根据企业目标和职能任务，按照科学、精简、高效的原则，合理设置职能部门和工作岗位，明确各部门、各岗位的职责权限，形成各司其职、各负其责、便于考核、相互制约的工作机制。

企业在确定职责分工过程中，应当充分考虑不兼容职务相互分离的制衡要求。不兼容职务通常包括：授权批准、业务经办、会计记录、财产保管、稽核检查等。

（二）授权控制

要求企业根据职责分工，明确各部门、各岗位办理经济业务与事项的权限范围、审批程序和相应责任等内容。企业内部各级管理人员必须在授权范围内行使职权和承担责任，业务经办人员必须在授权范围内办理业务。

（三）审核批准控制

要求企业各部门、各岗位按照规定的授权和程序，对相关经济业务和事项的真实性、合规性、合理性以及有关资料的完整性进行复核与审查，通过签署意见并签字或者盖章，作出批准、不予批准或者其他处理的决定。

（四）预算控制

要求企业加强预算编制、执行、分析、考核等各环节的管理，明确预算项目，建立预算标准，规范预算的编制、审定、下达和执行程序，及时分析和控制预算差异，采取改进措施，确保预算的执行。

（五）财产保护控制

要求企业限制未经授权的人员对财产的直接接触和处置，采取财产记录、实物保管、定期盘点、账实核对、财产保险等措施，确保财产的安全完整。

（六）会计系统控制

要求企业根据《中华人民共和国会计法》《企业会计准则——基本准则》和国家统一的会计制度，制定适合本企业的会计制度，明确会计凭证、会计账簿和财务报告以及相关信息披露的处理程序，规范会计政策的选用标准和审批程序，建立、完善会计档案保管和会计工作交接办法，实行会计人员岗位责任制，充分发挥会计的监督职能，确保企业财务报告真实、准确、完整。

（七）内部报告控制

要求企业建立和完善内部报告制度，明确相关信息的收集、分析、报告和处理程序，及时提供业务活动中的重要信息，全面反映经济活动情况，增强内部管理的时效性和针对性。

内部报告方式通常包括：例行报告、实时报告、专题报告、综合报告等。

（八）经济活动分析控制

要求企业综合运用生产、购销、投资、财务等方面的信息，利用因素分析、对比分析、趋势分析等方法，定期对企业经营管理活动进行分析，发现存在的问题，查找原因，并提出改进意见和应对措施。

（九）绩效考评控制

要求企业科学设置业绩考核指标体系，对照预算指标、盈利水平、投资回报率、安全生产目标等业绩指标，对各部门和员工当期业绩进行考核和评价，兑现奖惩，强化对各部门和员工的激励与约束。

（十）信息技术控制

要求企业结合实际情况和计算机信息技术应用程度，建立与本企业经营管理业务相适应的信息化控制流程，提高业务处理效率，减少和消除人为操纵因素。同时，加强对计算机信息系统开发与维护、访问与变更、数据输入与输出、文件储存与保管、网络安全等方面的控制，保证信息系统安全、有效运行。

三、内部控制的局限性

随着企业内部控制规范体系的建立和实施，内部控制在现代企业生产经营活动中发挥着越来越重要的作用。但是，任何事物都不可能是尽善尽美的，内部控制也存在其固有的局限性，其局限性体现在只能为控制目标的实现提供合理保证而不能提供绝对保证。一般而言，内部控制的局限性可以概括为以下四个方面：

（1）设计限制与制度缺憾。任何内部控制系统都是人设计的，受设计人经验、水平、能力的限制，设计出来的内部控制制度往往会有这样或那样的缺陷。现实中，天衣无缝的内部控制是不存在的。

（2）越权管理与人为错误。任何合理完善的内部控制系统，也会因企业行使控制职能的管理人员越权管理、无视规定而遭到破坏；即使是设计完美的内部控制制度，也可能因为执行人员的粗心大意、精力分散、判断失误以及对指令的误解而失效。

（3）滥用职权与串通舞弊。如果企业行使控制职能的管理人员滥用职权、营私舞弊，就会导致内部控制系统丧失其应有的效能；如果企业内部不相容职务的人员相互串通作弊，与此相关的内部控制就会失去作用。

（4）环境变化与例外事项。企业的内外环境是动态的、变化的，而内部控制体系的设计与运行具有一定的稳定性。因此，一个良好的内部控制系统往往会因为内外环境的变化而使原有功能受到削弱。另外，内部控制一般都是针对经常且重复发生的业务而设置的，因此，如果出现不经常发生或未预料到的例外事项，原有的控制措施就鞭长莫及，使内部控制失去应有的控制力。

复习思考题

1. 简述内部控制的原则。
2. 简述内部控制的目标。
3. 如何理解内部控制的成本效益原则？
4. 简述内部控制的局限性。

中英文专业术语

成本效益原则 the principle of cost and benefit
预算控制 budget control

补充学习内容

1.《企业内部控制基本规范》及相关内容。
2. 结合本章内容，自己设计并分析一个典型案例。

第二篇　内部控制设计

第四章　资金活动控制

【学习目标】

通过本章的学习,理解筹资活动、投资活动、资金营运活动的业务流程,以业务流程为主线,了解各业务流程环节可能发生的主要风险,掌握各个流程中的关键控制点及控制措施。

【导入性案例】

小会计何以玩转两个亿　卞中贪污挪用公款案调查

2004年10月18日,北京市第一中院开庭审理国家自然科学基金委(以下简称"基金委")会计卞中贪污、挪用公款一案。卞中采用谎称支票作废、偷盖印鉴、削减拨款金额、伪造银行进账单和信汇凭证、编造银行对账单等手段贪污、挪用公款2亿余元。这是北京市海淀区检察院有史以来承办的涉案金额最大的一起案件,因数额巨大最终交由北京市检察院第一分院起诉。国家自然科学基金委——这个鲜为人知的机构就这样被推上了前台。

法院经审理认为,被告人卞中身为国家机关工作人员,利用职务便利侵吞公款,且贪污数额特别巨大。被告人卞中所犯贪污罪罪行极其严重,本应判处死刑,鉴于卞中在被抓获后能够如实供述所犯罪行,认罪态度较好,且大部分赃款已追缴回来,对其判处死刑,可不立即执行。

一个沉默寡言的会计

2003年春节刚过,国家自然科学基金委财务局经费管理处刚来的大学生李刚(化名)上班伊始便到定点银行拿对账单。以往这一工作由会计卞中负责。

一笔2 090万元的支出李刚没听说过,就找卞中询问,卞中拿出8万元现金希望他不要声张。这一举动吓坏了这个年轻人,他选择了向领导举报。在海淀区检察院的追查下,基金委猛然惊觉:8年里,多达2亿元的基金拨款被卞中闪转腾挪。

卞中出身于高知家庭,父母在科学界颇有些名望。他于1992年到基金委工作,在同事们的印象里很不起眼,常常独来独往,为人低调,沉默寡言,有点不太合群。

卞中的犯罪始于1995年。那一年6月,卞中在和邻居陶进聊天时提到自己的单位"特有钱,有大量闲置资金可以拆借"。陶进说他朋友翁某的公司在湖北蒲圻搞一个电厂项目正缺钱,不知能否借点儿,公司可出高息。经与经费管理处副处长吴峰商量，谈妥三个条件：第一，钱不能直接给单位，需找一家银行存入，再由银行借出；第二，借期6个月，月利率13.5‰，利息归个人并且现金支付；第三，事成后请两人到美国旅游。

同年8月，吴峰和卞中采取不记账和偷盖公章的手段，将公款1 000万元挪出，以委托存款的方式存入银行，再以委托贷款的方式贷给翁某的公司。卞中和吴峰获得利息294.5万元，两人一直未敢动用，放在卞中家里。

说好半年借期，可是时过三年那1 000万元仍然在外，吴峰着急，担心卞中动用294万多元利息，便一次次跑到卞中家"看钱在不在"。1998年4月，1 000万元终于回来了，吴峰这才安心。他仅分得1万元，一直没用，案发后主动交出。

卞中用此巨款买了一套价值不菲的商品房送给女友，谎称是一位朋友死后留给自己的钱。有媒体报道，他共买过三套豪宅和两辆高级轿车。

几乎是在卞中、吴峰作案的同时，另一桩要案也悄无声息地发生着。时任基金委综合计划局计划财务处处长的秦登才在1994年和1995年两次将400万元基金贷给私人公司，最终导致无法收回，同样是时隔数年后才被发现。2002年，64岁的秦登被以玩忽职守罪起诉时，已经退休4年。

一个人"导演"的大戏

国家自然科学基金委员会成立于1986年2月，是国务院直属事业单位，主要职责是运用国家财政投入的自然科学基金，资助自然科学基础研究和部分应用研究，面向的资助群体是中国上万家从事基础研究的科研机构和高校，每年大约受理4万件项目申请。截至2001年，自然科学基金委运用国家财政投入66亿元，支持各类研究项目52 000个。2003年国家对自然科学基金拨款达到20亿元。每年能够掌管20亿元资金的使用，这就是基金委被外界称为"有钱"的原因。

卞中挪用最大一笔款项是6 000万元。2002年12月，卞中通过伪造银行进账单、编造银行对账单直接将6 000万元巨款挪用至北京一家建筑装饰工程公司。这6 000万元其实是经中央领导同意，基金委特批给中科院几位院士的专项资金。

卞中的犯罪直接导致了众多经过严格程序申请到基金的科研机构要么拿不到钱，要么只能拿到一部分钱。一些申请项目因长期拿不到经费，时过境迁而被迫中止或取消。卞中采用最多的作案手段是退汇重拨和伪造进账单，他所有共计26笔贪污和挪用犯罪绝大多数以此法炮制。

1999年1月，浙江大学退回一笔25万元的项目拨款，2001年4月卞中伪造了给云南地理所拨款的银行信汇凭证平账，将这笔退款汇至某私人公司；2000年7月，基金委拨付中科院发育生物学研究所项目款20万元，因账户变更，此款被退回，2001年6月卞中将其挪至一私人公司，伪造了给发育生物学研究所拨款的进账单平账；2001年9月，卞中将拨付给北京大学和中科院遗传研究所的项目经费40万元转入某私人公司。

最多的时候卞中曾一次凭空伪造出25家受资助单位。2002年4月，基金委批

37

准拨出项目经费1 135万元，卡中分两批执行，其中一笔518.8万元私自转至某公司，同时伪造了给25家科研院校拨款的进账单，将518万元平账，这些机构包括南开大学、西安交通大学、上海交通大学、复旦大学、南京大学等诸多知名院校。

受资助单位打电话催款时，卡中要么说手续还没到财务，要么通过倒账先打一部分钱过去救急。没有上级查账，没有旁人监督，卡中一个人默默地导演着"进进出出"的大戏。

14年没有内部审计

在单位说话不多的卡中长期以来对单位收入分配不公心存不满，"我们这些人累死累活地干，上面凭什么白拿那么多"。他有些自闭，绝大部分钱花在了女友及其家人身上。

海淀区检察院认为，基金委对此案负有严重的失察责任。卡中的作案手法并无特别之处，只要有一个环节有所监控就可暴露。办案人员感慨："查到最后感觉偌大一个基金委，拨款权实际上就掌握在一个会计手中。"

由于基金委涉及资助项目和范围众多，为了减少填写支票的工作量，项目拨款长期一直采用"打包拨款"，按京内和京外两部分来打包，30家单位为一包。每张支票或汇票上一般填写的是×××等30家单位，总金额×××元，然后在支票后面附上拨往30家单位的银行票据。如此大规模的多张票据，容易为替换银行票据提供可乘之机。

基金委一直采用"以拨代收"的会计核算方式。项目款从银行拨出后，收到银行盖有"附件"字样章的回单和银行对账单后，即视为对方单位收到款项，不再要求收款单位提供收款发票。这种资金拨付中的开放管理，造成外部监督不力，一旦改变资金走向则很难及时发现。

长期以来基金委对退汇重拨的账户没有建立严格的监控体系，使得大量退汇的资金无人管理成为沉淀资金。

基金委纪检监察审计局局长彭连明接受记者采访时表示，基金委在2000年以前并没有审计监察机构，因而对财务没有做过内审。纪检监察审计局的前身是2000年才成立的"纪检监察审计监督联合办公室"。

卡中案发后三个月，基金委便面向全国招标征集"国家自然科学基金法研究"课题项目，其从制度上改革的决心可见一斑。在基金委大厅里的电子信息栏中，记者看到有关经费使用状况的说明已经相当详细，2004年1至9月的拨款情况一目了然。屏幕中还公布有"中止、撤销项目经费收回情况"——这是否是卡中案后的新变化，不得而知。

资料来源 财政部会计司.《企业内部控制应用指引第6号——资金活动》解读[J].财务与会计，2011（5）.

第一节　风险评估

资金活动，是指企业筹资、投资和资金营运等活动的总称。资金是企业生存和发展的重要基础，被视为企业生产经营的血液，一直受到企业的高度重视。首先，资金活动影响企业生产经营的全过程。企业生产经营活动的开展，总是依赖于一定形式的资金支持；生产经营的过程和结果，也是通过一定形式的资金活动体现出来。因此，资金管理一直被视为企业财务管理的核心内容，构成企业经营管理的重要部分。其次，资金活动内部控制通常是企业内部管理的薄弱环节。由于影响企业资金活动的因素很多、涉及面很广、不确定性很强，企业资金活动的管理和控制面临的困难很大。一是做好资金活动的管控，需要企业对自身业务活动作出科学的、准确的定位；二是做好资金活动的管控，需要对企业所处的政治、经济、文化和技术等环境作出客观的、清晰的判断；三是做好企业资金活动的管控，需要企业相机抉择，合理处理自身与外界的各种关系和矛盾。企业由于受到主客观条件的限制，很难做到自动对资金活动施以有效控制。资金活动内部控制的失误，往往给企业带来致命打击。因此，资金活动及其内部管控情况，对企业的生产经营影响巨大。加强和改进资金活动内部控制，是企业生存和发展的内在需要。再次，国际金融危机爆发后，全球经济萧条，大量企业陷入困境，资金链断裂导致很多企业经营困难甚至破产倒闭，如何防范资金风险、维护资金安全、提高资金效益成了企业内部控制的关键问题。在这种背景下，财政部会同有关部委单独立项制定了《企业内部控制应用指引第6号——资金活动》（下称"资金活动指引"），为我国企业应对危机、防范和化解资金活动相关风险，全面提升经营管理水平提供了科学指导和制度保障。

一、资金活动控制流程

（一）筹资活动的业务流程

筹资活动是企业资金活动的起点，也是企业整个经营活动的基础。通过筹资活动，企业取得投资和日常生产经营活动所需的资金，从而使企业投资、生产经营活动能够顺利进行。企业应当根据经营和发展战略的资金需要，确定融资战略目标和规划，结合年度经营计划和预算安排，拟定筹资方案，明确筹资用途、规模、结构和方式等相关内容，对筹资成本和潜在风险作出充分估计。如果是境外筹资，还必须考虑所在地的政治、经济、法律和市场等因素。

企业的生产经营活动过程，是一个人力资源作用于物质资源的过程。在这个过程中，物质资源的运动，一方面表现为有形的货币和实物资产的周转运动，另一方面表现为物质资源运动中蕴藏的无形的资金价值运动。因此，对企业生产经营活动中物质资源运动过程的内部控制，就是对有形的货币和实物资产周转运动的内部控制，以及对这个过程中体现出来的无形的资金价值周转运动的内部控制。

筹资活动的内部控制，不仅决定着企业能不能顺利筹集生产经营和未来发展所需资金，而且决定着企业能以什么样的筹资成本筹集资金，能以什么样的筹资风险筹集所需资金，并决定着企业所筹集资金最终的使用效益。较低的筹资成本、合理的资本结构和较低的筹资风险，能够使企业应付自如、进退有据，不至于背负沉重的压力，可以从容地追求长期目标，实现可持续发展；而较高的筹资成本、不合理的资本结构和较高的筹资风险，常常使企业经营压力倍增。企业一方面要保持更高的资金流动性以应付不合理资本结构带来的财务风险，一方面要追求更高的投资收益以补偿高额的筹资成本。因此，企业难以追求长期目标，往往过度追求短期利益，饮鸩止渴或者铤而走险。发展战略不能得到很好执行，经营活动的可持续性得不到保证，企业经营和发展难以为继，财务风险很大，企业正常发展受到严重制约。

企业筹资活动的内部控制，应该根据筹资活动的业务流程，区分不同筹资方式，按照业务流程中不同环节体现出来的风险，结合资金成本与资金使用效益情况，采用不同措施进行控制。因此，设计筹资活动的内部控制制度，首先必须深入分析筹资业务流程。通常情况下，筹资活动的业务流程（如图4-1所示）包括：

第一，提出筹资方案。一般由财务部门根据企业经营战略、预算情况与资金现状等因素，提出筹资方案。一个完整的筹资方案应包括筹资金额、筹资形式、利率、筹资期限、资金用途等内容。提出筹资方案的同时还应与其他生产经营相关业务部门沟通协调，在此基础上才能形成初始筹资方案。

第二，筹资方案论证。初始筹资方案还应经过充分的可行性论证。企业应组织相关专家对筹资项目进行可行性论证，可行性论证是筹资业务内部控制的重要环节。一般可以从下列几个方面进行分析论证：（1）筹资方案的战略评估。主要评估筹资方案是否符合企业整体发展战略；控制企业筹资规模，防止因盲目筹资而给企业造成沉重的债务负担。企业应对筹资方案是否符合企业整体战略方向进行严格审核，只有符合企业发展需要的筹资方案才具有可行性。另外，企业在筹资规模上，也不可过于贪多求大。资金充裕是企业发展的重要保障，然而任何资金都是有成本的，企业在筹集资金时一定要有战略考虑，切不可盲目筹集过多的资金，造成资金闲置的同时给企业增加财务负担。（2）筹资方案的经济性评估。主要分析筹资方案是否符合经济性要求，是否以最低的筹资成本获得了所需的资金，是否还有降低筹资成本的空间以及更好的筹资方式，筹资期限等是否经济合理，利息、股息等水平是否在企业可承受的范围之内。如筹集相同的资金，选择股票与选择债券方式，就会面临不同的筹资成本；选择不同的债券种类或者期限结构，也会面临不同的成本，所以企业必须认真评估筹资成本，并结合收益与风险进行筹资方案的经济性评估。（3）筹资方案的风险评估。对筹资方案面临的风险进行分析，特别是对于利率、汇率、货币政策、宏观经济走势等重要条件进行预测分析，对筹资方案面临的风险作出全面评估，并有效地应对可能出现的风险。比如，若选择债权方式筹资，其按期还本付息对于企业来说是一种刚性负担，带给企业的现金流压力较大；若选择股权筹资方式，在股利的支付政策上企业有较大的灵活性，且无需还本，因而企业的现金流压力较小，但股权筹资的成本也是比较高的，而且股权筹资可能会使得企业面临较大的控制权风险。所以，企业应在不同的筹资风险之间进行权衡。

第三，筹资方案审批。通过可行性论证的筹资方案，需要在企业内部按照分级

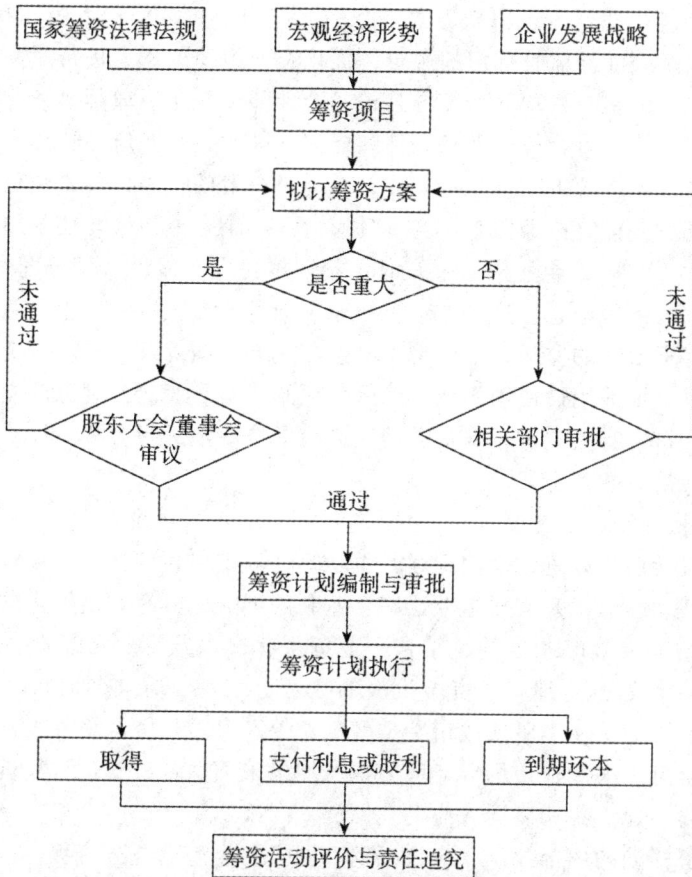

图4-1 筹资活动业务流程图

资料来源 财政部会计司.《企业内部控制应用指引第6号——资金活动》解读[J].财务与会计, 2011（5）.

授权审批的原则进行审批，重点关注筹资用途的可行性。重大筹资方案，应当提交股东（大）会审议，筹资方案需经有关管理部门批准的，应当履行相应的报批程序。审批人员与筹资方案编制人员应适当分离。在审批中，应贯彻集体决策的原则，实行集体决策审批或者联签制度。在综合正反两方面意见的基础上进行决策，而不应由少数人主观决策。筹资方案发生重大变更的，应当重新履行可行性研究以及相关审批程序。

第四，筹资计划编制与执行。企业应根据审核批准的筹资方案，编制较为详细的筹资计划，经过财务部门批准后，严格按照相关程序筹集资金：通过银行借款方式筹资的，应当与有关金融机构进行洽谈，明确借款规模、利率、期限、担保、还款安排、相关的权利义务和违约责任等内容。双方达成一致意见后签署借款合同，据此办理相关借款业务。通过发行债券方式筹资的，应当合理选择债券种类，如普通债券还是可转换债券等，并对还本付息方案作出系统安排，确保按期、足额偿还到期本金和利息。通过发行股票方式筹资的，应当依照《中华人民共和国证券法》等有关法律法规和证券监管部门的规定，优化企业组织架构，进行业务整合，并选择具备相应资质的中介机构，如证券公司、会计师事务所、律师事务所等协助企业做好相关工作，确保符合股票发行条件和要求。同时，企业应当选择合理的股利支付方式，兼顾投资者的近期与长远利益，调动投资者的积极性，避免分配不足或过度。股利分配方案最终应经股东大会审批通过，如果是上市公司还必须按信息披露要求进行公告。另外，企业应通过及时足额还本付息，以及合理分配和支付股利，保持企业良好的信用记录，这一点对于企业顺利进行再融资具有重要意义。

第五，筹资活动的监督、评价与责任追究。要加强筹资活动的检查监督，严格按照筹资方案确定的用途使用资金，确保款项的收支、股息和利息的支付、股票和债券的保管等符合有关规定。筹资活动完成后要按规定进行筹资后评价，对存在违规现象的，严格追究其责任。

（二）投资活动的业务流程

企业投资活动是筹资活动的延续，也是筹资的重要目的之一。投资活动作为企业一种盈利活动，对于筹资成本补偿和企业利润创造，具有举足轻重的意义。企业应该根据自身发展战略和规划，结合企业资金状况以及筹资可能性，拟定投资目标，制订投资计划，合理安排资金投放的数量、结构、方向与时机，慎选投资项目，突出主业，谨慎从事股票或衍生金融工具等高风险投资。境外投资还应考虑政治、经济、金融、法律、市场等环境因素。如果采用并购方式进行投资，应当严格控制并购风险，注重并购协同效应的发挥。

企业投资活动的内部控制，应该根据不同投资类型的业务流程，以及流程中各个环节体现出来的风险，采用不同的具体措施进行投资活动的内部控制。投资活动的业务流程（如图4-2所示）一般包括：

第一，拟订投资方案。应根据企业发展战略、宏观经济环境、市场状况等，提出本企业的投资项目规划。在对规划进行筛选的基础上，确定投资项目。

第二，投资方案可行性论证。对投资项目应进行严格的可行性研究与分析。可行性研究需要从投资战略是否符合企业的发展战略、是否有可靠的资金来源、能否取得稳定的投资收益、投资风险是否处于可控或可承担范围内、投资活动的技术可行性、市场容量与前景等几个方面进行论证。

第三，投资方案决策。按照规定的权限和程序对投资项目进行决策审批，要通过分级审批、集体决策来进行，决策者应与方案制订者适当分离。重点审查投资方案是否可行、投资项目是否符合投资战略目标和规划、是否具有相应的资金能力、投入资金能否按时收回、预计收益能否实现，以及投资和并购风险是否可控等。重大投资项目，应当报经董事会或股东（大）会批准。投资方案需要经过有关管理部门审批的，应当履行相应的报批程序。

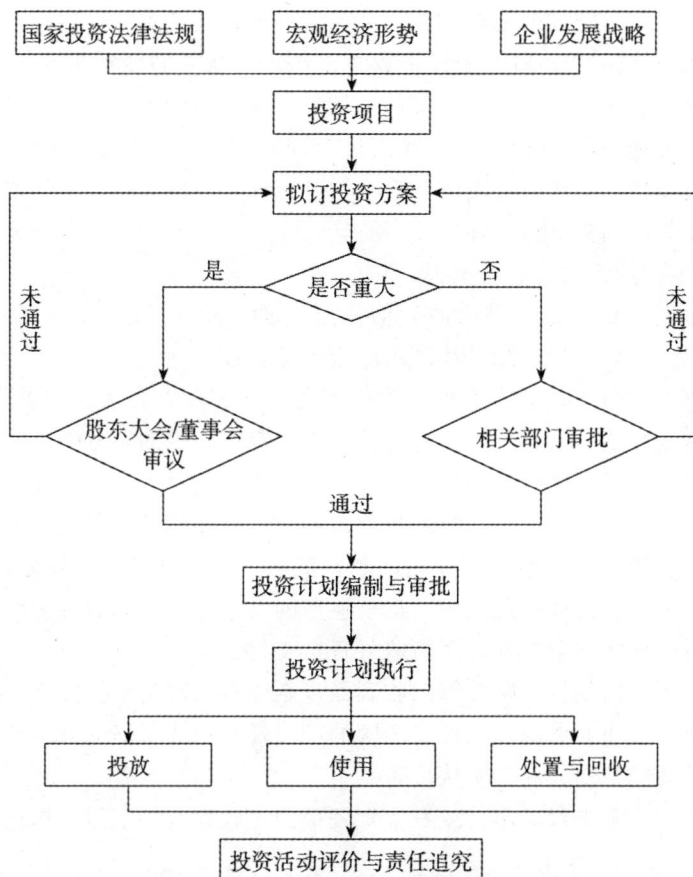

图4-2 投资活动业务流程图

资料来源 财政部会计司.《企业内部控制应用指引第6号——资金活动》解读[J].财务与会计，2011（5）.

第四，投资计划编制与审批。根据审批通过的投资方案，与被投资方签订投资合同或协议，编制详细的投资计划，落实不同阶段的资金投资数量、投资具体内容、项目进度、完成时间、质量标准与要求等，并按程序报经有关部门批准，签订投资合同。

第五，投资计划实施。投资项目往往周期较长，企业需要指定专门机构或人员对投资项目进行跟踪管理，进行有效管控。在投资项目执行过程中，必须加强对投资项目的管理，密切关注投资项目的市场条件和政策变化，准确做好投资项目的会计记录和处理。企业应及时收集被投资方经审计的财务报告等相关资料，定期组织投资效益分析，关注被投资方的财务状况、经营成果、现金流量以及投资合同履行情况，发现异常情况的，应当及时报告并妥善处理。同时，在项目实施中，还必须根据各种条件，准确对投资的价值进行评估，根据投资项目的公允价值进行会计记录。如果发生投资减值，应及时提取减值准备。

第六，投资项目的到期处置。对已到期投资项目的处置同样要经过相关审批流程，妥善处置并实现企业最大的经济收益。企业应加强投资收回和处置环节的控制，对投资收回、转让、核销等决策和审批程序作出明确规定。重视投资到期本金的回收；转让投资应当由相关机构或人员合理确定转让价格，报授权批准部门批准，必要时可委托具有相应资质的专门机构进行评估；核销投资应当取得不能收回投资的法律文书和相关证明文件。

（三）资金营运活动的业务流程

企业资金营运活动是一种价值运动，为保证资金价值运动的安全、完整、有效，企业资金营运活动应按照设计严密的流程进行控制。

第一，资金收付申请。企业资金收付需要以业务发生为基础，应该有根有据，不能凭空付款或收款。所有收款或者付款需求，都由特定的业务引起，因此，有真实的业务发生，是资金收付的基础。

第二，企业授权部门审批。收款方应该向对方提交相关业务发生的票据或者证明，收取资金。资金支付涉及企业经济利益流出，应严格履行授权分级审批制度。不同责任人应该在自己授权范围内，审核业务的真实性、金额的准确性，以及申请人提交票据或者证明的合法性，严格监督资金支付。

第三，财务部门复核。财务部门收到经过企业授权部门审批签字的相关凭证或证明后，应再次复核业务的真实性、金额的准确性、相关票据的齐备性，以及相关手续的合法性和完整性，并签字认可。

第四，办理资金支付。出纳或资金管理部门在收款人签字后，根据相关凭证支付资金。

二、资金活动各环节主要风险点评估

（一）筹资活动主要风险点评估

企业筹资业务可能面临的重要风险类型较多，企业在相应的内部控制活动中应注意识别关键风险，设计相关内部控制制度，有效地进行风险控制。

第一，缺乏完整的筹资战略规划导致的风险。企业在筹资活动中，应以企业在资金方面的战略规划为指导，具体包括资本结构、资金来源、筹资成本等。在企业具体的筹资活动中，应贯彻既定的资金战略，以目标资本结构为指导，协调企业的资金来源、期限结构、利率结构等。如果忽视战略导向，缺乏对目标资本结构的清晰认识，很容易导致盲目筹资，使得企业资本结构、资金来源结构、利率结构等处于频繁变动中，给企业的生产经营带来巨大的财务风险。

第二，缺乏对企业资金现状的全面认识导致的风险。企业在筹资之前，应首先对企业的资金现状有一个全面正确的了解，并在此基础上结合企业战略及宏观、微观形势等提出筹资方案。如果资金预算和资金管控工作不到位，使得企业无法全面了解资金现状，将使得企业无法正确评估资金的实际需要以及期限等，很容易导致筹资过度或者筹资不足。特别是对于大型企业集团来说，如果没有对全集团的资金现状作一个深入完整的了解，很可能出现一部分企业资金结余，而其他部分企业仍然对外筹资，使得集团的资金利用效率低下，增加了不必要的财务成本。

第三，缺乏完善的授权审批制度导致的风险。筹资方案必须经过完整的授权审批流程方可正式实施，这一流程既是企业上下沟通的一个过程，同时也是各个部门、各个管理层次对筹资方案进行审核的重要风险控制程序。审批流程中，每一个审批环节都应对筹资方案的风险控制等问题进行评估，并认真履行审批职责。完善的授权审批制度有助于对筹资风险进行管控，如果忽略这一完善的授权审批制度，则有可能忽视筹资方案中的潜在风险，使得筹资方案草率决策、仓促上马，给企业带来严重的潜在风险。

第四，缺乏对筹资条款的认真审核导致的风险。企业在筹资活动中，都要签订相应的筹资合同、协议等法律文件，筹资合同一般应载明筹资数额、期限、利率、违约责任等内容。企业应认真审核、仔细推敲筹资合同的具体条款，防止因合同条款不完善而给企业带来潜在的不利影响，使得企业在未来可能发生的经济纠纷或诉讼中处于不利地位。在这一方面，企业可以借助专业的法律中介机构来进行合同文本的审核。

第五，因无法保证支付筹资成本导致的风险。任何筹资活动都需要支付相应的筹资成本。对于债权类筹资活动来说，相应的筹资成本表现为固定的利息费用，是企业的刚性成本，企业必须按期足额支付，用以作为资金提供者的报酬。对于股权类筹资活动来说，虽然没有固定的利息费用而且没有还本的压力，但是保证股权投资者的报酬一样不可忽视，企业应认真制订好股利支付方案，包括股利金额、支付时间、支付方式等。如果股利支付不足，或者对股权投资者报酬不足，将会导致股东抛售股票，从而使得企业股价下跌，给企业的经营带来重大不利影响。

第六，缺乏严密的跟踪管理制度导致的风险。企业筹资活动的流程很长，不仅包括资金的筹集到位，还包括资金使用过程中的利息、股利等筹资费用的计提支付，以及最终的还本工作，这一流程一般贯穿企业整个经营活动的始终，是企业的一项常规管理工作。企业在筹资跟踪管理方面应制定完整的管理制度，包括资金到账、资金使用、利息支付、股利支付等，并时刻监控资金的动向。如果缺乏严密的跟踪管理，可能会使企业资金管理失控，因资金被挪用而导致财务损失；也可能因此导致利息没有及时支付而被银行罚息，这些都会使得企业面临不必要的财务风险。

（二）投资活动主要风险点评估

第一，投资活动与企业战略不符带来的风险。企业发展战略是企业投资活动、生产经营活动的指南和方向。企业投资活动应该以企业发展战略为导向，正确选择投资项目，合理确定投资规模，恰当权衡收益与风险。要突出主业，妥善选择并购目标，控制并购风险；要避免盲目投资，或者贪大贪快，乱铺摊子，以及投资无所不及、无所不能的现象。

第二，投资与筹资在资金数量、期限、成本与收益上不匹配的风险。投资活动的资金需求，需要通过筹资予以满足。不同的筹资方式，可筹集资金的数量、偿还期限、筹资成本不一样，这就要求投资应量力而为，不可贪大求全，超过企业资金实力和筹资能力进行投资；投资的现金流量在数量和时间上要与筹资现金流量保持一致，以避免财务危机发生；投资收益要与筹资成本相匹配，保证筹资成本的足额补偿和投资盈利性。

第三，投资活动忽略资产结构与流动性的风险。企业的投资活动会形成特定资产，并由此影响企业的资产结构与资产流动性。对企业而言，资产流动性和盈利性是一对矛盾，这就要求企业投资中要恰当处理资产流动性和盈利性的关系。通过投资保持合理的资产结构，在保证企业资产适度流动性的前提下追求最大盈利性，这也就是投资风险与收益均衡问题。

第四，缺乏严密的授权审批制度和不相容职务分离制度的风险。授权审批制度是保证投资活动合法性和有效性的重要手段，不相容职务分离制度则通过相互监督与牵制，保证投资活动在严格控制下进行，这是填补漏洞、防止舞弊的重要手段。没有严格的授权审批制度和不相容职务分离制度，企业投资就会呈现出随意、无序、无效的状况，导致投资失误和企业生产经营失败。因此，授权审批制度和不相容职务分离制度是投资内部控制、防范风险的重要手段。同时，与投资责任制度相适应，还应建立严密的责任追究制度，使责、权、利得到统一。

第五，缺乏严密的投资资产保管与会计记录的风险。投资是直接使用资金的行为，也是形成企业资产的过程，容易发生各种舞弊行为。在严密的授权审批制度和不相容职务分离制度以外，是否有严密的投资资产保管制度和会计控制制度，也是避免投资风险、影响投资成败的重要因素。企业应建立严密的资产保管制度，明确保管责任，建立健全账簿体系，严格账簿记录，通过账簿记录对投资资产进行详细、动态的反映和控制。

（三）资金营运活动主要风险点评估

第一，审批不当带来的风险。如经办人员未经授权审批进行业务活动，未经授权的人员办理资金收支业务；使用资金的部门未经申请、审批调用资金；审批人越权审批等。

第二，复核失效带来的风险。如资金营运活动会计主管未及时、严格审查原始凭证反映的收支业务是否真实合法，未经审核便签字盖章等。

第三，收付业务失控带来的风险。如出纳人员未经审批办理收付款业务；主管会计人员未及时与出纳人员核对收付记录。

第四，记账环节出现管理漏洞带来的风险。如出纳人员未根据资金收付凭证及时、完整登记日记账；会计人员未根据相关凭证登记有关明细分类账；主管会计未及时登记总分类账。

第五，对账环节失控带来的风险。如未定期进行账证核对、账账核对、账表核对、账实核对等；未定期盘点库存现金；未按月编制余额调节表。

第六，银行账户管理失控带来的风险。如银行账户的开立、使用和撤销未经授权，下属企业或单位是否有账外开户。

第七，票据与印章管理失控带来的风险。如将办理资金支付业务的相关印章和票据集中一人保管，印章与空白票据一人保管，财务专用章与企业法人章一人保管。

第二节　关键控制点

一、筹资活动的关键控制点及其控制措施

筹资活动的流程较长，根据筹资业务流程，找出其中的关键风险控制点进行风险控制，可以提高风险管控的效率（见表4-1）。

表4-1　　　　　　筹资内部控制的关键控制点、控制目标与控制措施

关键控制点	控制目标	控制措施
提出筹资方案	进行筹资方案可行性论证	1.进行筹资方案的战略性评估，包括是否与企业发展战略相符合、筹资规模是否适当； 2.进行筹资方案的经济性评估，如筹资成本是否最低、资本结构是否恰当、筹资成本与资金收益是否匹配； 3.进行筹资方案的风险性评估，如筹资方案面临哪些风险风险大小是否适当、可控，是否与收益匹配
筹资方案审批	选择批准最优筹资方案	1.根据分级授权审批制度，按照规定程序严格审批经过可行性论证的筹资方案； 2.审批中应实行集体审议或联签制度，保证决策的科学性
制订筹资计划	制订切实可行的具体筹资计划；科学规划筹资活动；保证低成本、高效率筹资	1.根据筹资方案，结合当时经济金融形势，分析不同筹资方式的资金成本，正确选择筹资方式和不同方式的筹资数量，财务部门或资金管理部门制订具体筹资计划； 2.根据授权审批制度报有关部门批准
实施筹资	保证筹资活动正确、合法、有效进行	1.根据筹资计划进行筹资； 2.签订筹资协议，明确权利义务； 3.按照岗位分离与授权审批制度，各环节和各责任人正确履行审批监督责任，实施严密的筹资程序控制和岗位分离控制； 4.做好严密的筹资记录，发挥会计控制的作用
筹资活动评价与责任追究	保证筹集资金的正确有效使用；维护筹资信用	1.促成各部门严格按照确定的用途使用资金； 2.监督检查，督促各环节严密保管未发行的股票、债券； 3.监督检查，督促正确计提、支付利息； 4.加强债务偿还和股利支付环节的监督管理； 5.评价筹资活动过程，追究违规人员责任

资料来源　财政部会计司.《企业内部控制应用指引第6号——资金活动》解读[J].财务与会计，2011（5）.

一般来说，筹资活动中各环节的主要风险控制点包括：

（1）提出筹资方案。提出筹资方案是筹资活动中的第一个重要环节，也是筹资活动的起点，筹资方案的内容是否完整、考虑是否周密、测算是否准确等，直接决定着筹资决策的正确性，关系到整个筹资活动的效率和风险。

（2）筹资方案审批。相关责任部门拟定投资方案并进行可行性论证以后，股东（大）会或者董事会、高管层应对筹资方案履行严格的审批责任。审批中应实行集体决策审议或者联签制度，避免一人说了算或者拍脑袋行为。

（3）编制筹资计划。根据批准的筹资方案，财务部门应制订严密细致的筹资计划，通过筹资计划，对筹资活动进行周密安排和控制，使筹资活动在严密控制下高效、有序进行。

（4）实施筹资方案。筹资计划经层层授权审批之后，就应付诸实施。在实施筹资计划的过程中，企业必须认真做好筹资合同的签订，资金的划拨、使用以及跟踪管理等工作，保证筹资活动按计划进行，妥善管理所筹集的资金，保证资金的安全性。

（5）筹资后管理。筹集资金到位以后，企业应该做好筹资费用的计提、支付以及会计核算等工作。对于债券类筹资，企业应按时计提并及时支付债务利息，保持良好的信用记录；对于股权类筹资，企业应制订科学合理并能让股东满意的股利支付方案，并严格按方案支付股利。筹资费用的管理事关资金提供者的积极性，对培养企业良好的筹资环境极为重要。

（6）筹资业务的会计控制。对于筹资业务，企业还应设置记录筹资业务的会计凭证和账簿，按照国家统一会计准则和制度，正确核算和监督资金筹集、本息偿还、股利支付等相关情况，妥善保管筹资合同或协议、收款凭证、入库凭证等资料，定期与资金提供方进行账务核对，确保筹资活动符合筹资方案的要求，具体从以下几个方面入手：一是对筹资业务进行准确的账务处理。企业应按照国家统一的会计准则，对筹资业务进行准确的会计核算与账务处理，应通过相应的账户准确进行筹集资金核算、本息偿付、股利支付等工作。二是对筹资合同、收款凭证、入库凭证等，应妥善保管。与筹资活动相关的重要文件，如合同、协议、凭证等，企业的会计部门需登记造册、妥善保管，以备查用。三是企业会计部门应做好具体资金管理工作，随时掌握资金情况。会计部门应编制贷款申请表、内部资金调拨审批表等，严格管理筹资程序；会计部门应通过编制借款存量表、借款计划表、还款计划表等，掌握贷款资金的动向；会计部门还应与资金提供者定期进行账务核对，以保证资金及时到位与资金安全。四是会计部门还应协调好企业筹资的利率结构、期限结构等，力争最大限度地降低企业的资金成本。

二、投资活动的关键控制点及控制措施

根据投资业务流程，投资业务的关键控制点、控制目标和对应的控制措施见表4-2。

表 4-2　　　　　　　投资业务的关键控制点、控制目标和控制措施

关键控制点	控制目标	控制措施
提出投资方案	进行投资方案可行性论证	1.进行投资方案的战略性评估,包括是否与企业发展战略相符合; 2.投资规模、方向和时机是否适当; 3.对投资方案进行技术、市场、财务可行性研究,深入分析项目的技术可行性与先进性、市场容量与前景,以及项目预计现金流量、风险与报酬,比较或评价不同项目的可行性
投资方案审批	选择批准最优投资方案	1.明确审批人对投资业务的授权批准方式、权限、程序和责任,不得越权; 2.审批中应实行集体决策审议或者联签制度; 3.与有关被投资方签署投资协议
编制投资计划	制订切实可行的具体投资计划,作为项目投资的控制依据	1.核查企业当前资金额及正常生产经营预算对资金的需求量,积极筹措投资项目所需资金; 2.制订详细的投资计划,并根据授权审批制度报有关部门审批
实施投资方案	保证投资活动按计划合法、有序、有效进行	1.根据投资计划进度,严格分期、按进度适时投放资金,严格控制资金流量和时间; 2.以投资计划为依据,按照职务分离制度和授权审批制度,各环节和各责任人正确履行审批监督责任,对项目实施过程进行监督和控制,防止各种舞弊行为,保证项目建设的质量和进度要求; 3.做好严密的会计记录,发挥会计控制的作用; 4.做好跟踪分析工作,及时评价投资的进展,将分析和评价的结果反馈给决策层,以便及时调整投资策略或制定投资退出策略
投资资产处置控制	保证投资资产的处理符合企业的利益	1.投资资产的处置应该通过专业中介机构,选择相应的资产评估方法,客观评估投资价值,同时确定处置策略; 2.投资资产的处置必须经过董事会的授权批准

资料来源　财政部会计司.《企业内部控制应用指引第6号——资金活动》解读[J].财务与会计,2011(5).

企业还应当按照会计准则的规定,准确进行投资的会计处理。根据对被投资方的影响程度,合理确定投资业务适用的会计政策,建立投资管理台账,详细记录投资对象、金额、期限、收益等事项,妥善保管投资合同或协议、出资证明等资料。对于被投资方出现财务状况恶化、市价当期大幅下跌等情形的,企业会计部门应当根据国家统一的会计准则和制度规定,合理计提减值准备、确认减值损失,具体包

括：一是企业必须按照会计准则的要求，对投资项目准确地进行会计核算、记录与报告，确定合理的会计政策，准确反映企业投资的真实状况。二是企业应当妥善保管投资合同、协议、备忘录、出资证明等重要的法律文书。三是企业应当建立投资管理台账，详细记录投资对象、金额、期限等情况，作为企业重要的档案资料以备查用。四是企业应当密切关注投资项目的营运情况，一旦出现财务状况恶化、市价大幅下跌等情形，必须按会计准则的要求，合理计提减值准备。企业必须准确合理地对减值情况进行估计，而不应滥用会计估计，把减值准备作为调节利润的手段。

三、资金营运活动的关键控制点及控制措施

根据资金营运活动的业务流程，资金营运活动的关键控制点、控制目标和对应的控制措施见表4-3。

表4-3　　　　　　资金营运活动的关键控制点、控制目标及控制措施

关键控制点	控制目标	控制措施
审批	合法性	未经授权不得经办资金收付业务；明确不同级别管理人员的权限
复核	真实性与合法性	会计人员对相关凭证进行横向复核和纵向复核
收支点	收入入账完整，支出手续完备	出纳人员根据审核后的相关收付款原始凭证收款和付款，并加盖戳记
记账	真实性	出纳人员根据资金收付凭证登记日记账；会计人员根据相关凭证登记有关明细分类账；主管会计人员登记总分类账
对账	真实性和财产安全	账证核对、账表核对与账实核对
保管	财产安全与完整	授权专人保管资金；定期、不定期盘点
银行账户管理	防范小金库；加强业务管控	开设、使用与撤销的授权；是否有账外账
票据与印章管理	财产安全	票据统一印制或购买；票据由专人保管；印章与空白票据分管；财务专用章与企业法人章分管

资料来源　财政部会计司.《企业内部控制应用指引第6号——资金活动》解读[J].财务与会计，2011（5）.

一般来说，资金营运内部控制的关键控制点主要包括：

一是审批控制点。把收支审批点作为关键点，是为了控制资金的流入和流出，审批权限的合理划分是资金营运活动业务顺利开展的前提条件。审批活动关键点包括：制定资金的限制接近措施，经办人员进行业务活动时应该得到授权审批，任务未经授权的人员不得办理资金收支业务；使用资金的部门应提出用款申请，记载用

途、金额、时间等事项；经办人员在原始凭证上签章；经办部门负责人、主管总经理和财务部门负责人审批并签章。

二是复核控制点。复核控制点是减少错误和舞弊的重要措施。根据企业内部层级的隶属关系可以划分为纵向复核和横向复核这两种类型。前者是指上级主管对下级活动的复核；后者是指平级或无上下级关系人员的相互核对，如财务系统内部的核对。复核关键点包括：资金营运活动会计主管审查原始凭证反映的收支业务是否真实合法，经审核通过并签字盖章后才能填制原始凭证；凭证上的主管、审核、出纳和制单等印章是否齐全。

三是收付控制点。资金的收付导致资金流入流出，反映着资金的来龙去脉。该控制点包括：出纳人员按照审核后的原始凭证收付款，对已完成收付的凭证加盖戳记，并登记日记账；主管会计人员及时准确地记录在相关账簿中，定期与出纳人员的日记账核对。

四是记账控制点。资金的凭证和账簿是反映企业资金流入流出的信息源，如果记账环节出现管理漏洞，很容易导致整个会计信息处理结果失真。记账控制点包括：出纳人员根据资金收付凭证登记日记账；会计人员根据相关凭证登记有关明细分类账；主管会计人员登记总分类账。

五是对账控制点。对账是账簿记录系统的最后一个环节，也是报表生成前一个环节，对保证会计信息的真实性起到重要作用。对账控制点包括：账证核对、账账核对、账表核对、账实核对等。

六是银行账户管理控制点。企业应当严格按照《支付结算办法》等国家有关规定，加强银行账户的管理，严格按规定开立账户，办理存款、取款和结算。银行账户管理的关键控制点包括银行账户的开立、使用和撤销是否有授权，下属企业或单位是否有账外账。

七是票据与印章管理控制点。印章是明确责任、表明业务执行及完成情况的标记。印章的保管要贯彻不相容职务分离的原则，严禁将办理资金支付业务的相关印章和票据集中一人保管，印章要与空白票据分管，财务专用章要与企业法人章分管。

第三节 案例分析

巨人集团资金管理案例

（一）案例简介

1989年8月，史玉柱团队推出"M-6401"桌面文字处理系统，4个月后销售额超过100万元，奠定巨人创业基石。1991年4月，巨人公司成立，推出桌面中文电脑软件M-6403，获利达1 000万元。1992年9月，巨人公司升为珠海巨人高科技集团公司，注册资金1.19亿元，下设8个分公司。史玉柱被评为"广东省十大优秀科技企业家"。中央领导纷纷视察巨人集团。1993年,巨人集团投资兴建巨人大厦。1994年,巨人集团由以电脑软件开发为主的公司,出人意料地转向保健品领域,推出脑黄金,一炮打响,38层的巨人大厦又变更计划窜至70层。"巨人"成为中国第二大民营高科技企业。1995年7月,史玉柱宣布"创业整顿"。1996年,巨人大厦资金告急,史玉柱被迫抽调保健品公司的流动资金来填补到巨人大厦的建设中。保健品方面因为巨人大厦"抽血"过量,加上管理不善,迅速盛极而衰。1997年初,巨人大厦未按期完工,不久巨人大厦停工,"巨人"名存实亡。

(二)案例分析

1.投资决策不当

主要风险点:投资决策失误,引发盲目扩张或丧失发展机遇,可能导致资金链断裂或资金使用效益低下。

分析:巨人集团1993年投资兴建巨人大厦,原本只想盖一座19层的自用楼,然而后来盲目扩张,直至增加到70层。巨人集团根本没有足够的实力盖起一座全国最高的大厦,完全超过了集团所能承受的投资规模,说明投资方案可行性论证明显不够,具体表现在:第一,缺乏对投资项目应进行的严格的可行性研究与分析。可行性研究需要从投资战略是否符合企业的发展战略、是否有可靠的资金来源、能否取得稳定的投资收益、投资风险是否过大来分析。第二,不符合巨人集团发展战略。巨人集团向房地产行业发展的目标,与巨人集团的管理能力、资金能力和技术能力产生错位,企业管理、资金、人员素质不能与设定的目标相匹配,企业战略风险增大。

2.筹资决策不当

内部控制风险点:筹资决策不当,引发资本结构不合理或无效融资,可能导致企业筹资成本过高或债务危机。

分析:巨人集团1993年投资兴建巨人大厦,未对筹资方案面临的风险作出全面的评估,筹资规模巨大,筹资来源单一且欠缺抗风险能力,也未提出有效应对各种筹资风险的方法。

房地产项目在缺乏强有力的金融资本作为后盾的基础之上,片面地认为保健品收入完全能满足巨人大厦建设的资金需求,采用了全凭自有资金开发的方式兴建巨人大厦。果然,筹资规模的巨大使渐走下坡路的生物工程销售收入不堪重负,不但无力提供巨额建设资金,最后把整个集团也拖垮。巨人集团进行筹资决策时对资金来源预期过于乐观,当时由于宏观政策因素,巨人集团无法从银行取得贷款,最终资金链断裂,导致了巨人集团的失败。

3.资金调度不合理

主要风险点:未有效地组织召开资金调度会或资金安全检查,未对资金预算执行情况进行综合分析,对异常情况,未及时采取措施妥善处理,导致资金链断裂。

分析:1996年下半年,巨人大厦建设资金紧缺,这比市场上产品销售下降的颓势和企业内部机制不畅造成的漏洞的压力更大，这可是硬碰硬的压力，巨人集团作出了错误的抉择，抽调生物工程的流动资金去支撑大厦的建设。

事实证明，这个资金调度的决定，不但没有对建好巨人大厦起到较大的作用，反而造成了生物工程公司资金短缺，维持生物工程正常运作的基本费用和广告费投入不到位，结果生物工程一度停产，其他业务迅速萎缩，巨人集团资金链戛然中断。

4.资金活动管控不严

主要风险点：资金活动管控不严，可能导致资金被挪用、侵占、抽逃或遭受欺诈。

分析：1996年下半年，巨人集团财务运作日益窘迫，由于集团内机构庞大，内部控制跟不上，各类违规、违纪、违法案件，诸如截留、坐支、挪用公款等问题屡见不鲜；几万、十几万、几十万甚至上百万资产在阳光照不到的地方流失了，甚至在危急时刻，生物产品"巨不肥"带来的利润还被一些人私分。外部的巨变加上内部的混乱，导致企业经营管理的风险剧增，并且难以驾驭，公司资金流失严重。

资料来源 根据百度文库《巨人集团案例分析》(http://wenku.baidu.com/view/9a190907bed5b9f3f90f1c0e.htm)整理而成。

复习思考题

1.资金营运业务的不相容岗位主要包括哪些内容？

2.筹资业务活动、投资业务活动、资金营运业务活动分别包括哪些基本环节？

3.简述筹资业务的关键控制环节、控制目标和相关控制措施。

4.简述投资业务的关键控制环节、控制目标和相关控制措施。

5.简述资金营运业务的关键控制环节、控制目标和相关控制措施。

6.分析筹资业务、投资业务、资金营运业务可能的主要风险。

7."小会计何以玩转两个亿 卞中贪污挪用公款案调查"案例中存在哪些内部控制缺陷？你认为应当如何改进？

中英文专业术语

资金活动 financing activities
资金活动风险 risk of financing activities
资金活动内部控制 internal control of financing activities

补充学习内容

1.《企业内部控制应用指引第6号——资金活动》及其讲解。

2．案例。

农行邯郸支行金库现金被盗案

一、案例背景

2006年10月13日至18日，任晓峰与赵学楠、张强利用看管金库的便利条件，先后两次从金库盗取人民币20万元购买彩票，后归还。

2007年3月16日至4月13日，任晓峰与马向景又多次从金库盗取人民币共计近3 296万元，任晓峰用其中3 125万元购买彩票，在投入巨额资金未中奖的情况下，任晓峰用余款中的7.68万元购买了捷达轿车一辆，准备出逃。

2007年4月14日8时许，任晓峰和马向景再次密谋后，从金库盗出现金6箱共计1 800万元，用其中1 410万元购买彩票。任晓峰分得余款329.9万元，马向景分得余款60万元。任晓峰得知彩票未中奖后，遂通知马向景分头潜逃。

邯郸市中级人民法院2007年8月9日一审对任晓峰、马向景作出死刑、剥夺政治权利终身的判决，对赵学楠、宋长海、张强三被告人判罚有期徒刑五年、三年和缓期徒刑，任晓峰、马向景、赵学楠不服，均提出上诉。

9月19日上午，河北省高级人民法院经审理认为，一审判决认定的事实清楚，证据确实、充分，适用法律正确，量刑适当，审判程序合法，并依照《中华人民共和国刑事诉讼法》的有关规定，作出终审裁定，驳回任晓峰、马向景、赵学楠的上诉，全案维持原判。对任晓峰、马向景维持死刑判决的裁定，河北省高级人民法院依法报请最高人民法院核准。

二、任晓峰的建议书

根据我这次的犯罪经过，我把我对银行金库管理的一些建议写出来，希望能对防止犯罪事件的再次发生，起到一些作用。

（一）监控方面

1．应安排专人负责查看监控录像，并定期抽查以前的录像记录，查看是否有违规操作等情况；

2．每日必须检查监控设备的正常使用及备份情况，监控数据备份保存时间最少在3个月以上；

3．在非工作时间必须设防110联网报警系统，对非工作时间进入设防范围或金库内的人员，要马上向领导汇报详细情况；

4．金库内必须安装监控设备。

（二）严格执行规章制度

1．应安排现金中心主任或副主任每旬查一次金库，安排现金中心主任每月查一次金库；

2．在查库时，应先核对记账情况是否属实，然后根据碰库清单，认真核对现金数额，对装好的整包现金，必须打开包进行核对；

3．各级领导查库，都不应该安排在固定时间和日期；

4.对重要岗位的人员（如记账员、管库员），应实行强制休假制度，在不事先通知的情况下，由领导监督交接工作；

5.应对现金中心的每个岗位都制定出各自的岗位职责和工作要求，对现金中心工作人员要定期进行思想教育学习。

（三）现金中心岗位设置

1.应设立记账员岗位，现金中心金库的往来账目由管库员记账，对现金中心所有的往来账目都应该由专人记账，这样可以防止管库员在记账方面做假账，从金库挪用资金；

2.银行内部资金调拨和到人民银行交取款的工作，应由专人负责。

（四）最高转款额控制

农行的信用卡通过电话银行往彩票中心转彩票款，应设置最高转款限额。

资料来源　佚名.邯郸农行5 100万被盗案　两主犯被判死刑 [EB/OL].[2007-08-10].http：//news.sohu.com/20070810/n251512411.shtml.

第五章　采购业务控制

【学习目标】

通过本章的学习，理解采购业务流程，以业务流程为主线，了解采购业务流程各环节可能发生的主要风险，掌握各个流程中的关键控制点及控制措施。

【导入性案例】

亚伦集团采购案

一、案件回顾

1995年1月到1998年12月，个体商贩陈某几乎垄断了亚伦集团总价款近270万元的水果采购供应生意，在有关政府审计人员的审计下发现有的发票存在涂改情况，并与亚伦集团所购货物数量出入很大。陈某开具的结账发票连号，不符合正常发票使用规律。在部分票据中，陈某开票日期与集团下属的实业公司经理签字审批日期相同甚至超前。部分业务由经理自带汇票与陈某一同采购。进行多次分析之后，审计人员认为陈某以房地产发票与实业公司结账，而未开具当地地方税务发票，涉嫌偷税12余万元。

二、幕后调查

实业公司与陈某大笔水果交易背后的关键人物，正是亚伦集团的总经理王品发。经调查查明王品发个人涉案金额高达60余万元，龙游县纪委认定其违纪金额28余万元，依法予以收缴。集团内上下勾结，上自总经理、副总经理，下至热电分厂小小的煤调度员、采购员等共计20余人因涉嫌受贿、贪污纷纷落马。

三、案件分析（采购角度）

1.亚伦集团在水果采购业务中，采购人员滥用职权，损公肥私，收受客户回扣和贿赂。其未按照公司的计划、要求进行采购，在采购过程中为自己个人利益不通过"比价"而是通过"回扣"来选择供应商。

2.采购结束后会计人员未能遵循规章进行记账，采购成本没有明确的区分，使得成本不能真实反映企业为采购材料而花费的金额。

3.采购审计人员不能够把握好水果采购的最后一关，以少报多、乱开发票。审计人员不能按照采购审计的流程行事，导致同一笔采购业务重复付款、票据混乱的情况出现。

4.对于大宗采购业务，应成立评标委员会实行招投标管理，保证投标商家进行公平竞争，由采购部门和其他部门共同选定中标商家。

四、采购业务中常见的弊端

1.盲目采购。采购部门没有根据已批准的采购计划或请购单进行采购，而是盲目采购或采购不及时，造成超储积压或者供应脱节的情况。

2.收受回扣，中饱私囊。采购人员为了私人利益在采购中没有进行比价管理，而是选择有回扣的供应商，这往往造成采购材料质量得不到保证，或者价格高于市场平均价格，致使企业利益受损。这种状况在国有企业中尤为突出。

3.虚报损耗，中途转移。这属于企业的内盗现象，运输部门为了中饱私囊，在运输途中转移材料，而对企业上报谎称损耗。

4.混淆采购成本。会计人员在会计记账中，对采购成本没有很好的区分，确认的成本不能真实反映企业是为采购材料而发生的。比如对生产企业，与材料采购相关的运输费、保险费、合理损耗等，都要计入采购成本，而这对商品流通企业并不适用。

5.验收不严，以少报多，以次充好。采购验收人员玩忽职守，不能严格验收采购材料的质量和数量。如果采购和验收职责没有分离，由一个人担任两项不相容职务，这种内部控制的缺陷容易诱发材料验收中的舞弊行为，造成伪劣材料鱼龙混杂，轻者损害企业利益，重者伪劣产品充斥市场，损害消费者利益。

6.违规结算，资金流失。通常企业在收到采购发票后，根据发票金额授权会计签发支付凭单，出纳审核后支付划拨款项，如果没有严格的付款控制程序，就存在结算隐患。比如，对同一笔采购业务重复付款，或者误期支付失去客户信誉。

采购，是指企业购买物资（或接受劳务）及支付款项等相关活动。其中，物资主要包括企业的原材料、商品、工程物资、固定资产等。采购是企业生产经营的起点，既是企业的"实物流"的重要组成部分，又与"资金流"密切关联。众所周知，采购物资的质量和价格、供应商的选择、采购合同的订立、物资的运输和验收等供应链状况，在很大程度上决定了企业的生存与可持续发展。采购流程的环节虽不很复杂，但蕴藏的风险却是巨大的。

企业在健全采购业务内部控制时，应当着力从全面梳理相关流程入手。在此过程中，企业应当对采购业务管理现状进行全面分析与评价，既要对照现有采购管理制度，检查相关管理要求是否落实到位，又要审视相关管理流程是否科学合理、是否能够较好地保证物资和劳务供应顺畅、物资采购是否能够与生产和销售等供应链其他环节紧密衔接。在此基础上，要着力健全各项采购业务管理制度，落实责任制，不断提高制度执行力，确保物资和劳务采购按质按量按时和经济高效地满足生产经营的需求。

资料来源 财政部会计司.《企业内部控制应用指引第7号——采购业务》解读[J].财务与会计，2011（5）.

第一节 风险评估

一、采购业务流程

采购业务流程主要涉及编制需求计划和采购计划、请购、选择供应商、确定采购价格、订立框架协议或采购合同、管理供应过程、验收、退货、付款、会计控制等环节，如图5-1所示。该图列示的采购流程适用于各类企业的一般采购业务，具有通用性。企业在实际开展采购业务时，可以参照此流程，并结合自身情况予以扩充和具体化。

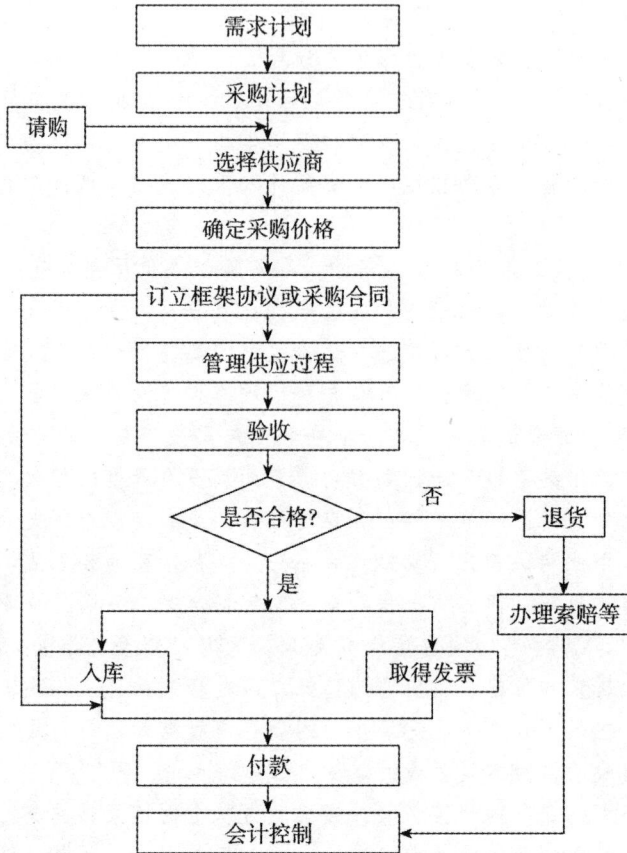

图5-1 采购业务流程图

资料来源 财政部会计司.《企业内部控制应用指引第7号——采购业务》解读[J].财务与会计，2011（5）.

二、采购业务各环节的主要风险点评估

（一）采购计划不合理

采购业务从计划（或预算）开始，包括需求计划和采购计划。企业实务中，需求部门一般根据生产经营需要向采购部门提出物资需求计划，采购部门根据该需求计划归类汇总平衡现有库存物资后，统筹安排采购计划，并按规定的权限和程序审批后执行。该环节的主要风险是：需求或采购计划不合理、不按实际需求安排采购或随意超计划采购，甚至与企业生产经营计划不协调等。

（二）请购风险

请购是指企业生产经营部门根据采购计划和实际需要，提出的采购申请。该环

节的主要风险是：缺乏采购申请制度，请购未经适当审批或超越授权审批，可能导致采购物资过量或短缺，影响企业正常生产经营。

（三）选择供应商的风险

选择供应商，也就是确定采购渠道。它是企业采购业务流程中非常重要的环节。该环节的主要风险是：供应商选择不当，可能导致采购物资质次价高，甚至出现舞弊行为。

（四）确定采购价格的风险

如何以最优"性价比"采购到符合需求的物资，是采购部门的永恒主题。该环节的主要风险是：采购定价机制不科学，采购定价方式选择不当，缺乏对重要物资品种价格的跟踪监控，引起采购价格不合理，可能造成企业资金损失。

（五）订立框架协议或采购合同中的风险

框架协议是企业与供应商之间为建立长期物资购销关系而作出的一种约定。采购合同是指企业根据采购需要、确定的供应商、采购方式、采购价格等情况与供应商签订的具有法律约束力的协议，该协议对双方的权利、义务和违约责任等情况作出了明确规定（采购方向供应商支付合同规定的金额、结算方式，供应商按照约定时间、期限、数量与质量、规格交付物资给采购方）。该环节的主要风险是：框架协议签订不当，可能导致物资采购不顺畅；未经授权对外订立采购合同，合同对方主体资格、履约能力等未达要求，合同内容存在重大疏漏和欺诈，可能导致企业合法权益受到侵害。

（六）管理供应过程的风险

管理供应过程，主要是指企业建立严格的采购合同跟踪制度，科学评价供应商的供货情况，并根据合理选择的运输工具和运输方式，办理运输、投保等事宜，实时掌握物资采购供应过程的情况。该环节的主要风险是：缺乏对采购合同履行情况的有效跟踪，运输方式选择不合理，忽视运输过程保险风险，可能导致采购物资损失或无法保证供应。

（七）验收控制风险

验收是指企业对采购物资和劳务的检验接收，以确保其符合合同相关规定或产品质量要求。该环节的主要风险是：验收标准不明确、验收程序不规范、对验收中存在的异常情况不作处理，可能造成账实不符、采购物资损失。

（八）付款业务中的风险

付款是指企业在对采购预算、合同、相关单据凭证、审批程序等内容审核无误后，按照采购合同规定及时向供应商办理支付款项的过程。该环节的主要风险是：付款审核不严格、付款方式不恰当、付款金额控制不严，可能导致企业资金损失或信用受损。

（九）会计控制风险

会计控制主要指采购业务会计系统控制。该环节的主要风险是：缺乏有效的采购会计系统控制，未能全面真实地记录和反映企业采购各环节的资金流和实物流情况，相关会计记录与相关采购记录、仓储记录不一致，可能导致企业采购业务未能如实反映，以及采购物资和资金受损。

第二节　关键控制点

一、采购计划控制

关键控制点：第一，生产、经营、项目建设等部门应当根据实际需求准确、及时编制需求计划。需求部门提出需求计划时，不能指定或变相指定供应商。对独家代理、专有、专利等特殊产品应提供相应的独家、专有资料，经专业技术部门研讨后，报请具备相应审批权限的部门或人员审批。第二，采购计划是企业年度生产经营计划的一部分，在制订年度生产经营计划过程中，企业应当根据发展目标实际需要，结合库存和在途情况，科学安排采购计划，防止采购过高或过低。第三，采购计划应纳入采购预算管理，经相关负责人审批后，作为企业刚性指令严格执行。

二、请购控制

关键控制点：第一，建立采购申请制度，依据购买物资或接受劳务的类型，确定归口管理部门，授予相应的请购权，明确相关部门或人员的职责权限及相应的请购程序。企业可以根据实际需要设置专门的请购部门，对需求部门提出的采购需求进行审核，并进行归类汇总，统筹安排企业的采购计划。第二，具有请购权的部门对于预算内采购项目，应当严格按照预算执行进度办理请购手续，并根据市场变化提出合理采购申请。对于超预算和预算外采购项目，应先履行预算调整程序，由具备相应审批权限的部门或人员审批后，再行办理请购手续。第三，具备相应审批权限的部门或人员审批采购申请时，应重点关注采购申请内容是否准确、完整，是否符合生产经营需要，是否符合采购计划，是否在采购预算范围内等。对不符合规定的采购申请，应要求请购部门调整请购内容或拒绝批准。

三、选择供应商

关键控制点：第一，建立科学的供应商评估和准入制度，对供应商资质信誉情况的真实性和合法性进行审查，确定合格的供应商清单，健全企业统一的供应商网络。企业新增供应商的市场准入、供应商新增服务关系以及调整供应商物资目录，都要由采购部门根据需要提出申请，并按规定的权限和程序审核批准后，纳入供应商网络。企业可委托具有相应资质的中介机构对供应商进行资信调查。第二，采购部门应当按照公平、公正和竞争的原则，择优确定供应商，在切实防范舞弊风险的基础上，与供应商签订质量保证协议。第三，建立供应商管理信息系统和供应商淘汰制度，对供应商提供物资或劳务的质量、价格、交货及时性、供货条件及其资信、经营状况等进行实时管理和考核评价，根据考核评价结果，提出供应商淘汰和更换名单，经审批后对供应商进行合理选择和调整，并在供应商管理系统中作相应记录。

四、确定采购价格

关键控制点：第一，健全采购定价机制，采取协议采购、招标采购、询比价采购、动态竞价采购等多种方式，科学合理地确定采购价格。对标准化程度高、需求计划性强、价格相对稳定的物资，通过招标、联合谈判等公开、竞争方式签订框架协议。第二，采购部门应当定期研究大宗通用重要物资的成本构成与市场价格变动趋势，确定重要物资品种的采购执行价格或参考价格。建立采购价格数据库，定期开展重要物资的市场供求形势及价格走势商情分析并合理利用。

五、订立框架协议或采购合同

关键控制点：第一，对拟签订框架协议的供应商的主体资格、信用状况等进行风险评估；框架协议的签订应引入竞争制度，确保供应商具备履约能力。第二，根据确定的供应商、采购方式、采购价格等情况，拟订采购合同，准确描述合同条款，明确双方权利、义务和违约责任，按照规定权限签署采购合同。对于影响重大、涉及较高专业技术或法律关系复杂的合同，应当组织法律、技术、财会等专业人员参与谈判，必要时可聘请外部专家参与相关工作。第三，对重要物资验收量与合同量之间允许的差异，应当作出统一规定。

六、管理供应过程

关键控制点：第一，依据采购合同中确定的主要条款跟踪合同履行情况，对有可能影响生产或工程进度的异常情况，应出具书面报告并及时提出解决方案，采取必要措施，保证需求物资的及时供应。第二，对重要物资建立并执行合同履约过程中的巡视、点检和监造制度。对需要监造的物资，择优确定监造单位，签订监造合同，落实监造责任人，审核确认监造大纲，审定监造报告，并及时向技术等部门通报。第三，根据生产建设进度和采购物资特性等因素，选择合理的运输工具和运输方式，办理运输、投保等事宜。第四，实行全过程的采购登记制度或信息化管理，确保采购过程的可追溯性。

七、验收

关键控制点：第一，制定明确的采购验收标准，结合物资特性确定必检物资目录，规定此类物资出具质量检验报告后方可入库。第二，按责权分离原则，设置独立行使收货职能的部门，审查所收货物与请购货物的一致性；（独立审核）验收机构或人员应当根据采购合同及质量检验部门出具的质量检验证明，重点关注采购合同、发票等原始单据与采购物资的数量、质量、规格型号等核对一致。对验收合格的物资，填制验收报告并签署责任人意见，以证实货物的存在（资产证实功能）；验收报告是表明采购交易完成及债务成立的证据；验收报告应预先连续编号，填制后交采购、财务等部门；验收部门在验收报告基础上编制验收日志。物资入库前，验收部门需检查质量保证书、商检证书或合格证等证明文件。

验收时涉及技术性强的、大宗的和新、特物资，还应进行专业测试，必要时可委托具有检验资质的机构或聘请外部专家协助验收。第三，对于验收过程中发现的异常情况，比如无采购合同或大额超采购合同的物资、超采购预算采购的物资、毁损的物资等，验收机构或人员应当立即向企业有权管理的相关机构报告，相关机构应当查明原因并及时处理。对于不合格物资，采购部门依据检验结果办理让步接收、退货、索赔等事宜。对延迟交货造成生产建设损失的，采购部门要按照合同约定索赔。

八、付款

关键控制点：第一，采购与付款在组织上的分离，在业务上的分离。财务部门应当严格审查采购发票等票据的真实性、合法性和有效性，判断采购款项是否确实应予支付。如审查发票填制的内容是否与发票种类相符合、发票加盖的印章是否与票据的种类相符等。企业应当重视采购付款的过程控制和跟踪管理，如果发现异常情况，应当拒绝向供应商付款，避免出现资金损失和信用受损。第二，根据国家有关支付结算的相关规定和企业生产经营的实际，合理选择付款方式，并严格遵循合同规定，防范付款方式不当带来的法律风险，保证资金安全。除了不足转账起点金额的采购可以支付现金外，采购价款应通过银行办理转账。第三，加强预付账款和定金的管理，涉及大额或长期的预付款项，应当定期进行追踪核查，综合分析预付账款的期限、占用款项的合理性、不可收回风险等情况，发现有疑问的预付款项，应当及时采取措施，尽快收回款项。

九、会计控制

关键控制点：第一，企业应当加强对购买、验收、付款业务的会计系统控制，详细记录供应商、采购申请、采购合同、采购通知、验收证明、入库凭证、退货、商业票据、款项支付等情况，做好采购业务各环节的记录，确保会计记录、采购记录与仓储记录核对一致。第二，指定专人通过函证等方式，定期向供应商寄发对账函，核对应付账款、应付票据、预付账款等往来款项，对供应商提出的异议应及时查明原因，报有权管理的部门或人员批准后，作出相应调整。

十、采购业务的后评估

由于采购业务对企业生存与发展具有重要影响，《企业内部控制应用指引第7号——采购业务》强调企业应当建立采购业务后评估制度。就此，企业应当定期对物资需求计划、采购计划、采购渠道、采购价格、采购质量、采购成本、协调或合同签约与履行情况等物资采购供应活动进行专项评估和综合分析，及时发现采购业务薄弱环节，优化采购流程，同时，将物资需求计划管理、供应商管理、储备管理等方面的关键指标纳入业绩考核体系，促进物资采购与生产、销售等环节的有效衔接，不断防范采购风险，全面提升采购效能。

第三节 案例分析

康华公司采购与付款内部控制案例

（一）案例介绍

康华公司是医药制品公司，对生产所需的原材料除价格是主要的考虑因素之外，更为重要的是对原材料的质量要求。当康华公司生产所需的原材料需采购时，在原材料市场价格有较大变动或购买新的原材料品种，采购部门需重新确定供应商时，是通过招投标方式进行的。首先从采购部门建立的供应商档案中确定参加招投标会议的供应商（供应商必须是经国家食品药品监督管理总局验收合格后颁发药品生产许可证的企业，这样的供应商生产的原材料应该符合国家医药行业的质量标准），通过比较产品性价比确定几家供应商，由康华公司的检验部门对待选供应商的原材料样本进行检验。康华公司除执行国家医药行业的质量标准外，也制定了本公司的质量标准，经检验后，采购部门从中确定质优价廉的供应商。

采购部门与供应商签订购买合同；购买的原材料到达后再经检验部门进行抽检，出具检验单；仓库保管部门对数量、品种进行检验并出具入库单；财务部门审查及核对检验单、入库单、购货发票后登记明细账；采购部门制订用款计划，财务部门根据用款计划筹备资金付款。

康华公司每月首先召开财务分析会议，对当月的财务情况进行分析，其中产品生产成本如果出现异常波动，排除市场价格等因素后，若是因原材料质差价高造成的，在其后召开的由公司各职能部门参加的总经理扩大会议上会对采购部门出现的问题进行问责，并与采购部门的经济利益挂钩。

（二）案例分析

本案例中的康华公司在采购与付款业务中的内部控制规定和做法有其符合财政部《内部会计控制规范——采购与付款（试行）》中相关规定之处：

第一，康华公司在采购原材料过程中按照请购、审批、采购、验收、付款等规定的程序办理采购与付款业务；

第二，它建立了采购与验收环节的管理制度，对采购方式确定、供应商选择、验收程序等作出了明确规定，确保采购过程的透明化；

第三，它建立了供应商档案，充分了解和掌握供应商的资质、供货能力等有关情况，采取由采购、使用等部门共同参与比质比价的程序；

第四，根据规定的验收制度和经批准的订单、合同等采购文件，由独立的验收部门对所购物品的品种、规格、数量、质量和其他相关内容进行验收，出具验收证明；

第五，财务部门在做账务处理和办理付款业务时，对采购发票、结算凭证、验收证明等相关凭证的真实性、完整性、合法性及合规性进行严格审核；

第六，它通过对职能部门的问责制度对采购与付款的内部控制进行监督检查。

但本案例中康华公司在采购与付款业务中的内部控制规定和做法也有其不符规定之处：康华公司虽然建立了采购与付款业务的岗位责任制，明确相关部门和岗位的职责、权限，但在该业务中，"询价与确定供应商"是两个不相容岗位，但都由采购部门承担，这就存在舞弊的可能。虽然公司对职能部门有问责制度，但只能是事后的责任追究，而不是事前的风险防范与控制。

由于康华公司"采购与付款业务"的内部控制制度在制定时就存在失控点，在不相容岗位互相分离、制约和监督上存在先天不足，现有的内部控制制度在该业务执行过程中不相容岗位之间不能完全起到牵制和制衡的作用。因此，建议康华公司修改内部控制制度，使不相容职务分离，并且在采购原材料确定价格环节上，增加控制程序，即购买原材料的价格应经价格委员会讨论，并由财务部门分析审查后，报管理层审批，这样可有效地防止错误和舞弊的发生。

资料来源　根据百度文库《销售业务和采购业务主要风险》（http：//wenku.baidu.com/view/96aab81ba300a6c30c229fcf.html）整理而成。

复习思考题

1. 采购业务的不相容岗位主要包括哪些内容？
2. 采购业务活动主要包括哪些基本环节？
3. 采购业务的关键控制环节、控制目标和相关控制措施有哪些？
4. 分析采购业务可能的主要风险。
5. 收集、阅读与三鹿奶粉案例相关的资料，分析三鹿公司在原料采购中存在哪些内部控制缺陷。你认为应当如何改进？

中英文专业术语

采购 procurement
采购业务内部控制 procurement business internal control

补充学习内容

1.《企业内部控制应用指引第7号——采购业务》及其讲解。
2. 案例。

从"上海通用"看采购与付款内部控制

为了加强对单位采购与付款的内部控制，规范采购与付款行为，防范采购与付款过程中的差错和舞弊，根据《中华人民共和国会计法》和《内部会计控制规范——基本规范（试行）》等法律法规，2002年财政部制定了《内部会计控制规范——采购与付款（试行）》。如何有效地执行该规范，防范采购与付款过程中的差错和舞弊的发生，是每一个单位要考虑的，上海通用汽车有限公司（以下简称"上海通用"）在该方面取得了成功的经验。

上海通用成立于 1997 年 6 月 12 日，是一家中美合资企业，由上海汽车工业（集团）总公司、通用汽车公司各出资 50% 组建而成。上海通用每年都有上百亿的采购支出，成立 7 年多来，采购支出已达上千亿，但至今未发生一起经济违法案件，其采购与付款内部控制取得巨大成效。通过分析，其取得巨大成效的原因有以下几个。

一、　建立了科学合理的分权制衡结构

"绝对的权力导致绝对的腐败"，纵观企业控制失败的案例，出现问题的根源往往是权力过度集中，往往是一人"说了算"，对这个说了算的"一个人"，缺乏相应的制约机制。鉴于此，上海通用建立了"科学分权、有限授权、权随岗定"的权力运作结构，把"集中的权力分散化，隐蔽的权力公开化"，并把权力的行使与岗位职责联系在一起。这样做使公司内没有特殊的人员，也没有特殊的权力，在采购环节没有一个人"说了算"，使想行贿的人找不到"关键人"。

二、建立了全面完善的采购与付款的内部控制，并得到有效执行

上海通用制定了包括《SGM采购部门员工对外业务活动行为规定》《礼品、礼金上交处理规定》等115项规章、制度，建立了30多项采购程序和10多项与采购有关的管理制度，形成了完善的内部控制制度。这些内部控制制度的设计，涵盖了从采购预算、项目申请、招投标、合同审批到货物验收、付款、索赔的整个采购全过程。在整个采购过程中，不管什么部门什么人都要对号入座，严格按照设定的内部控制的要求执行，保证了执行的有效性。

三、建立了严格的请购与审批控制

上海通用加强了采购业务的预算控制，实行了采购业务的预算管理。对于预算内采购项目，一般是常规项目，具有请购权的部门应严格按照预算执行进度办理请购手续；对于超预算和预算外采购项目、非常规项目，具有请购权的部门首先是对需求部门提出的申请进行严格审核，审核合格的再办理请购手续，不合格的不予办理。为保证预算的准确性，所有的预算项目都要经过汇集的有关人员精心编制，所有的预算使用都要经过严密的流程，避免了预算中的随意性，保证了准确性。在采购申请阶段，首先由采购部门或使用部门统一填写公司自制的内部凭证"采购申请单"，然后经过项目必要性审批、费用核准和批准申请等手续，完成采购申请。对于一般采购和生产原材料采购，要经过以下程序：首先由采购申请部门提出申请，填写"采购申请单"，经本部门主管人员核准签字后，再交由财务部门审核批准签字；对于固定资产项目的采购，首先由固定资产使用部门提出申请，填写"采购申请单"，再经过项目费用管理部门对采购费用进行严格审核，最后交由财务部门审核批准签字。

四、建立了完善的采购与验收环节的管理制度

上海通用对采购方式确定、供应商选择、验收程序等作出了明确规定，确保采购过程的透明化。在确定供应商的过程中，上海通用把它分为两步进行：第一步是确定潜在的供应商，由项目提出部门和采购部门同时提出一定数量的供应商名单。供应商必须在全球范围考虑，提供选择的供应商不得少于3家。先进行初选，再由项目提出部门和技术部门对供应商进行技术评审，选择技术条件好的若干供应商报联合采购委员会，由联合采购委员会确定潜在供应商。第二步是向潜在的供应商发出标书，潜在的供应商进行至少三轮报价，采购人员按标书进行评审，再将完整的资料提交联合采购委员会。资料包括申请人、技术部门的评估意见、财务部门批准的预算、潜在的供应商报价清单等。最后由联合采购委员会进行认真的讨论，确定最终供应商，接着进入商务谈判签约等程序。

五、建立了严格的付款控制

上海通用严格按照《现金管理暂行条例》《支付结算办法》和《内部会计控制规范——货币资金（试行）》等规定办理采购付款业务。财会部门在办理付款业务时，首先是对采购发票、结算凭证、验收证明等相关凭证的真实性、完整性、合法性及合规性进行严格审核。在资金支付时必须审核以下资料是否全面：要有采购申请批准书；要有采购部门制作的与供应商签订的合同；要有收货清单，包括材料和劳务等收货清单，也就是做到发票、合同、收货三单相互核对相符一致。在支付程序上，必须由采购部门提出申请，财务部门按授权范围进行审批。在开具支票和支付凭证时，需要由中外双方的有关人员共同签署方能有效。

六、实施了有效的监督

上海通用建立了对采购与付款内部控制的监督检查制度。公司的最高权力机构是由总经理（中方担任）、执行副总经理（外方担任）、两名副总经理（中外方各一人担任）组成的执行委员会。这种架构的设置决定了执委会在讨论决定包括重要的经营活动、高级以上经理的任免、审批企业内部重要的管理制度等企业的重大问题时，中外双方为维护各自的利益，会自觉不自觉地相互监督。在确定供应商环节，从潜在的供应商名单的批准到最终供应商的确定，必须提交联合采购委员会，联合采购委员会由采购部、财务部、审计、监察等中外双方有关人员组成，每个人都拥有一票否决权，每个人的权力又都受到监督。在财务部实行"两支笔"签字，做到相互约束监督，避免"一支笔"不受约束的弊端。这种有效的监督，保证了内部控制制度的有效执行。从"上海通用"取得的经验看，内部控制能够取得好的效果，不仅取决于建立了严格健全的内部控制制度，关键还在于对内部控制制度的严格执行。

资料来源　刘杰.从"上海通用"看采购与付款内部控制[J].商场现代化，2006（4）.

第六章　资产管理控制

【学习目标】

通过本章的学习，掌握资产管理控制的业务流程以及主要风险点，并熟记主要风险点控制措施。

【导入性案例】

2009年4月4日，宝钢股份公布的2008年年报显示，公司2008年实现净利润64.59亿元，每股收益0.37元，比去年大降49.2%；而在之前第三季度报表中还披露，公司前三季度盈利124.9亿元，即宝钢股份2008年第四季度巨亏60.31亿元。深入分析显示，公司第四季度巨额亏损的主要原因是铁矿石和钢铁价格的暴跌导致公司58.94亿元累计计提资产减值。为了规避近年以来铁矿石价格快速上涨的风险，宝钢股份的铁矿石大多依靠长单锁定价格。在铁矿石价格大幅上扬的时期，宝钢股份尽享行业繁荣，然而在铁矿石价格急转直下之际，宝钢股份却不得不承受高价铁矿石之苦。据广发证券测算，宝钢股份2008年上半年铁矿石的价格为920元/吨，而同期现货铁矿石价格为1 200元/吨，其优势的确明显。但下半年风云突变，铁矿石现货价格猛降到500~600元/吨，而宝钢股份铁矿石价格仍锁定在850~900元/吨的高位。一边是原材料成本居高不下，一边是主流产品全线降价，形势发展让宝钢股份不得不采取果断措施。2008年9月份宝钢股份开始通过休克采购的方式来推迟或取消铁矿石装运量。2008年年报显示宝钢股份的存货为356.45亿元，而第三季度的季报则显示库存为521.4 亿元，第四季度比第三季度库存环比大幅下降31.65%。此举虽然一定程度上降低了宝钢股份的库存风险，却让本来的浮亏变成现实的亏损，从而令2008年业绩大幅下挫。虽经历巨亏，但行业弱市向来是并购良机，宝钢股份积极通过资本市场表示对南钢股份、太钢不锈多个上市公司并购的兴趣，然而河北钢铁集团的横空出世和宝钢内部整合的必要性，让行业整合之路绝非一帆风顺。

宝钢股份利用远期合约锁定长期采购价格而导致巨亏的案例体现了我国企业在运用远期合约、期货等金融衍生工具过程中，缺乏对可能价格逆向风险的评估和防范措施的内部控制体制。对于一项显著影响企业业绩的业务活动来说，企业在风险控制体制上应建立一个双向性的监控过程。案例中的宝钢股份在铁矿石价格上的对赌行为就是一种单向性的行为，带有一定的投机性。正确的做法是在期货市场上作出一个反向的套利合约，以防价格逆势风险，虽然此举可能会增加公司的铁矿石采购成本，却能有效避免公司因为铁矿石双向大幅波动导致的损失。通过该案例，我们可以总结出这样的结论，金融衍生工具在一定程度上能够促进企业的发展，但在没有完善的内部控制体制的情况下，金融衍生工具可能会给企业带来巨大的甚至是致命性的损失。

资料来源 立信锐思.宝钢存货减值率.[2010-07-29].http：//www.yewuyuan.com.

第一节 风险评估

一、资产管理控制流程

资产作为企业重要的经济资源，是企业从事生产经营活动并实现发展战略的物质基础。在现代企业制度下，资产业务内部控制已从如何防范资金挪用、非法占用和实物资产被盗拓展到重点关注资产效能，充分发挥资产资源的物质基础作用。鉴于资产管理的重要性，《企业内部控制基本规范》将合理保证资产安全作为内部控制目标之一，同时单独制定了《企业内部控制应用指引第8号——资产管理》，主要对存货、固定资产和无形资产等资产提出了全面风险管控要求，旨在促进企业在保障资产安全的前提下，提高资产效能。

（一）存货管理控制流程

存货主要包括原材料、在产品、产成品、半成品、商品及周转材料等。企业代销、代管、代修、受托加工的存货，虽不归企业所有，也应纳入企业存货管理范畴。不同类型的企业有不同的存货业务特征和管理模式；即使同一企业，不同类型存货的业务流程和管控方式也可能不尽相同。企业建立和完善存货内部控制制度，必须结合本企业的生产经营特点，针对业务流程中主要风险点和关键环节，制定有效的控制措施；同时，充分利用计算机信息管理系统，强化会计、出入库等相关记录，确保存货管理全过程的风险得到有效控制。图6-1、图6-2分别列示了生产企业和商品流通企业存货流转的程序。

从图6-1可以看出，一般生产企业的存货业务流程可分为取得、验收、仓储保管、生产加工、盘点处置等阶段，历经取得存货、验收入库、仓储保管、领用发出、原料加工、装配包装、盘点清查、销售处置等主要环节。具体到某个特定生产企业，存货业务流程可能较为复杂，不仅涉及上述所有环节，甚至有更多、更细的流程，且存货在企业内部要经历多次循环。比如，原材料要经历验收入库、领用加工，形成半成品后又入库保存或现场保管，领用半成品继续加工，加工完成为产成品后再入库保存，直至发出销售等过程。也有部分生产企业的生产经营活动较为简单，其存货业务流程可能只涉及上述阶段中的某几个环节。

从图6-2可以看出，作为商品流通企业的批发商的存货，通常经过取得、验收入库、仓储保管和销售发出等主要环节；零售商从生产企业或批发商（经销商）那里取得商品，经验收后入库保管或者直接放置在经营场所对外销售。比如，仓储式超市货架上摆放的商品就是超市的存货，商品仓储与销售过程紧密联系在一起。

总之，无论是生产企业，还是商品流通企业，存货取得、验收入库、仓储保管、领用发出、盘点清查、销售处置等是其共有的环节。

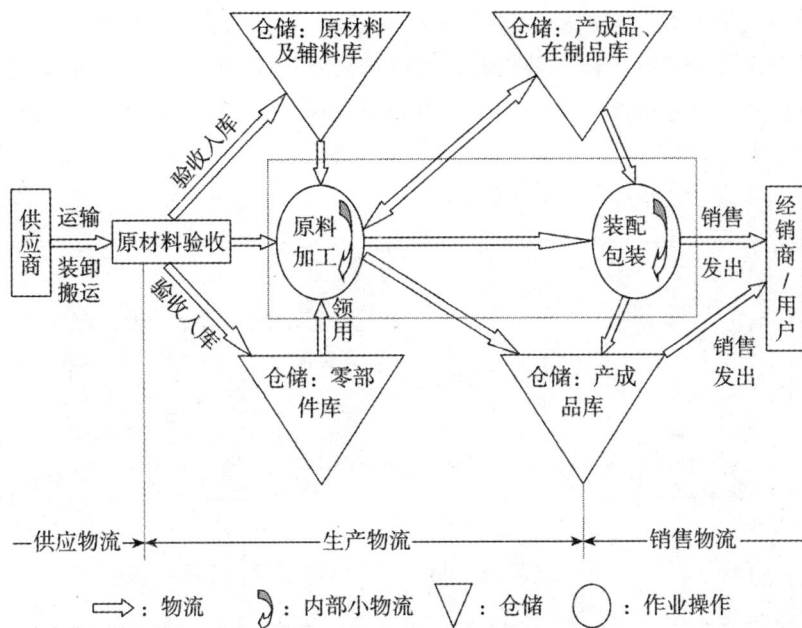

图6-1　生产企业存货流转程序图示

资料来源　财政部会计司.《企业内部控制应用指引第8号——资产管理》解读[J].财务与会计，2011（5）.

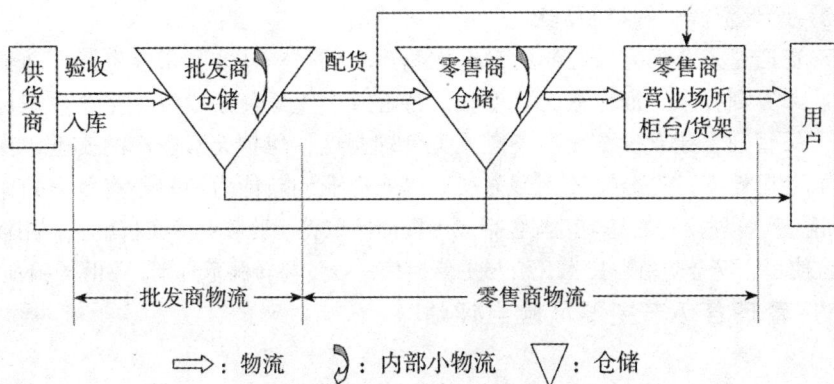

图6-2　商品流通企业存货流转程序图示

资料来源　财政部会计司.《企业内部控制应用指引第8号——资产管理》解读[J].财务与会计，2011（5）.

（二）固定资产管理控制流程

固定资产主要包括房屋、建筑物、机器、机械、运输工具，以及其他与生产经营活动有关的设备、器具、工具等。固定资产属于企业的非流动资产，是企业开展正常的生产经营活动必要的物资条件，其价值随着企业生产经营活动逐渐转移到产品成本中。固定资产的安全、完整直接影响到企业生产经营的可持续发展能力。

　　企业应当根据固定资产的特点，分析、归纳、设计合理的业务流程，查找管理的薄弱环节，健全全面风险管控措施，保证固定资产安全、完整、高效运行。固定资产管理控制流程，通常可以分为资产取得、投保、日常维护、资产改造和报废淘汰等五个环节，如图6-3所示。

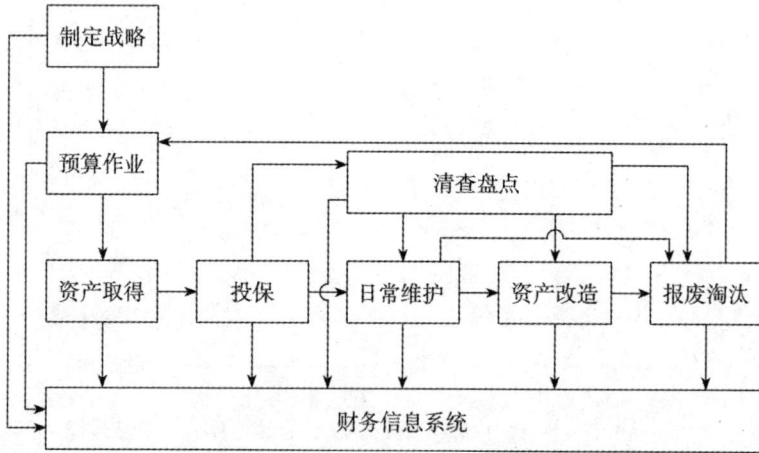

图6-3　固定资产管理控制流程图

　　资料来源　财政部会计司.《企业内部控制应用指引第8号——资产管理》解读[J].财务与会计，2011（5）.

　　（三）无形资产管理控制流程

　　无形资产是企业拥有或控制的没有实物形态的可辨认非货币性资产，通常包括专利权、非专利技术、商标权、著作权、特许权、土地使用权等。企业应当加强对无形资产的管理，建立健全无形资产分类管理制度，保护无形资产的安全，提高无形资产的使用效率，充分发挥无形资产对提升企业创新能力和核心竞争力的作用。

　　无形资产管理控制的基本流程包括无形资产的取得、验收并落实权属、自用或授权其他单位使用、安全防范、技术升级与更新换代、处置与转移等环节，如图6-4所示。

二、资产管理各环节主要风险点评估

　　（一）存货

　　1.取得存货

　　存货的取得有诸如外购、委托加工或自行生产等多种方式，企业应根据行业特点、生产经营计划和市场因素等综合考虑，本着成本效益原则，确定不同类型的存货取得方式。该环节的主要风险是：存货预算编制不科学、采购计划不合理，可能导致存货积压或短缺。

　　2.验收入库

　　不论是外购原材料或商品，还是本企业生产的产品，都必须经过验收（质检）环节，以保证存货的数量和质量符合合同等有关规定或产品质量要求。该环节的主要风险是：验收程序不规范、标准不明确，可能导致数量克扣、以次充好、账实不符。

```
┌──────┐    ┌──────┐    ┌──────┐
│ 购买 │    │自行研发│    │其他方式│
└──────┘    └──────┘    └──────┘
        │      │      │
    ┌──────────────┐
    │  取得无形资产  │
    └──────────────┘
    ┌──────────────────┐
    │ 组织验收确定权属关系 │
    └──────────────────┘
    ┌──────────────┐
    │  使用与保全   │◄────────┐
    └──────────────┘          │
    ┌──────────────┐    ┌──────────┐
    │   定期评估    │    │技术升级   │
    └──────────────┘    │更新换代   │
                        └──────────┘
   通过  ┌──────────┐  未通过
   ◄─────│ 是否通过  │─────►
         └──────────┘
          未通过│
    ┌──────────────┐
    │  无形资产处置  │
    └──────────────┘
```

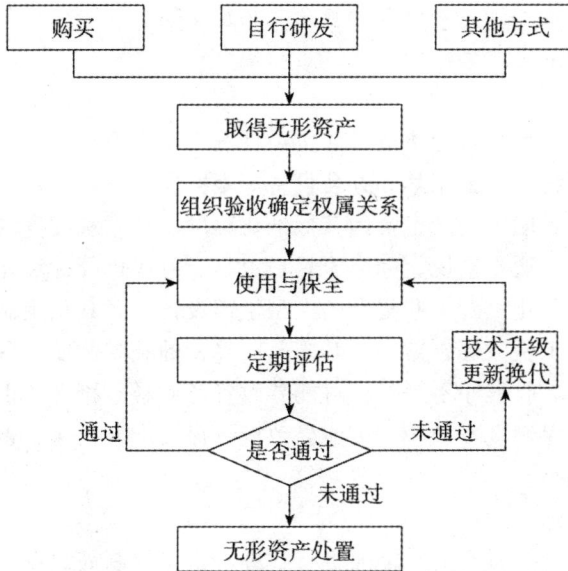

图6-4　无形资产管理控制流程图

资料来源　财政部会计司.《企业内部控制应用指引第8号——资产管理》解读[J].财务与会计，2011（5）.

3.仓储保管

一般而言，生产企业为保证生产过程的连续性，需要对存货进行仓储保管；商品流通企业的存货从购入到销给客户也存在仓储保管环节。该环节的主要风险是：存货仓储保管方法不适当、监管不严密，可能导致损坏变质、价值贬损、资源浪费。

4.领用发出

生产企业生产部门领用原材料、辅料、燃料和零部件等用于生产加工，仓储部门根据销售部门开出的发货单向经销商或用户发出产成品，商品流通领域的批发商根据合同或订货单等向下游经销商或零售商发出商品，消费者凭交款凭证等从零售商处取走商品等，都涉及存货领用发出问题。该环节的主要风险是：存货领用发出审核不严格、手续不完备，可能导致货物流失。

5.盘点清查

存货盘点清查一方面是要核对实物的数量，是否与相关记录相符、账实相符；另一方面也要关注实物的质量，是否有明显的损坏。该环节的主要风险是：存货盘点清查制度不完善、计划不可行，可能导致工作流于形式、无法查清存货真实状况。

6.存货处置

存货销售处置是存货退出企业生产经营活动的环节，包括商品和产成品的正常对外销售以及存货因变质、毁损等进行的处置。该环节的主要风险是：存货报废处置责任不明确、审批不到位，可能导致企业利益受损。

（二）固定资产

1.取得固定资产

固定资产涉及外购、自行建造、非货币性资产交换换入等方式。生产设备、运输工具、房屋建筑物、办公家具和办公设备等不同类型固定资产有不同的验收程序和技术要求，同一类固定资产也会因其标准化程度、技术难度等的不同而对验收工作提出不同的要求。通常来说，办公家具、电脑、打印机等标准化程度较高的固定资产验收过程较为简化，对一些复杂的大型生产设备，尤其是定制的高科技精密仪器，以及建筑物竣工验收等，需要一套规范、严密的验收制度。该环节的主要风险是：新增固定资产验收程序不规范，可能导致资产质量不符合要求，进而影响资产运行；固定资产投保制度不健全，可能导致应投保资产未投保、索赔不力，不能有效防范资产损失风险。

2.资产登记造册

企业取得每项固定资产后均需要进行详细登记，编制固定资产目录，建立固定资产卡片，便于固定资产的统计、检查和后续管理。该环节的主要风险是：固定资产登记内容不完整，可能导致资产流失、资产信息失真、账实不符。

3.固定资产运行维护

该环节的主要风险是：固定资产操作不当、失修或维护过剩，可能造成资产使用效率低下、产品残次率高，甚至发生生产事故或资源浪费。

4.固定资产升级改造

企业需要定期或不定期对固定资产进行升级改造，以便不断提高产品质量，开发新品种，降低能源资源消耗，保证生产的安全环保。固定资产更新有部分更新与整体更新两种情形，部分更新的目的通常包括局部技术改造、更换高性能部件、增加新功能等方面，需权衡更新活动的成本与效益综合决策；整体更新主要指对陈旧设备的淘汰与全面升级，更侧重于资产技术的先进性，符合企业的整体发展战略。该环节的主要风险是：固定资产更新改造不够，可能造成企业产品线老化、缺乏市场竞争力。

5.资产清查

企业应建立固定资产清查制度，至少每年要全面清查一次，保证固定资产账实相符，及时掌握资产盈利能力和市场价值。固定资产清查中发现的问题，应当查明原因，追究责任，妥善处理。该环节的风险主要是：固定资产丢失、毁损等造成账实不符或资产贬值严重。

6.抵押质押

抵押是指债务人或者第三人不转移对财产的占有权，而将该财产抵押作为债权的担保，当债务人不履行债务时，债权人有权依法以抵押财产折价或以拍卖、变卖抵押财产的价款优先受偿。质押也称质权，就是债务人或第三人将其动产移交债权人占有，将该动产作为债权的担保，当债务人不履行债务时，债权人有权依法就该动产卖得价金优先受偿。企业有时因资金周转等原因以其固定资产作为抵押物或质押物向银行等金融机构借款，如到期不能归还借款，银行则有权依法将该固定资产折价或拍卖。该环节的主要风险是：固定资产抵押制度不完善，可能导致抵押资产价值低估和资产流失。

7.固定资产处置

该环节的主要风险是：固定资产处置方式不合理，可能造成企业经济损失。其主要管控措施为：企业应当建立健全固定资产处置的相关制度，区分固定资产不同的处置方式，采取相应控制措施，确定固定资产处置的范围、标准、程序和审批权限，保证固定资产处置的科学性，使企业的资源得到有效的运用。

（三）无形资产

企业应当在对无形资产取得、验收、使用、保护、评估、技术升级、处置等环节进行全面梳理的基础上，明确无形资产业务流程中的主要风险，并采用适当的控制措施，实施无形资产内部控制。

（1）无形资产取得与验收。该环节的主要风险是：取得的无形资产不具先进性，或权属不清，可能导致企业资源浪费或引发法律诉讼。

（2）无形资产的使用保全。该环节的主要风险是：无形资产使用效率低下，效能发挥不到位；缺乏严格的保密制度，致使体现在无形资产中的商业机密泄漏；由于商标等无形资产疏于管理，导致其他企业侵权，严重损害企业利益。

（3）无形资产的技术升级与更新换代。该环节的主要风险是：无形资产内含的技术未能及时升级换代，导致技术落后或存在重大技术安全隐患。

（4）无形资产的处置。该环节的主要风险在于：无形资产长期闲置或低效使用，就会逐渐失去其使用价值；无形资产处置不当，往往造成企业资产流失。

第二节　关键控制点

一、存货

（一）取得存货

其主要管控措施为：企业存货管理实务中，应当根据各种存货采购间隔期和当前库存，综合考虑企业生产经营计划、市场供求等因素，充分利用信息系统，合理确定存货采购日期和数量，确保存货处于最佳库存状态。考虑到存货取得的风险管控措施主要体现在预算编制和采购环节，将由相关的预算和采购内部控制应用指引加以规范。

（二）验收入库

其主要管控措施为：企业应当重视存货验收工作，规范存货验收程序和方法，着力做好以下工作。

（1）外购存货的验收应当重点关注合同、发票等原始单据与存货的数量、质量、规格等核对一致。涉及技术含量较高的货物，必要时可委托具有检验资质的机构或聘请外部专家协助验收。

（2）自制存货的验收，应当重点关注产品质量，检验合格的半成品、产成品才能办理入库手续，对不合格品应及时查明原因、落实责任、报告处理。

（3）其他方式取得存货的验收，应当重点关注存货来源、质量状况、实际价值是否符合有关合同或协议的约定。

经验收合格的存货可进入入库或销售环节。仓储部门对于入库的存货，应根据入库单的内容对存货的数量、质量、品种等进行检查，符合要求的予以入库；不符合要求的，应当及时办理退换货等相关手续。入库记录要真实、完整，定期与财会等相关部门核对，不得擅自修改。

（三）仓储保管

其主要管控措施为：

（1）存货在不同仓库之间流动时，应当办理出入库手续。

（2）存货仓储期间要按照仓储物资所要求的储存条件妥善贮存，做好防火、防洪、防盗、防潮、防病虫害、防变质等保管工作，不同批次、型号和用途的产品要分类存放。生产现场的在加工原料、周转材料、半成品等要按照有助于提高生产效率的方式摆放，同时防止浪费、被盗和流失。

（3）对代管、代销、暂存、受托加工的存货，应单独存放和记录，避免与本单位存货混淆。

（4）结合企业实际情况，加强存货的保险投保，保证存货安全，合理降低存货意外损失风险。

（5）仓储部门应对库存物料和产品进行每日巡查和定期抽检，详细记录库存情况；发现毁损、存在跌价迹象的，应及时与生产、采购、财务等相关部门沟通。对于进入仓库的人员应办理进出登记手续，未经授权的人员不得接触存货。

（四）领用发出

其主要管控措施为：企业应当根据自身的业务特点，确定适用的存货发出管理模式，制定严格的存货准出制度，明确存货发出和领用的审批权限，健全存货出库手续，加强存货领用记录。通常情况下，对于一般的生产企业，仓储部门应核对经过审核的领料单或发货通知单的内容，做到单据齐全、名称、规格、计量单位准确；符合条件的准予领用或发出，并与领用人当面核对、点清交付。在商场超市等商品流通企业，在存货销售发出环节应侧重于防止商品失窃、随时整理弃置商品、每日核对销售记录和库存记录等。无论是何种企业，对于大批存货、贵重商品或危险品的发出，均应当实行特别授权；仓储部门应当根据经审批的销售（出库）通知单发出货物。

（五）盘点清查

其主要管控措施为：企业应当建立存货盘点清查工作规程，结合本企业实际情况确定盘点周期、盘点流程、盘点方法等相关内容，定期盘点和不定期抽查相结合。盘点清查时，应拟订详细的盘点计划，合理安排相关人员，使用科学的盘点方法，保持盘点记录的完整，以保证盘点的真实性、有效性。盘点清查结果要及时编制盘点表，形成书面报告，包括盘点人员、盘点时间、盘点地点，实际所盘点存货名称、品种、数量、存放情况以及盘点过程中发现的账实不符情况等内容，对盘点清查中发现的问题，应及时查明原因，落实责任，按照规定权限报经批准后处理。多部门人员共同盘点，应当充分体现相互制衡，严格按照盘点计划认真记录盘点情况。此外，企业至少应当于每年年度终了开展全面的存货盘点清查，及时发现存货减值迹象，将盘点清查结果形成书面报告。

（六）存货处置

其主要管控措施为：企业应定期对存货进行检查，及时、充分了解存货的存储状态，对于存货变质、毁损、报废或流失的处理要分清责任、分析原因、及时合理。

二、固定资产

（一）固定资产的取得

其主要管控措施为：

（1）建立严格的固定资产交付使用验收制度。企业外购固定资产应当根据合同、供应商发货单等对所购固定资产的品种、规格、数量、质量、技术要求及其他内容进行验收，出具验收单，编制验收报告。企业自行建造的固定资产，应由建造部门、固定资产管理部门和使用部门共同填制固定资产移交使用验收单，验收合格后移交使用部门投入使用。未通过验收的不合格资产不得接收，必须按照合同等有关规定办理退换货或采取其他弥补措施。对于具有权属证明的资产，取得时必须有合法的权属证书。

（2）重视和加强固定资产的投保工作。企业应当通盘考虑固定资产状况，根据其性质和特点，确定和严格执行固定资产的投保范围和政策。投保金额与投保项目力求适当，对应投保的固定资产项目按规定程序进行审批，办理投保手续，规范投保行为，应对固定资产损失风险。对于重大固定资产项目的投保，应当考虑采取招标方式确定保险人，防范固定资产投保舞弊。已投保的固定资产发生损失的，应及时调查原因及受损金额，到保险公司办理相关的索赔手续。

（二）资产登记造册

其主要管控措施为：

（1）根据固定资产的定义，结合自身实际情况，制定适合本企业的固定资产目录，列明固定资产编号、名称、种类、所在地点、使用部门、责任人、数量、账面价值、使用年限、损耗等内容，有利于企业了解固定资产使用情况的全貌。

（2）按照单项资产建立固定资产卡片，资产卡片应在资产编号上与固定资产目录保持对应关系，详细记录各项固定资产的来源、验收情况、使用地点、责任单位和责任人、运转情况、维修情况、改造情况、折旧情况、盘点情况等相关内容，便于固定资产的有效识别。固定资产目录和卡片均应定期或不定期复核，保证信息的真实和完整。

（三）固定资产的运行维护

其主要管控措施为：

（1）固定资产使用部门会同资产管理部门负责固定资产日常维修、保养，将资产日常维护流程体制化、程序化、标准化，定期检查，及时消除风险，提高固定资产的使用效率，切实消除安全隐患。

（2）固定资产使用部门及管理部门建立固定资产运行管理档案，并据以制订合理的日常维修和大修理计划，并经主管领导审批。

（3）固定资产实物管理部门审核施工单位资质和资信，并建立管理档案；修理项目应分类，明确需要招投标项目。修理完成，由施工单位出具交工验收报告，经资产使用和实物管理部门核对工程量并审批。重大项目应专项审计。

（4）企业生产线等关键设备的运作效率与效果将直接影响企业的安全生产和产品质量，操作人员上岗前应由具有资质的技术人员对其进行充分的岗前培训，特殊设备实行岗位许可制度，需持证上岗，必须对资产运转进行实时监控，保证资产使用流程与既定操作流程相符，确保安全运行，提高使用效率。

（四）固定资产升级改造

其主要管控措施为：

（1）定期对固定资产技术先进性进行评估，结合盈利能力和企业发展可持续性，资产使用部门根据需要提出技改方案，与财务部门一起进行预算可行性分析，并且经过管理部门的审核批准。

（2）管理部门需对技改方案实施过程适时监控、加强管理，有条件的企业应建立技改专项资金并定期或不定期审计。

（五）资产清查

其主要管控措施为：

（1）财务部门需定期组织固定资产使用部门和管理部门进行清查，明确资产权属，确保实物与卡、财务账表相符，在清查作业实施之前编制清查方案，经过管理部门审核后进行相关的清查作业。

（2）在清查结束后，清查人员需要编制清查报告，管理部门须就清查报告进行审核，确保真实性、可靠性。

（3）清查过程中发现的盘盈（盘亏），应分析原因，追究责任，妥善处理，报告审核通过后及时调整固定资产账面价值，确保账实相符，并上报备案。

（六）抵押质押

其主要管控措施为：

（1）加强固定资产抵押、质押的管理，明晰固定资产抵押、质押流程，规定固定资产抵押、质押的程序和审批权限等，确保资产抵押、质押经过授权审批及适当程序。同时，应做好相应记录，保障企业资产安全。

（2）财务部门办理资产抵押时，如需要委托专业中介机构鉴定评估固定资产的实际价值，应当会同金融机构有关人员、固定资产管理部门、固定资产使用部门现场勘验抵押品，对抵押资产的价值进行评估。对于抵押资产，应编制专门的抵押资产目录。

（七）固定资产处置

（1）对使用期满、正常报废的固定资产，应由固定资产使用部门或管理部门填制固定资产报废单，经企业授权部门或人员批准后对该固定资产进行报废清理。

（2）对使用期限未满、非正常报废的固定资产，应由固定资产使用部门提出报废申请，注明报废理由、估计清理费用和可回收残值、预计处置价格等。企业应组织有关部门进行技术鉴定，按规定程序审批后进行报废清理。

（3）对拟出售或投资转出及非货币交换的固定资产，应由有关部门或人员提出处置申请，对固定资产价值进行评估，并出具资产评估报告。报经企业授权部门或人员批准后予以出售或转让。企业应特别关注固定资产处置中的关联交易和处置定价，固定资产的处置应由独立于固定资产管理部门和使用部门的相关授权人员办理，固定资产处置价格应报经企业授权部门或人员审批后确定。对于重大固定资产处置，应当考虑聘请具有资质的中介机构进行资产评估，采取集体审议或联签制度。涉及产权变更的，应及时办理产权变更手续。

（4）对出租的固定资产，由相关管理部门提出出租或出借的申请，写明申请的理由和原因，并由相关授权人员和部门就申请进行审核。审核通过后应签订出租或出借合同，包括合同双方的具体情况、出租的原因和期限等内容。

三、无形资产

（一）无形资产的取得和验收

其主要管控措施为：企业应当建立严格的无形资产交付使用验收制度，明确无形资产的权属关系，及时办理产权登记手续。企业外购无形资产，必须仔细审核有关合同协议等法律文件，及时取得无形资产所有权的有效证明文件，同时特别关注外购无形资产的技术先进性；企业自行开发的无形资产，应由研发部门、无形资产管理部门和使用部门共同填制无形资产移交使用验收单，移交使用部门使用；企业购入或者以支付土地出让金方式取得的土地使用权，必须取得土地使用权的有效证明文件。当无形资产权属关系发生变动时，应当按照规定及时办理权证转移手续。

（二）无形资产的使用与保全

其主要管控措施为：企业应当强化无形资产使用过程的风险管控，充分发挥无形资产对提升企业产品质量和市场影响力的重要作用；建立健全无形资产核心技术保密制度，严格限制未经授权人员直接接触技术资料，对技术资料等无形资产的保管及接触应保有记录，实行责任追究制，保证无形资产的安全与完整；对侵害本企业无形资产的，要积极取证并形成书面调查记录，提出维权对策，按规定程序审核并上报等。

（三）无形资产的技术升级与更新换代

其主要管控措施为：企业应当定期对专利、专有技术等无形资产的先进性进行评估。发现某项无形资产给企业带来经济利益的能力受到重大不利影响时，应当考虑淘汰落后技术，同时加大研发投入，不断推动企业自主创新与技术升级，确保企业在市场经济竞争中始终处于优势地位。

（四）无形资产的处置

其主要管控措施为：企业应当建立无形资产处置的相关管理制度，明确无形资产处置的范围、标准、程序和审批权限等要求。无形资产的处置应由独立于无形资产管理部门和使用部门的其他部门或人员按照规定的权限和程序办理；应当选择合理的方式确定处置价格，并报经企业授权部门或人员审批；重大的无形资产处置，应当委托具有资质的中介机构进行资产评估。

第三节 案例分析

美女经理侵吞8辆宝马轿车案例

（一）案例简介

2008年8月22日，武汉一家进口汽车销售公司高层主管去汉口黄浦路4S销售展厅进行盘库时觉得奇怪：前不久还停在这里的128.5万元的越野宝马车怎么不见了？调看保安门岗监控记录，更觉得离谱，失踪的宝马车是销售经理李琳（化名）8月6日开走的，没在财务办理任何手续。继续盘库，情况离谱得越来越让人触目惊心：一辆客户已付133.6万元预订的宝马X5越野车也不见了，款项被李琳挪于其他客户的应交车款。再次调看监控录像，该车也是李琳开走的。盘库进一步深入，车库账目越来越清晰得令人震惊：李琳一共开走了8辆宝马车！

2008年8月23日，李琳被警方刑拘，被武汉检方以涉嫌职务侵占罪起诉。调查发现，她共侵占公司资产656万元。

（二）案例分析

美女经理犯罪只用了两招。2007年5月9日，她将公司一辆36万余元的宝马320L轿车出售，客户付款时，她说公司POS机坏了，请客户将车款打入她的账户。很快，36万元被她挥霍一空。【第一招：拆东墙补西墙】可这"窟窿"怎么补呢？一阵恐慌之后，她冷静下来，用后面卖出的汽车款，垫付先挪用的前一辆车的车款。她就这样拆东墙补西墙，"窟窿"一个个得以补上。【第二招：以后账还前账】雪球越滚越大，终于崩盘了！月薪 4 000 多元，8 辆车卖了 900 多万元，李琳戴的是 10 多万元一块的名表，每月都要去香港购物！

好大一个漏洞：4S 店汽车销售流程是这样的，客户到展厅看车，销售顾问接待，客户看中车型后下订单，签合同，交款提车。财务规定：每卖一辆车，财务要凭汽车合格证和客户身份证开具机动车销售统一发票，一共 6 联，其中 3 联留存到公司财务做账或作为完税凭证，另 3 联给客户留存。该 4S 店财务人员称，李琳共从她那里拿走 8 份发票，每份发票的 1~6 联全拿走，至今未还。8 份发票如果财务没收上来，公司总部就无法掌握展厅的销售情况，车库少了车，总部也无法实时监控。

（三）案例启示

存货的实物安全控制存在缺陷，改进措施主要有：

1.定期由财务监盘，以免资产的减少、流失；该案例历时一年多，且跨年，可见没有有效的盘库。

2.须盖有财务收款章的有效发票或提货单方可提车；财务收款后开具出门证给门卫，门卫需检验手续完备后方可放车出门。

3.监控录像保留证据。

4.建立 ERP 系统，实时监控跟踪进销存情况。

值得注意以下几个方面：

（1）组织控制：不相容职务分离。

• 发票记账联需由会计保管入账；

• 现金出纳需在发票上盖收讫章或签名；

• 款到账后方可开具发票，如先期拿走发票，需由经办人办理；

• 借款手续，规定清还时间；

• 严禁发票 1~6 联全部从财务拿走。

（2）授权批准控制：

• 规定销售款只能打入公司账户，或当面交给公司出纳；

• 与客户沟通，告知办理财务手续的要求，并提高效率。

资料来源　根据相关资料整理而成。

复习思考题

1.资产管理的内容有哪些？

2.存货管理的主要风险点是什么？控制措施是什么？

3.固定资产管理的主要风险点是什么？控制措施是什么？

4.无形资产管理的主要风险点是什么？控制措施是什么？

中英文专业术语

存货 inventory

固定资产 fixed asset

无形资产 intangible asset

补充学习内容

1.通过互联网查找资产管理控制的相关案例，深入领会资产管理的主要控制点及控制措施。

2.案例。

案例一：上海某研究所近年来采用了银行提供的新型服务"代理转账"方式发放工资，由银行直接将工资款项划入职工的个人账户。其工资核算员黄某抓住工资发放中款项支付无需收款人签字的漏洞，利用职务之便，篡改工资数据，采用虚设人员、多计工资的办法，将企业资产占为己有。在2年时间里，黄某先后30余次利用该办法将225万余元的公款划入自己的腰包。

案例二：20×5年1月15日，某上市公司存在中国银行某分行2.9337亿元巨额存款失窃。调查人员在清查账户时发现，该分行行长高某从20×0年初便开始利用公司多头开户对该公司存款动手脚，一方面当公司资金存入银行时，高某就利用职务之便，采用"背书转让"等形式将资金转移到其他账户上，另一方面高某通过给该公司开具假存单、假对账单等方式掩盖其犯罪事实。

上述两个案例引起我们对以下情况的思考：

（一）新型的便利服务

随着市场竞争的日趋激烈，很多银行为了维持客户和拓展业务资源往往会向客户提供一些新型便利服务。"代理跑单""代理转账发放工资"就是其中比较典型的项目。"代理跑单"是指由银行派员协助企业办理日常转账收付款业务，如提取和解缴现金、传送银行结算凭证等。"代理转账发放工资"是指企业每月按特定格式将存有工资数据的电脑盘片及职工账号交给银行，由银行代为将工资款项从企业账户转入职工个人账户的一种服务，该服务是目前较为常见的一种工资发放方式。这些新型代理业务虽然方便了客户，提高了企业的工作效率，但却存在很多隐患。比如"代理转账发放工资"由于是采用转账支付的方式，因此无需职工本人确认签字即可完成。这一环节的缺失给犯罪分子虚设人员提供了客观上的便利。

（二）单据的流转程序

单据流转程序是指企业在经济活动过程中取得银行结算凭证的过程，该过程通常会涉及企业、银行、结算单位、跑单人员等诸多相关主体。一般企业会安排专门的出纳人员，负责在单位和银行间传递凭证。但单据在从企业内部到外部的转移过程中涉及的环节和牵扯的人员都比较多，难以对其流转过程形成有效的控制，容易存在操作上的漏洞，因此，往往会被犯罪分子所利用。例如，一种在企业中很普遍的情况是，出于方便考虑，安排出纳人员去银行时兼取银行对账单等单证。实际上，如此安排违反了不相容职责分离的基本控制原则。又如，在上述案例二中，如果出纳人员在收到退汇款项时不据实交回单位，并且如果该单位的印鉴保管不严，极易出现由出纳通过伪造银行对账单而进行资金舞弊的情况。另外，银行代理业务出现以后，传递工作很多时候已经由单位出纳人员转为银行业务人员操作，客观上造成凭证的传递周期变长，为伪造凭证等舞弊行为提供了一定的条件。

（三）资金及印鉴的接触

货币资金接触的限制范围包括现金、印鉴、结算凭证、发票或收据等。资金和印鉴的接触通常发生在企业进行内、外部结算时。在印鉴和结算单据的使用中，企业应当安排专人负责，在经过适当程序和恰当授权后，相关人员才能使用印鉴和结算单据。很多单位出于方便工作考虑，将结算凭证和相关印鉴同时置于工作人员触手可及之处。这样的管理方式固然提高了工作效率，却留下了极大的隐患。在印鉴的管理上，忽视防范和控制的情况同样非常严重。通常，企业在签发银行结算凭证时需要加盖两枚或两枚以上预留银行印鉴，以达到相互牵制的目的。但有些单位为图便利，片面追求效率，往往把不同印鉴交给同一个工作人员保管，甚至仅置于财务部办公桌上，方便大家取用。这种印鉴管理方式，同样使得企业的内部控制被削弱或是消减，为舞弊行为大开方便之门。

（四）不规范的外部环境

在我国，银行体系除了承担资金结算功能以外，还负有重要的资金监管职能。然而，现实情况是，目前有些银行本身就存在很多不规范的市场操作行为。为了争资金、拉客户，有的银行默许甚至纵容企业进行一些违规操作，如开立不符合银行账户管理规定的账户。这种现象的存在给企业或个人利用多头开户截留公款创造了条件。例如，会计人员可以以本单位更换户头或开户行为由，要求付款单位将欠款或销货收入汇入其私设的账户中。

资料来源　佚名.现金内部控制案例[EB/OL].[2014-12-11].http://www.njliaohua.com/lhd_24q066duiv6msok1o40b_1.html.

第七章 销售业务控制

【学习目标】

通过本章的学习，理解销售业务流程，以业务流程为主线，了解销售业务流程各环节可能会发生的主要风险，掌握各个流程中的关键控制点及控制措施。

【导入性案例】

长虹集团销售与收款内部控制分析

一、案例背景

长虹集团始创于1958年，公司前身国营长虹机器厂是我国"一五"期间的156项重点工程之一，是当时国内唯一的机载火控雷达生产基地。历经多年的发展，长虹集团完成由单一的军品生产到军民结合的战略转变，成为集电视、空调、冰箱、IT、通讯、网络、数码、芯片、能源、商用电子、生活家电等产业研发、生产、销售、服务为一体的多元化、综合型跨国企业集团，逐步成为全球具有竞争力和影响力的3C信息家电综合产品与服务提供商。2005年，长虹集团成为世界500强企业之一。2007年，长虹集团的品牌价值达到583.25亿元。

长虹集团作为中国彩电业的老大，有过年净利润25.9亿元的辉煌，也创下了巨亏37亿元的股市纪录。长虹集团的衰败始自1998年产品大量积压，与APEX家电进口公司的合作和巨额应收账款的产生。截至2004年12月，长虹应收APEX账款4.675亿美元，而根据长虹集团对APEX公司资产的估算，可能收回的资金只有1.5亿美元左右。

尽管APEX公司是长虹集团在美国最大的合作伙伴，但是在确定信用政策时，长虹集团考虑坏账风险的策略是令人难以理解的。因为长虹集团是在APEX公司拖欠国内多家公司巨额欠款的情况下，与其签订了巨额销售合同，说明了长虹集团作为知名企业，销售与应收账款环节存在重大管理缺陷——没有合理的内部控制制度。

二、内部控制缺陷

第一，盲目销售。

长虹集团只注重销售，盲目的销售导致企业应收账款风险的增加。在与APEX公司签订销售合同时没有深究其企业状况：在APEX公司表面辉煌下其企业存在严重的经营问题，拖欠了国内多家DVD制造商千万美元。

第二，合同管理失控。

长虹集团与APEX公司签订的合同非常简约，难以理清双方权利、义务以及潜在风险的分担。另外，长虹集团和APEX公司的交易多为APEX以支票作为货款担保。如果APEX特意欺诈，使得这些支票无法兑付，长虹集团的损失就不可避免。

第三，赊销对象的资信调查不足。

在 APEX 公司"有前科"的情况下，长虹集团管理层还继续采用先发货后收款的方式对其进行销售，导致应收账款越积越多。

第四，收款控制不力。

长虹集团赊销后没有积极地追讨账款，也未通过账龄和客户资信的动态分析调整销售和收款政策。

销售业务是指企业出售商品（或提供劳务）及收取款项等相关活动。企业生存、发展、壮大的过程，在相当程度上就是不断加大销售力度、拓宽销售渠道、扩大市场占有的过程。生产企业的产品或流通企业的商品如不能实现销售的稳定增长，售出的货款如不能足额收回或不能及时收回，必将导致企业持续经营受阻、难以为继。正因为如此，《企业内部控制应用指引第 9 号——销售业务》以促进企业销售稳定增长、扩大市场份额为出发点，提出了销售业务应当关注的主要风险以及相应的管控措施。

资料来源　根据百度文库《四川长虹销售及应收账款的内部控制制度》（http：//wenku.baidu.com/view/39b61aee102de2bd96058880.html）整理而成。

第一节　风险评估

一、销售业务流程

企业强化销售业务管理，应当对现行销售业务流程进行全面梳理，查找管理漏洞，及时采取切实可行的措施加以改正；与此同时，还应当注重健全相关管理制度，明确以风险为导向的、符合成本效益原则的销售管控措施，实现与生产、资产、资金等方面管理的衔接，落实责任制，有效防范和化解经营风险。

企业销售业务流程主要包括销售计划管理、客户开发与信用管理、销售定价、订立销售合同、发货、收款、客户服务和会计系统控制等环节，如图 7-1 所示。该图列示的销售流程适用于各类企业的一般销售，具有通用性。企业在实际开展销售业务时可以参照此流程，并结合自身业务特点和管理要求，构建和优化销售业务流程。

二、销售业务各环节主要风险点评估

（一）销售计划环节的主要风险

销售计划是指在进行销售预测的基础上，结合企业生产能力，设定总体目标额及不同产品的销售目标额，进而为能实现该目标而设定具体营销方案和实施计划，以支持未来一定期间内销售额的实现。该环节主要风险是：销售计划缺乏或不合理，或未经授权审批，导致产品结构和生产安排不合理，难以实现企业生产经营的良性循环。

（二）客户开发与信用管理环节的主要风险

企业应当积极开拓市场份额，加强现有客户维护，开发潜在目标客户，对潜在客户进行资信评估，根据企业自身风险接受程度确定具体的信用等级。该环节的

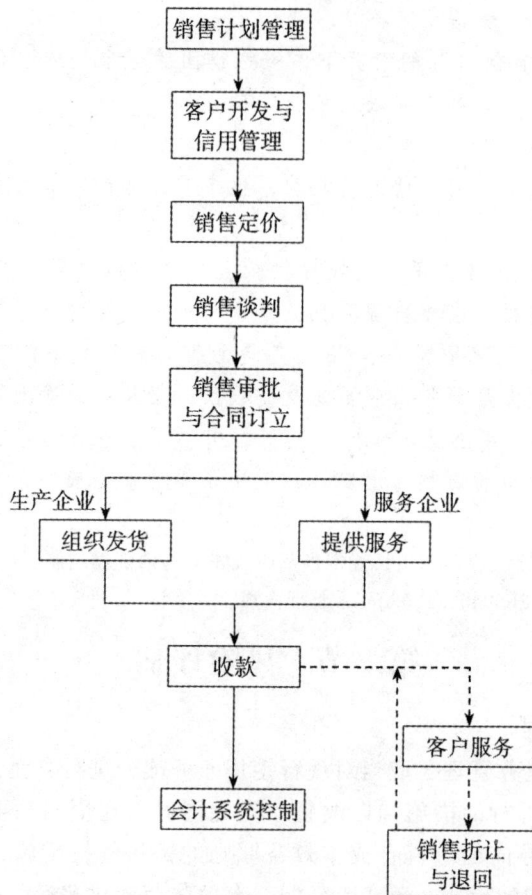

图7-1　销售业务流程示意图

资料来源　财政部会计司.《企业内部控制应用指引第9号——销售业务》解读[J].财务与会计，2011（5）.

主要风险是：现有客户管理不足、潜在市场需求开发不够，可能导致客户丢失或市场拓展不力；客户档案不健全，缺乏合理的资信评估，可能导致客户选择不当，销售款项不能收回或遭受欺诈，从而影响企业的资金流转和正常经营。

（三）销售定价涉及的主要风险

销售定价是指商品价格的确定、调整及相应审批。该环节的主要风险是：定价或调价不符合价格政策，未能结合市场供需状况、盈利测算等进行适时调整，造成价格过高或过低、销售受损；商品销售价格未经恰当审批，或存在舞弊，可能导致损害企业经济利益或者企业形象。

（四）订立销售合同涉及的主要风险

企业与客户订立销售合同，明确双方权利和义务，以此作为开展销售活动的基本依据。该环节的主要风险是：合同内容存在重大疏漏和欺诈，未经授权对外订立

84

销售合同，可能导致企业合法权益受到侵害；销售价格、收款期限等违背企业销售政策，可能导致企业经济利益受损。

（五）发货环节的主要风险

发货是根据销售合同的约定向客户提供商品的环节。该环节的主要风险是：未经授权发货或发货不符合合同约定，可能导致货物损失或客户与企业产生销售争议、销售款项不能收回。

（六）收款环节的主要风险

收款指企业经授权发货后与客户结算的环节，按照发货时是否收到货款，可分为现销和赊销。该环节的主要风险是：企业信用管理不到位，结算方式选择不当，票据管理不善，账款回收不力，导致销售款项不能收回或遭受欺诈；收款过程中存在舞弊，使企业经济利益受损。

（七）客户服务环节的主要风险

客户服务是在企业与客户之间建立信息沟通机制，对客户提出的问题，企业应予以及时解答或反馈、处理，不断改进商品质量和服务水平，以提升客户满意度和忠诚度。客户服务包括产品维修、销售退回、维护升级等。该环节的主要风险是：客户服务水平低，消费者满意度不足，影响公司品牌形象，造成客户流失。

（八）会计系统控制的主要风险

会计系统控制是指利用记账、核对、岗位职责落实和相互分离、档案管理、工作交接程序等会计控制方法，确保企业会计信息真实、准确、完整。会计系统控制包括销售收入的确认、应收款项的管理、坏账准备的计提和冲销、销售退回的处理等内容。该环节的主要风险是：缺乏有效的销售业务会计系统控制，可能导致企业账实不符、账证不符、账账不符或者账表不符，影响销售收入、销售成本、应收款项等会计核算的真实性和可靠性。

第二节　关键控制点

一、销售计划控制

关键控制点：第一，企业应当根据发展战略和年度生产经营计划，结合企业实际情况，制订年度销售计划，在此基础上，结合客户订单情况，制订月度销售计划，并按规定的权限和程序审批后下达执行。第二，定期对各产品（商品）的区域销售额、进销差价、销售计划与实际销售情况等进行分析，结合生产现状，及时调整销售计划，调整后的销售计划需履行相应的审批程序。

二、客户开发与信用管理控制

关键控制点：第一，定价机制和信用方式控制。企业应当在进行充分市场调查的基础上，合理细分市场并确定目标市场，根据不同目标群体的具体需求，确定定价机制和信用方式，灵活运用销售折扣、销售折让、信用销售、代销和广告宣传等多种策略和营销方式，促进销售目标实现，不断提高市场占有率。第二，客户信用档案控制。建立和不断更新维护客户信用动态档案，由与销售部门相对独立的信用管理部门对客户付款情况进行持续跟踪和监控，提出划分、调整客户信用等级的方案。根据客户信用等级和企业信用政策，拟定客户赊销限额和时限，经销售、财会等部门具有相关权限的人员审批。对于境外客户和新开发客户，应当建立严格的信用保证制度。

三、销售定价控制

关键控制点：第一，基准定价控制。应根据有关价格政策、综合考虑企业财务目标、营销目标、产品成本、市场状况及竞争对手情况等多方面因素，确定产品基准定价。定期评价产品基准价格的合理性，定价或调价需经具有相应权限人员的审核批准。第二，价格浮动控制。在执行基准定价的基础上，针对某些商品可以授予销售部门一定限度的价格浮动权，销售部门可结合产品市场特点，将价格浮动权向下实行逐级递减分配，同时明确权限执行人。价格浮动权限执行人必须严格遵守规定的价格浮动范围，不得擅自突破。第三，销售折扣与折让控制。销售折扣、销售折让等政策的制定应由具有相应权限人员审核批准。销售折扣、销售折让授予的实际金额、数量、原因及对象应予以记录，并归档备查。

四、订立销售合同控制

关键控制点：第一，合同谈判控制。订立销售合同前，企业应当指定专门人员与客户进行业务洽谈、磋商或谈判，关注客户信用状况，明确销售定价、结算方式、权利与义务条款等相关内容。重大的销售业务谈判还应当吸收财会、法律等专业人员参加，并形成完整的书面记录。第二，合同审批控制。企业应当建立健全销售合同订立及审批管理制度，明确必须签订合同的范围，规范合同订立程序，确定具体的审核、审批程序和所涉及的部门人员及相应权责。审核、审批应当重点关注销售合同草案中提出的销售价格、信用政策、发货及收款方式等。重要的销售合同，应当征询法律专业人员的意见。销售合同草案经审批同意后，企业应授权有关人员与客户签订正式销售合同。

五、发货控制

关键控制点：第一，销售部门应当按照经审核后的销售合同开具相关的销售通知单交仓储部门和财会部门。第二，仓储部门应当落实出库、计量、运输等环节的岗位责任，对销售通知进行审核，严格按照所列的发货品种和规格、发货数量、发货时间、发货方式、接货地点等，按规定时间组织发货，形成相应的发货单据，并应连续编号。第三，应当以运输合同或条款等形式明确运输方式、商品短缺、毁损或变质的责任、到货验收方式、运输费用承担、保险等内容，货物交接环节应做好装卸和检验工作，确保货物的安全发运，由客户验收确认。第四，应当做好发货各环节的记录，填制相应的凭证，设置销售台账，实现全过程的销售登记制度。

六、收款控制

关键控制点：第一，结合公司销售政策，选择恰当的结算方式，加快款项回收，提高资金的使用效率。对于商业票据，结合销售政策和信用政策，明确应收票据的受理范围和管理措施。第二，建立票据管理制度，特别是加强商业汇票的管理：一是对票据的取得、贴现、背书、保管等活动予以明确规定；二是严格审查票据的真实性和合法性，防止票据欺诈；三是由专人保管应收票据，对即将到期的应收票据，及时办理托收，定期核对盘点；四是票据贴现、背书应经恰当审批。第三，加强赊销管理。一是需要赊销的商品，应由信用管理部门按照客户信用等级审核，并经具有相应权限的人员审批。二是赊销商品一般应取得客户的书面确认，必要时，要求客户办理资产抵押、担保等收款保证手续。三是应完善应收款项管理制度，落实责任、严格考核、实行奖惩。销售部门负责应收款项的催收，催收记录（包括往来函电）应妥善保存。第四，加强代销业务款项的管理，及时与代销商结算款项。第五，收取的现金、银行本票、汇票等应及时缴存银行并登记入账，防止由销售人员直接收取款项，如必须由销售人员收取的，应由财会部门加强监控。

七、客户服务控制

关键控制点：第一，结合竞争对手客户服务水平，建立和完善客户服务制度，包括客户服务内容、标准、方式等。第二，设专人或部门进行客户服务和跟踪。有条件的企业可以按产品线或地理区域建立客户服务中心。加强售前、售中和售后技术服务，使客户服务人员的薪酬与客户满意度挂钩。第三，建立产品质量管理制度，加强销售、生产、研发、质量检验等相关部门之间的沟通协调。第四，做好客户回访工作，定期或不定期开展客户满意度调查；建立客户投诉制度，记录所有的客户投诉，并分析产生原因及解决措施。第五，加强销售退回控制。销售退回需经具有相应权限的人员审批后方可执行；销售退回的商品应当参照物资采购入库管理。

八、会计系统控制

关键控制点：第一，企业应当加强对销售、发货、收款业务的会计系统控制，详细记录销售客户、销售合同、销售通知、发运凭证、商业票据、款项收回等情况，确保会计记录、销售记录与仓储记录一致，具体为：财会部门开具发票时，应当依据相关单据（计量单、出库单、货款结算单、销售通知单等）并经相关岗位审核。销售发票应遵循有关发票管理规定，严禁开具虚假发票。财会部门对销售报表等原始凭证审核销售价格、数量等，并根据国家统一的会计准则制度确认销售收入，登记入账。财会部门与相关部门月末应核对当月销售数量，保证各部门销售数量的一致性。第二，建立应收账款清收核查制度，销售部门应定期与客户对账，并取得书面对账凭证，财会部门负责办理资金结算并监督款项回收。第三，及时收集应收账款相关凭证资料并妥善保管；及时要求客户提供担保；对未按时还款的客户，采取申请支付令、申请诉前保全和起诉等方式及时清收欠款。对收回的非货币性资产应经评估和恰当审批。第四，企业对于可能成为坏账的应收账款，应当按照国家统一的会计准则规定计提坏账准备，并按照权限范围和审批程序进行审批。对确定发生的各项坏账，应当查明原因，明确责任，并在履行规定的审批程序后作出会计处理。企业核销的坏账应当进行备查登记，做到账销案存。已核销的坏账又收回时应当及时入账，防止形成账外资金。

第三节　案例分析

（一）案例简介

A厂为一化肥生产企业，尽管产品质量很好，但由于市场竞争激烈，始终无法打开销路。为此，厂领导决定改变信用政策，扩大赊销范围，吸引更多客户购买本厂产品。新政策施行一年，产品销量有了明显提高，工厂扭亏为盈，但另一方面，售后回款却成了突出问题，坏账频发，企业营运资金得不到及时补充，严重影响了正常生产经营活动。

如果你是A厂的财务科科长，面对工厂产品热销但流动资金匮乏的局面，根据《企业内部控制应用指引第9号——销售业务》的要求，从内部控制的角度，你将向厂长提出何种建议？

（二）案例分析

该案例主要的风险点是客户的信用管理和收款管理不当。建议厂长加强收款控制，具体包括以下内容：

1.建立应收账款账龄分析制度和逾期应收账款催收制度。销售部门应当负责应收账款的催收，财会部门应当督促销售部门加紧催收。对催收无效的逾期应收账款可通过法律程序予以解决。

2.建立和不断更新维护客户信用动态档案，由与销售部门相对独立的信用管理部门对客户付款情况进行持续跟踪和监控，提出划分、调整客户信用等级的方案。根据客户信用等级和企业信用政策，拟定客户赊销限额和时限，经信用部门具有相关权限的人员审批。对于境外客户和新开发客户，应当建立严格的信用保证制度。

对于已赊销客户，应当及时登记每一客户应收账款余额增减变动情况和信用额度使用情况。

3.对于可能成为坏账的应收账款应当报告厂领导，由其进行审查，确定是否确认为坏账。发生的各项坏账，应查明原因，明确责任，并在履行规定的审批程序后作出会计处理。

4.注销的坏账应当进行备查登记，做到账销案存。已注销的坏账又收回时应当及时入账，防止形成账外款。

5.应收票据的取得和贴现必须经由保管票据以外的主管人员书面批准。应当由专人保管应收票据，对于即将到期的应收票据，应及时向付款人提示付款；已贴现票据应在备查簿中登记，以便日后追踪管理。

6.应制定逾期票据的冲销管理程序和逾期票据追踪监控制度。应当定期与往来客户通过函证等方式核对应收账款、应收票据、预收账款等往来款项。如有不符，应查明原因，及时处理。

7.针对销售收款的管理情况进行监督检查，重点检查销售收入是否及时入账、应收账款的催收是否有效、坏账核销和应收票据的管理是否符合规定。

资料来源　根据实践资料加工整理形成。

复习思考题

1.销售业务的不相容岗位主要包括哪些？

2.销售业务活动主要包括哪些基本环节？

3.销售业务的关键控制环节、控制目标和相关控制措施有哪些？

4.分析销售业务可能的主要风险。

5.请阅读以下资料，并根据资料思考分析题后提出的问题：

ABC公司销售业务流程及内部控制如下：设立销售部，处理订单、签订合同、执行销售政策和信用政策；销售部经理对30万元以内的赊销业务有权批准，并根据具体情况确定产品售价。由于人手紧张，大宗销售都是由业务员甲与客户谈判并签订合同。没有签订合同的购买方提货的销售业务直接由财务部收款后开具提货单据和发票，客户自行提货；货到付款的业务由销售业务员乙负责向购买方收款，并将现金或者支票等票据转交财务部。财务部经理保管所有票据，并有权决定应收票据是否贴现。

某月ABC公司发生如下业务：

（1）销售部经理凭某一老客户以前给其留下的良好印象，批准向该客户赊销23.4万元的业务，后来该款项迟迟未能收到，财务部证实该企业财务状况恶化，当时已经有数笔货款没有如期支付了。

（2）另一新客户要求签订3年期供货合同，3年中每月末按照市场价格80万元购货，提供下一批货物时清偿上一批货物款项。由于企业销售政策中没有此类情况，销售部经理向总经理请示，总经理当即决定签署该合同。一个月后，该客户未能还款，公司调查，发现该客户并无偿还能力。

请根据上述资料分析ABC公司在销售业务中存在哪些内部控制缺陷，你认为应当如何改进？

中英文专业术语

销售业务 selling operation

销售计划 marketing plan

销售业务内部控制　selling operation internal control

补充学习内容

1.《企业内部控制应用指引第9号——销售业务》及其讲解。

2.案例。

案例一

新华制药被出具否定意见的内部控制审计报告

山东新华制药股份有限公司（以下简称"新华制药"）是H股与A股上市公司，属中国制药工业50强。公司主要从事开发、制造和销售化学原料药、医药制剂、化工及医疗商业，在我国化工及医疗行业具有较高的地位及影响力。公司是亚洲最大的解热镇痛类药物生产与出口基地，也是国内重要的心脑血管类、抗感染类及中枢神经类等药物的生产企业。目前，该公司旗下有9家控股子公司。2012年3月23日，新华制药被信永中和会计师事务所（以下简称"信永中和"）出具了否定意见的内部控制审计报告。

新华制药2012年3月14日晚间公告称，公司客户济南欣康祺医药有限公司（以下简称"欣康祺医药"）前期经营出现异常，资金链断裂，可能会对公司资金回笼产生较大影响。截至目前，欣康祺医药及其关联方尚欠新华制药货款总计人民币6 073万元。

公告称，因欣康祺医药经营出现异常，资金链断裂，欣康祺医药及与其存在担保关系的山东新宝医药有限公司、淄博华邦医药销售有限公司、山东省药材公司高新分公司、山东百易美医药有限公司无法正常支付公司下属全资子公司山东新华医药贸易有限公司（以下简称"医贸公司"）货款。医贸公司已将欣康祺医药等5家公司起诉至淄博市中级人民法院，并通过法院对5家公司的资产进行查封。截至2011年12月31日，医贸公司应收欣康祺医药等5家公司货款合计6 073.1万元。

欣康祺医药已因涉嫌卷入非法吸收公众存款案于2011年12月30日被济南市公安局立案侦查。经查，自2010年8月以来，欣康祺医药总经理徐新国等人以该公司名义，以与银行合作开立银行承兑汇票需要保证金为由，以2.5%~4%的月息为诱饵，非法吸收公众资金近10亿元，徐新国、徐国营等4名主要犯罪嫌疑人案发后潜逃。

中国注册会计师协会（以下简称"中注协"）3月30日发布的上市公司2011年年报审计情况快报显示，新华制药被信永中和出具了否定意见的内部控制审计报告。

信永中和认为，新华制药内部控制存在两个重大缺陷：

一是新华制药下属子公司医贸公司内部控制制度对多头授信无明确规定，在实际执行中，医贸公司的鲁中分公司、工业销售部门、商业销售部门等三个部门分别向同一客户授信，使得授信额度过大。

二是新华制药下属子公司医贸公司内部控制制度规定对客户授信额度不大于客户注册资本，但医贸公司在实际执行中，对部分客户超出客户注册资本授信，使得授信额度过大，同时医贸公司也存在未授信的发货情况。

上述重大缺陷使得新华制药对欣康祺医药及与其存在担保关系方形成大额应收款项6 073万元。同时，因欣康祺医药经营出现异常，资金链断裂，可能使新华制药遭受较大经济损失。

资料来源 张然，胡一川.企业应收账款内部控制缺失案例分析[J].新会计，2012（7）.

案例二

宝钢集团销售与收款循环的内部控制

宝钢股份销售管理的一大特点是高度的信息化，产品销售信息由公司"9672产品销售子系统"自动生成，系统已实现从产品价格库生成、登记客户需求、签订合同，到运输发货、财务评审和结算、产品质量异议处理管理等全过程控制。其销售与收款主要流程控制包括：

1.销售政策制定控制

销售部严格按照公司制定的《钢铁产品价格管理制度》执行相关销售政策。该制度明确了价格管理的基本原则、产品价格制定依据、价格管理领导小组和市场营销室职责、价格管理范围，并通过价格管理流程来规范公司钢铁产品的价格制定，通过对各类产品的年度目标基价制定和日常价格调整两种管理方式，经公司领导或部领导批准后，基价部分输入公司"9672销售系统"，形成公司的基价库，日常调整部分通过对系统的授权审批，进行相应调整，生成《宝山钢铁股份有限公司销售部价格文件》（包含折扣政策、赊销、结算、付款政策），供相关单位执行销售政策和价格。销售部同时对外公布《宝山钢铁股份有限公司价格目录》。

2.客户信用控制

销售部制定了"信用风险管理岗位和职责"、"信用风险评估流程"，根据客户信用评级方法和客户信用授信表，建立客户信用档案。

3.合同签订控制

宝钢股份的一大特点是根据销售合同安排生产，而其合同一般为预收款和见单付款合同，占公司销售额的90%以上。由于公司的产品销售信息是借助"9672销售信息系统"支持，销售政策和销售价格已实现系统控制，所以销售合同的签订管理主要体现在订货信息的核对管理上。公司的《订货业务管理办法》对此有详细规定：产品室订货业务人员根据用户所填订货卡片或宝钢国际各贸易公司通过"9672系统"传送的草约付款清单内容，对产品的品种、规格、价格和资源量进行评审，核对订货结算单位名称是否与其合同印章的内容相符。如一致，业务员在订货卡片或草约付款清单上签字或盖章确认即评审通过；物流运输室业务员对订货卡片上用户要求的运输方式进行确认；产品室订货业务人员将确认无误的草约付款清单明细表送交财务审核；销售财务接到订货草约后，进行相关财务评审。评审通过后，订货业务人员打印正式合同并对所有打印项目进行审核，审核无误后，销售人员根据授权与客户签订合同；并将合同信息通过"9672系统"传送给相关部门。

4.发货控制

成品生产结束后，制造部在"9672系统"中作生产完成标记，销售部门按销售合同和生产厂的成品准发信息，进行成品出厂的合同和资源管理，按合同规定的运输方式落实车（船），并编制各运输方式的成品出厂组批计划；运输部按成品出厂组批计划编制厂内装船、装车作业计划，核对实物，按规定要求装车（船），与承运方办理实物交接，确保百分之百按期发货，并确保货物运送的安全性和及时性。

5.财务控制

公司的销售财务管理是通过"9672销售收款和发票结算两个子系统"完成的，设立资金综合管理、结算管理、财务管理三类岗位，对收款、发票结算、应收账款、应收票据四类业务流程进行全方位的财务控制。

（1）订立合同阶段的财务控制

销售业务人员根据相关部门确认的订货信息打印出草约付款清单，并将核对无误的清单明细表送交财务处审核；销售财务接到订货草约后，进行系列财务评审，对于有欠款的用户，需得到销售部主管领导书面同意后方可订货。

（2）收款控制

收款作业是由财务在收到客户的支票、汇票、商票、本票、信用卡或电子汇兑的款项，进行相关财务处理的过程。其主要流程和控制措施为：根据订货政策，每收到一笔款项，先由系统生成连续编号的收款单，并向普通会计系统抛账，生成会计凭证。然后将款项分配至合约或合同。出厂中心发货，配齐"三单"信息，并在"9672系统"中向销售财务结算组上抛发货信息，财务结算组根据出厂的发货信息进行结算开票，确认销售收入。同时销售资金管理也对预收款和退余款进行了明确规定。

（3）发票结算控制

销售发票结算控制由以下三个环节组成：出厂中心发货后配齐"三单"、销售财务结算、交寄结算单据给结算单位。《销售结算管理制度》对上述流程均有详细规定，尤其强调"三单"结齐是结算控制点，从"9672系统"将一致的"三单"信息传入金税系统（国家税务系统），通过金税系统开具增值税发票，开票结束后，再把发票信息从金税系统回传至"9672系统"，系统自动核对发运、合同、发票信息，确保三者所载明的品名、规格、数量、价格一致后，如为预收款则进行销账处理，如为见单付款则编制见单付款通知单，向客户收款。

公司销售发票的开具，是由金税系统控制的，每天开完发票后都必须核实所剩的空白发票实物是否与金税系统的库存发票数一致，如有出入必须及时查找原因，并予以正确处理，发票存根联按规定定期装订成册。

（4）应收票据管理控制

应收票据是公司在销售过程中收取客户为订购货物所支付的商业汇票，公司应收票据的管理分两部分：应收票据的收取、票据信息的录入和入账工作由销售财务人员在"销售收款子系统"中完成，票据的日常库存管理、收款、贴现和分析由公司资金管理人员在"票据管理模块"中完成，公司的"票据管理模块"与"销售收款子系统"相结合实现了整个票据的信息化管理。公司的应收票据设有专人保管，票据的接受、贴现和延期换新都由保管票据以外的主管人员书面批准，各种票据信息都能在管理模块中查询到并可进行追踪控制，应收票据管理实现了人员分工和信息系统的双重控制。

（5）应收账款控制

公司制定了《应收账款管理及核算办法》和《应收账款管理岗位流程》，有效地规范了应收账款管理工作。该办法和流程对应收账款分事前、事中、事后三阶段进行管理，明确规定了对客户信用管理、公司内部的账务处理、信息互通和日常监督、催款管理、应收账款分析报告、账龄管理、对账管理以及申报坏账等八方面的管理工作。特别强调销售人员对应收账款的催收、应收账款账龄分析和逾期应收账款报告及追加法律保全等控制程序。

（6）坏账控制

坏账损失是指因应收款项预计不能收回而发生的损失。公司的《坏账管理办法》从职责上对申报单位、法务处、财会处进行了分工，对坏账核销的处理程序有明确规定，特别强调坏账申报、账务处审核、坏账核销的批准、坏账核销的会计处理等环节的规范化处理，同时要求坏账核销后继续催款，做到账销案存。已注销的坏账收回时能及时入账，不会形成账外款。

宝钢股份通过上述职务分离、业务控制、财务控制等内部控制手段，实现销售与收款不相容岗位相互分离、制约和监督，并最终促成公司销售目标的实现。

资料来源　根据百度文库《宝钢集团销售与收款循环的内部控制》（http：//wenku.baidu.com/view/d61959be960590c69ec3763d.html）整理而成。

第八章　研究与开发控制

【学习目标】

通过本章的学习，掌握研究与开发控制流程以及主要环节的风险，重点掌握主要风险的关键控制点及控制措施。

【导入性案例】

松下（Panasonic）集团创立于1918年，是全球性电子厂商，从事各种电器产品的生产、销售等事业活动，具有鲜明的技术密集型特点，视研究与开发为更加关键的有价值活动。研究管理过程是混合型的全球管理模式，将专业化任务和项目分配给全球不同的研发机构，并采用良好、有效的沟通机制，采取召开研发会议等多种形式进行信息的沟通和传递，促进交流，激发各研发分支机构的创新潜力，整合研发资源和能力，降低企业对核心技术人员的过度依赖，不断完善研发项目管理制度和技术标准，建立信息反馈制度和研发项目重大事项报告制度，严格落实岗位责任制；严格区分全球项目和海外当地项目，优化研发项目管理的任务分配方式，避免重复的研发活动而导致资源的浪费；跟踪项目进展，开展项目中期评审，根据市场的变化及时调整研发活动，提高对市场变化的敏感度。对于核心研发人员的管理，设立总部直属的研究机构，统一指挥建立人才库，实现人才的合理使用，取消研发人员的行政序列，按业绩大小进行奖励，拉开了报酬上的距离，提高了工作效率，改善了内部环境，有助于建立知识分享体系，促进岗位互换，避免重复工作，促进研发人员不断学习进步，还完善了员工的职业发展通道。与"顾客"合作，在开发产品的同时寻求顾客的建议，或者与客户进行联合开发。关注研究项目促进企业发展的必要性、技术的先进性以及成果转化的可行性。建立三位一体的知识产权研发成果保护体制，即事业战略、研发战略以及知识产权战略三位一体，使其研发成果能在各个环节得到及时的专利保护。

上述材料告诉我们：松下在研究与开发各环节的管理控制均有较成熟的战略和较鲜明的特点，其控制活动能大大降低复杂的全球研发体系带来的经营风险，不断加强技术创新这一松下的核心竞争力，进而促进整个公司的健康持续发展。

资料来源　根据松下公司管理实践整理而成。

第一节　风险评估

研究与开发，是指企业为获取新产品、新技术、新工艺等所开展的各种研发活动。研究与开发是企业核心竞争力的源泉，是促进企业自主创新的重要体现，是企业加快转变经济发展方式的强大推动力。创新是企业的灵魂，是企业发展壮大的不竭动力和重要法宝。综观国内外优秀企业，无不通过创新形成自己特有的核心技术与能力，从而在激烈的市场竞争中占据主动。研发是企业进行创新的重要手段，通过开发新产品和新技术，创造新工艺，能够为企业发展建立有利的领先优势。但是，研发活动也具有投入大、周期长、不确定性高的特点，其对企业经营产生的影响和本身面临的风险也越来越大。因此，研发业务的内部控制在企业整体内部控制过程中处于重要地位。

在经济全球化的背景下，企业应坚定不移地走自主创新之路，重视和加强研究与开发，并将相关成果转化为生产力，在竞争中赢得主动权，夺得先机。企业研究与开发的内部控制制度能有效控制研发风险，提升企业自主创新能力，充分发挥科技的支撑引领作用，促进实现企业发展战略。

一、研究与开发业务控制流程评估

企业的研发项目不仅注重项目的目标与结果，还要对中间过程建立起有效的管理，而一个流程化、结构化的研发业务工作流程应该是采取了对过程的层层控制以及有效的反馈来逐步达到最终目标。建立规范的研究与开发项目管理的流程，不仅可以指导和帮助团队成员的研发实践，而且可以降低研发风险，保证研发质量，极大提高研发工作的效率和效益。研究与开发的基本流程主要涉及立项、研发过程管理、结题验收、研究成果的开发和保护等。

企业应当着力梳理研究与开发业务流程，针对主要风险点和关键环节，制定切实有效的控制措施，不断提升研发活动全过程的风险管控效能。图8-1列示了一般生产企业研究与开发活动的业务流程。

二、研究与开发业务各环节主要风险点评估

研究与开发的基本流程主要涉及立项、研发过程管理、结题验收、研究成果的开发和保护等几个环节，各环节主要风险分析如下：

（一）立项

研究项目的设立是项目决策部门按照自己的意图和目的，在调查研究、分析的基础上，对研究项目的规模、投资、基本方案、研发周期和预期效益等方面进行技术和经济分析，决策研究项目是否必要和可行的过程。立项主要包括立项申请、评审和审批。该环节的主要风险是：研发计划与国家（或企业）科技发展战略不匹配，研发承办单位或专题负责人不具有相应资质，研究项目未经科学论证或论证不充分，评审和审批环节把关不严，可能导致创新不足或资源浪费。

（二）研发过程管理

研发过程是研发的核心环节。实务中，研发通常分为自主研发、委托（合作）研发。

1.自主研发

自主研发是指企业依靠自身的科研力量，独立完成项目，包括原始创新、集成创新和在引进消化基础上的再创新三种类型。其主要风险包括：第一，研究人员配备不合理，导致研发成本过高、舞弊或研发失败。第二，研发过程管理不善，费用

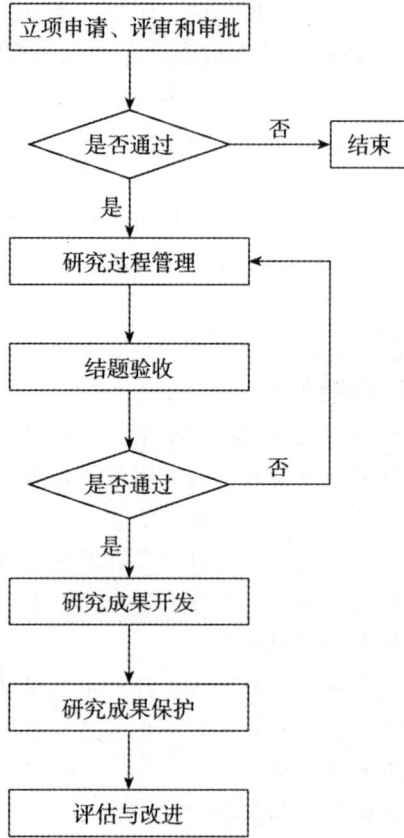

8-1　一般生产企业研究与开发活动的业务流程图

资料来源　财政部会计司.《企业内部控制应用指引第10号——研究与开发》解读[J].财务与会计，2011（5）.

失控或科技收入形成账外资产，影响研发效率，提高研发成本甚至造成资产流失。第三，多个项目同时进行时，相互争夺资源，出现资源的短期局部缺乏，可能造成研发效率下降。第四，研究过程中未能及时发现错误，导致修正成本提高。第五，科研合同管理不善，导致权属不清，知识产权存在争议。

2.委托（合作）研发（也称研发外包）

委托研发是指企业委托具有资质的外部承办单位进行研究和开发。委托研发，是指企业委托具有研发能力的企业、科研机构等开展新技术研究开发工作，研发所需经费由委托人全额承担，受托人交付研究开发成果。企业受研发技术人员、资金、时间、信息等因素的约束，将自身的研发任务通过契约的形式整体委托给外部其他企业完成，或者是通过购买，将研发技术整体从外部企业购得，这样企业就可以集中精力去完成企业自身实力可以完成的研发任务，从而不仅避免了重复研发，还可以有精力去增强自身的核心竞争力。研发外包形式下，就整个研发任务本身来说，企业间事先达成协议，不进行研发活动的过程合作，但是最后共享研发的技术成果，进而实现企业自身利润最大化。在这种情况下，由一个企业独立研发、独立完成，研发活动只在一个企业中进行，但最终的结果是两个企业共享最终的研发成果，从而实现了成本共享。

合作研发，是指企业与其他企业、科研机构、高等院校之间的联合研发行为，合作各方共同参与、共同出资、共享效益、共担风险，共同研发完成同一科技研发项目。合作研发是以合作创新为目的，以优势互补为前提，由多个组织共同参与的研发模式。通过合作研发可以有效利用组织外部资源，降低研发成本并分担研发风险。

（1）外包单位的选择风险。包括外包单位选择不恰当会导致中途更换伙伴而给企业带来损失；外包单位职业道德缺失引起的提供虚假信息、不履行承诺、泄露机密等会给企业带来损失。

（2）沟通风险。企业与外包单位文化差异可能会导致双方产生较多的摩擦与冲突；既合作又竞争的关系容易使伙伴之间产生信任危机；外包单位之间沟通的不及时或协调失败会加大风险发生的概率。

（3）外包方案的设计风险。外包内容与形式、外包任务等计划安排失误也会诱发风险；权、责、利、险分配不合理会导致伙伴终止合作而给企业带来损失；资源整合不当会使组织运作成本升高，无法快速响应市场变化。

（4）知识产权风险。知识产权风险是指在研发外包中由于伙伴之间的合作和知识共享机制，而产生的给所有人对其知识产权的所有权或者基于知识产权的当前或潜在收益带来负面影响的事件及其可能性。

（5）壮大竞争对手的力量。由于研发外包双方从事的业务相同或者相似（或具有上下游关系），在本企业通过研发外包获得某种技术成就的同时，合作者很可能也因此获得了技术上的关键性突破。或者说，在本企业的资源和能力得到互补之际，竞争对手的资源和能力也因此获得了互补。在一些情形下，甚至出现对方获得的互补效应大于本企业，从而出现了亲手培养出更加强大的竞争对手的局面。

（三）结题验收

结题验收是对研究过程形成的交付物进行质量验收。结题验收分检测鉴定、专家评审、专题会议三种方式。其主要风险包括：由于验收人员的技术、能力、独立性等造成验收成果与事实不符；测试与鉴定投入不足，导致测试与鉴定的不充分，不能有效地降低技术失败的风险。

（四）研究成果开发研究

成果开发是指企业将研究成果经过开发过程转换为企业的产品。其主要风险包括：研究成果转化应用不足，导致资源闲置；新产品未经充分测试，导致大批量生产不成熟或成本过高；营销策略与市场需求不符，导致营销失败。

（五）研究成果保护研究

成果保护是企业研发管理工作的有机组成部分。有效的研究成果保护，可保护研发企业的合法权益。其主要风险是：未能有效识别和保护知识产权，权属未能得到明确规范，开发出的新技术或产品被限制使用；核心研究人员缺乏管理激励制度，导致形成新的竞争对手或技术秘密外泄。

第二节 关键控制点

一、立项的主要管控措施

第一，建立完善的立项、审批制度，确定研究开发计划制订原则和审批人，审查承办单位或专题负责人的资质条件和评估、审批流程等。

第二，结合企业发展战略、市场及技术现状，制订研究项目开发计划。

第三，企业应当根据实际需要，结合研发计划，提出研究项目立项申请，开展可行性研究，编制可行性研究报告。企业可以组织独立于申请及立项审批之外的专业机构和人员进行评估论证，出具评估意见。

第四，研究项目应当按照规定的权限和程序进行审批，重大研究项目应当报经董事会或类似权力机构集体审议决策。审批过程中，应当重点关注研究项目促进企业发展的必要性、技术的先进性以及成果转化的可行性。

第五，制订开题计划和报告，开题计划经科研管理部门负责人审批。开题报告应对市场需求与效益、国内外在该方向的研究现状、主要技术路线、研究开发目标与进度、已有条件与基础、经费等进行充分论证和分析，保证项目符合企业需求。

二、研发过程管理

1.自主研发

主要的管控措施：第一，建立研发项目管理制度和技术标准，建立信息反馈制度和研发项目重大事项报告制度；严格落实岗位责任制。第二，合理设计项目实施进度计划和组织结构，跟踪项目进展，建立良好的工作机制，保证项目顺利实施。第三，精确预计工作量和所需资源，提高资源使用效率。第四，建立科技开发费用报销制度，明确费用支付标准及审批权限，遵循不相容岗位牵制原则，完善科技经费入账管理程序，按项目正确划分资本性支出和费用性支出，准确开展会计核算，建立科技收入管理制度。第五，开展项目中期评审，及时纠偏调整；优化研发项目管理的任务分配方式。

2.委托（合作）研发

主要的管控措施：第一，加强委托（合作）研发单位资信、专业能力等方面管理。第二，委托研发应采用招标、议标等方式确定受托单位，签订规范详尽的委托研发合同，明确产权归属、研究进度和质量标准等相关内容。第三，合作研发应对合作单位进行尽职调查，签订书面合作研究合同，明确双方投资、分工、权利义务、研究成果产权归属等。第三，加强项目的管理监督，严格控制项目费用，防止挪用、侵占等。第四，根据项目进展情况、国内外技术最新发展趋势和市场需求变化情况，对项目的目标、内容、进度、资金进行适当调整。

（1）严格甄选合作伙伴。真正做到互利互惠，优势互补，在平等信任的基础上真诚合作，是搞好合作科研开发的前提。协作对象选择不当，是出现侵权纠纷的重要原因。在外包单位的选择过程中，一般遵循以下原则：

第一，技术互补性原则。企业在选择外包单位时，首先要看的就是伙伴的技术知识等资源是否与企业的技术知识互补，能否从外包单位那里得到企业需要的研发技术，是否可以通过优势互补实现企业研发的目的。

第二，成本最低原则。合作成本是企业选择合作研发伙伴的重要原则，减少投资、提高研发的投资收益率是企业的一个标准，合作研发成本必须小于自主研发和委托外包的成本，企业才会选择合作研发的组织形式。

第三，相容一致性原则。企业与外包单位的研发目的和企业间的文化、价值观应该是相容的、一致的，如果企业的文化和价值观相冲突或是得不到外包单位企业的认可，在合作研发的过程中，往往会出现冲突，从而影响合作的进行，影响研发目标的实现。

第四，诚信原则。外包单位应该具有良好的信誉。

第五，均衡原则。企业在选择外包单位时，应该选择和企业自身研发实力相当的外包单位，如果彼此的技术研发实力差别很大，往往实力强的企业占主导优势，而且对企业在合作研发过程中，吸收、学习外包单位的技术知识有不利影响。

（2）认真审核、签订技术合作合同。要严格按照合同法签订有关合同。合同的条文要力求完整准确，特别是承担的义务、技术指标、经费落实、知识产权归属、研发信息和成果的保密性条款、赔偿条款以及纠纷处理要界定明确，用词准确。合同签订前，要严把审核关，对合同的合法性、合理性、可能性要逐条逐句地进行分析。合同一旦签订，就要严格按质、按量、按期履行。

（3）加强合作过程管理监督。包括进度监督、质量监督、成本监督、效率监督和人员监督几个方面，并严格验收研发成果。

（4）建立相互信任的外包关系。包括树立双赢的企业合作理念、有效的反馈机制、高效的信息沟通渠道和建立公平合理的激励措施。

（5）以法律保护自己的合法权益。要重视知识产权法律法规知识的普及宣传，增强知识产权保护意识，注重运用法律手段自我保护。一旦发现合作方有侵权行为，要敢于和善于运用法律手段保护自己的合法权益。对于专利申请权纠纷，可以请求专利管理机关进行调处，也可以向人民法院起诉，还可以向国家知识产权局提出无效专利宣告请求。

三、结题验收

结题验收主要的管控措施：第一，建立健全技术验收制度，严格执行测试程序。第二，对验收过程中发现的异常情况应重新进行验收申请或进行补充研发，直至研发项目达到研发标准为止。第三，落实技术主管部门验收责任，由独立的、具备专业胜任能力的测试人员进行鉴定试验，并按计划进行正式的、系统的、严格的评审。第四，加大企业在测试和鉴定阶段的投入，对重要的研究项目可以组织外部专家参加鉴定。

四、研究成果开发研究

研究成果开发研究主要的管控措施：第一，建立健全研究成果开发制度，促进成果及时有效转化。第二，科学鉴定大批量生产的技术成熟度，力求降低产品成本。第三，坚持开展以市场为导向的新产品开发消费者测试。第四，建立研发项目档案，推进有关信息资源的共享和应用。

五、研究成果保护研究

研究成果保护研究主要的管控措施：第一，进行知识产权评审，及时取得权属。第二，研发完成后确定采取专利或技术秘密等不同保护方式。第三，利用专利文献选择较好的工艺路线。第四，建立研究成果保护制度，加强对专利权、非专利技术、商业秘密及研发过程中形成的各类涉密图纸、程序、资料的管理，严格按照制度规定借阅和使用。禁止无关人员接触研究成果。第五，建立严格的核心研究人员管理制度，明确界定核心研究人员范围和名册清单并与之签署保密协议。第六，企业与核心研究人员签订劳动合同时，应当特别约定研究成果归属、离职条件、离职移交程序、离职后保密义务、离职后竞业限制年限及违约责任等内容。第七，实施合理有效的研发绩效管理，制定科学的核心研发人员激励体系，注重长效激励。

后评估是研究与开发内部控制建设的重要环节。企业应当建立研发活动评估制度，加强对立项与研究、开发与保护等过程的全面评估，认真总结研发管理经验，分析存在的薄弱环节，完善相关制度和办法，不断改进和提升研发活动的管理水平。

总之，研究与开发是企业持久发展的不竭动力，始终坚持把研究与开发作为企业发展的重要战略，紧密跟踪科技发展趋势，是切实提升核心竞争力、增强企业国际竞争力的重要保证。

第三节　案例分析

研究与开发内部控制综合案例

（一）案例简介

资料1：某软件公司一直从事小型办公自动化软件系统的开发，其研发的OA软件凭借过硬的研发技术、完善的售后服务和专业化的发展方向，已经成为小型企业办公自动化的首选软件。随着公司规模的扩大，公司股东想向其他领域扩展。由于公司创始人原来从事金融行业，认为开发该行业软件发展前途大，利润高，于是软件公司选择金融行业作为未来实施跨越的方向。

为了实现这一战略目标，公司将原先的研发人员一分为二，一部分研发人员仍然继续从事小型企业 OA 软件的开发，另一部分研发人员成立项目组，针对银行和证券公司研发大型办公自动化软件。由于研发人员都是原先开发团队成员，互相之间较为熟悉，且公司要求时间紧，费用投入大，项目组成立后立刻进行分工开发。

随着开发过程的深入，出现的问题越来越多，研发人员水平不够、项目经费开支过大、技术难题解决缓慢，而且同类软件已经在市场上出现，整个项目面临失败的风险。

资料 2：埃克森美孚美国石油公司通过十几年的技术研发管理实践，总结出实现技术研发过程管理的"TAS"（technology advancement system）系统。该系统除了在主要业务环节上与流行的技术研发流程具有相似之处外，其重要的不同之处就是强调了每个阶段所设置的"门"（gate）的作用，如图 8-2 所示。

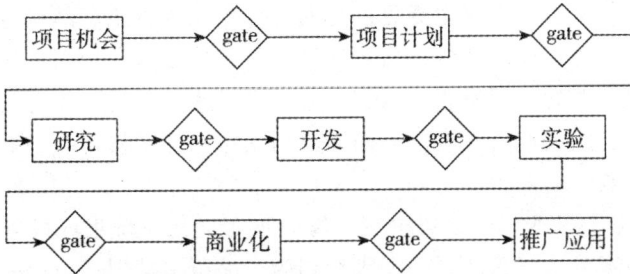

图 8-2　埃克森美孚等美国石油公司的"TAS"技术管理系统

在埃克森美孚美国石油公司，从新技术研发直至商业化推广应用的每一个环节都有一个门径在发挥作用。从全过程来看，每一个门径在某种程度上相当于管理过程中的重点控制环节，起着评价、控制、管理的作用。同时，由于大多数项目并非从开始一直运行到最后，各个门径还起到了对技术研发项目进行筛选和淘汰的作用，体现了研发过程中管理的职责和重要性。

资料 3：2007 年 3 月，A 研究院与 B 公司协商决定合作研制一种多功能家用吸尘器，双方签署了一份《合作开发合同》，约定双方各出资 50%，技术成果由双方共同享有。并约定在研发过程中，B 公司人员主要负责整理图纸及维修设备等工作，A 研究院主要负责技术开发与绘制图纸。2008 年 1 月，经过双方人员的共同努力，完成了该吸尘器的设计工作。同年 3 月，B 公司单方向中国专利局提出申请实用新型专利，而 A 研究院认为，该项技术主要由本院设计人员完成，应由 A 研究院担任申请人，B 公司无权申请专利。后 B 公司项目人员刘某按照图纸自行制作了一个在家中使用的家用吸尘器，引起周围不少群众的关注，打乱了 A 研究院和 B 公司的吸尘器上市计划。A 研究院得知后，主张刘某侵犯了专利权。A 研究院聘请某律师事务所提供评估支持。

资料 4：药品生产企业 C 企业的一项新型药品已经按研制计划顺利完成研发任务。按规定，该药品应经国家药品生产监管部门验收，C 企业决定在上报国家相关部门验收前先按企业标准自行验收。为此C企业组织自身的技术、市场、财务等方面的专家，并聘请D医药大学教授作为验收专家组成员参与验收。专家组共有七名成员组成。负责新药研制项目的项目负责人按规定程序向项目验收专家组成员递交了以下资料：

（1）产品研制的相关批文；

（2）项目验收申请书；

（3）药品检测机构出具的药品检测报告；

（4）药品动物实验报告；

（5）药品临床实验报告；

（6）项目实施总结报告和项目决算报告等。

项目专家组经过对样品和提交资料的评议，七名专家中有五名专家对药品研制工作给予肯定，并发表了无保留意见。另两名专家认为，该药品对特殊人群的适用性揭示不够充分，对可能存在的副作用估计不足。按照议事规则，该药品通过了企业内部验收。但企业管理层对相关专家的不同意见十分重视，决定在申报政府主管部门验收前，追加相关实验，对药品的产品适用范围作了修正。企业顺利通过了政府主管部门的验收。

资料5：H电子设备制造公司决定研发一项智能化系统集成设备，公司根据产品特性将总体方案分为三级计划。一级计划为产品版本计划，由产品经理负责。二级计划包括产品硬件、软件、测试、制造、技术支援、市场开发等子课题，分别由相关专题负责人负责。三级计划根据二级计划各子课题分成若干项目组，由各项目组根据计划进度按月完成相关计划。公司对项目进行分层实施、分层监控。公司通过与产品经理、子课题负责人、项目组负责人层层签订计划任务书的形式，将任务和责任分解落实到个人。计划任务书要求项目承担者承诺目标包括进度目标、质量目标、成本目标等。企业管理层承诺目标包括资源（含人力资源）及时提供，及时组织项目评审，协调处理跨部门问题，项目奖惩措施按时兑现等。

公司对项目进行分层实施、分层监控。公司通过与产品经理、子课题负责人、项目组负责人层层签订计划任务书的形式，将任务和责任分解落实到人。计划任务书要求项目承担者承诺目标包括进度目标、质量目标、成本目标等。企业管理层承诺目标包括资源（含人力资源）及时提供，及时组织项目评审，协调处理跨部门问题，项目奖惩措施按时兑现等。

公司规定，计划更改须经过评审，其评审批准部门的程序与计划制订部门的程序相同。原则上一级计划不予修订，在版本立项通过后，即为该版本建立状态转移表，直至版本转产，状态转移表是一级监控的检查档案。二、三级计划要及时修订滚动，以保证一级计划最终按目标实现。计划更改须填写计划更改单，并修订相关上一级计划。在项目实施过程中产品经理按五个步骤对项目进行控制：

（1）及时掌握项目内外部最新情况和项目进展；

（2）分析计划进度和质量产生偏差的原因；

（3）处理授权范围内的非重大偏差；

（4）确定修改方案及滚动计划；

（5）报告管理部门。

公司对项目的控制分为正规控制和非正规控制。正规控制是指在每周末、每月末或每个阶段末进行情况汇报和检查等，通过预算报告和工作总结及阶段评审报告等及时发现问题和进行评审。非正规控制是指通过工作之外的交流和沟通进行控制。

项目各层经理或负责人定期不定期召集例会，讨论以下问题：计划未按时完成的原因，未完成的影响，工作何时可以完成，是否需要替补行动计划，何日才能回到计划进度上来等。

公司定期不定期组织项目情况回顾检查会，讨论进度状况、成本状况（实际与计划相对照）、重大问题及行动计划、下个阶段的计划、特殊议题和具有紧迫性的议题、总结由本次会议产生的各行动事项，明确责任人和完成时间等。

（二）案例分析

资料1分析：该软件公司针对研发项目面临失败的风险进行了分析，最重要的原因在于项目未按照正常的程序进行立项。

首先，按照研发项目的立项流程，第一步就要进行项目立项评审工作。在上述案例中，该公司决策者仅仅凭借自己曾经在金融行业工作过，对于市场情况较为熟悉，就决定进行大型金融软件的开发，既没有进行市场调研，也没有邀请外部专家进行评审，注定了该项目从实施开始就面临着极大的市场风险。

其次，在完成了市场调研的基础上，就要编制项目可行性研究报告，详细描述整个研发计划的背景、技术方案、预计经费、完成时间、预期目标等内容。而在上述案例中，由于公司决策层已经同意研发该项目，因此研发团队在面临时间和编制研究报告的选择中，只顾抢时间而忽略了整个计划的筹划，所以在后续过程中研发费用超支、完成时间一再延期，陷入了困境。

最后，该软件公司对于自己不熟悉的领域，面临的技术风险估计不足。由于该公司一直是从事小型企业的软件系统开发，软件环境基本是以桌面操作系统为主。而银行和证券公司等大型企业，采用的一般都是大型服务器，原有的研发人员对于大型服务器的操作系统并不熟悉，导致在开发的过程中面临着很多技术难题，直接导致系统完成时间一拖再拖。而竞争对手的产品已经提前问世，致使整个项目面临失败的风险。

资料2分析："TAS"系统取得成功的一个重要原因是让不同部门的人员共同参与到技术研发过程的管理中来。在技术研究与开发过程中，研究人员、开发人员和工程技术人员有机结合。具体体现在：在项目论证、研究、开发、工程试验与商业化等各个阶段，研究人员、开发人员、工程人员都是全过程参与的。所不同的是，在不同的阶段，发挥主导作用的力量不同，参与的程度不同。

注重团队建设是提高研发项目组织效率的重要形式。来自不同部门的人员以项目团队的方式结合在一起，可利用共享资源、完成独立任务、实现共同的目标。在一个企业内部，这样的项目团队可以有多种组织方式。比如，在一个部门内，按不同的功能组成团队；在一个公司内，组成跨部门的团队；在几个下属企业之间，组成跨组织项目的团队以及组成具有相对独立性的特别项目团队等。

"TAS"系统的另一大成功之处还在于注重反复论证，重视生产部门的意见。在具体实施中，每一个门径都会由技术管理人员、有关专家、生产经营部门管理人员以及项目组共同就某项技术取得的进展以及进一步投资的必要性展开详细、系统的论证。研发人员都非常重视这一论证过程，而且会努力提供支持项目继续进行的有关观点和证据。生产经营部门往往是站在技术投资方和最终用户的立场上评估项目商业化的前景及新技术应用带来的效益，因此，生产经营部门往往具有最终的发言权。

资料3分析：该律师事务所认为，本案中，鉴于双方仅约定了技术成果共同享有，然而并未将专利申请权在合同中予以约定，故专利申请权依法归属于进行创造性活动的A研究院。另外，刘某的行为不构成侵权。根据《专利法》规定，专利侵权的其中一个重要条件必须是以生产经营为目的，而本案中刘某的目的仅是家庭使用，因此不构成侵权。但若A研究院和B公司在签署《技术合作合同》时就明确约定了双方人员的技术保密范围、保密要求和保密期限，并将相关约定明确告知各自的项目人员，则刘某就不会自行制作使用，A研究院和B公司的吸尘器上市计划更不会被打乱了。由此可见，在合作研究项目的管理过程中，作为双方进行合作的基本规范，技术合作合同必须明确细致地约定合作双方的各项权利和义务。

资料4分析：实践中，关系到公共安全及其他许多领域的新产品，政府相关部门对其鉴定和验收都有明确的规定，要求其必须通过具有相关资格的检测中心（一般由政府指定或依相关法规设立）进行鉴定或验收，政府相关部门则对新产品实行备案或核准管理。企业要获得产品"准生证"，必须取得政府或其指定的检测机构的鉴定或验收证书。这本来是政府加强管理的一项重要举措，但在实践中，很多企业则走向了另一个极端。企业经常将取得相关证书作为研发的至高标准和目的，将研发工作验收变成了应付检查的形式，忽视了验收工作的内部控制制度建设。很多企业对待研发工作存在浮躁情绪：重资料准备，不重视实验的真实完整；重形式审查，不重视产品真实性能的改进；重证书取得，不重视后续改进。有的企业为取得证书自我降低要求，甚至不惜投机取巧。这不仅不利于国家鼓励自主创新政策的落实，对企业的长远发展也将带来不利影响。

资料5分析：对于企业自主研发项目，企业管理层在确定项目管理流程，建立研发团队后，仍应不断跟踪检查研发项目进展情况，评估各阶段完成成果，确定是否继续履行、修改或中止研发项目。

一般情况下，项目运作开始时都主要是根据项目可行性报告和项目概预算等，制订具体实施的计划或方案，并将方案形成任务落实到人。应该指出，上述可行性报告和概预算毕竟只是预测情况，研发项目在具体执行过程中仍会出现各种预想不到的问题或偏差，甚至有时需要中止研发项目。企业必须事先建立相应的内部控制规范，对可能出现的问题作出应对预案。只有这样才能确保项目达到预期目标，即使项目出现重大变故也能将损失降低到最低限度。

由于研发项目固有的高风险特点，确保信息传递的及时性、准确性、完整性在项目管理内部控制过程中具有重要的作用。因此，必须建立项目重大事项报告制度，项目执行过程中的分析、会商制度等，使企业对项目的管理和决策建立在高效、科学的基础上，从而降低管理风险。

资料来源 财政部会计司.《企业内部控制应用指引第10号——研究与开发》解读[J].财务与会计，2011（5）.

复习思考题

1.研究与开发主要的业务流程是什么？
2.研究与开发内部控制的主要风险与管控措施如何？

中英文专业术语

研究与开发 research and development
业务外包 outsourcing

补充学习内容

1.查找大唐4G或其他公司有关研究与开发的案例，并阐述其在研究与开发内部控制设计中存在的问题，并分析如何改善该公司研究与开发内部控制制度。

2.案例。

软件项目研发操作风险是指在软件项目生命周期的各个环节中，由于不完善的组织管理或者企业内部工作流程、人员及信息系统或外部事件所造成损失的风险。软件研发公司通过实行全面风险管理，特别是加强日常软件项目研发操作风险管理，及时控制风险、预防风险的发生，可以提高软件研发效率和质量，增加软件研发公司的收入，提高公司管理能力。软件项目风险会影响项目计划的实现，如果项目风险变成现实，就有可能影响项目的进度，增加项目的成本，甚至导致软件研发项目无法完成。

A软件公司是我国一家比较知名的软件生产企业，其研发的OA软件凭借专业化的研发技术和完善的售后服务，已经成为小型企业办公自动化的首选软件。随着公司规模的扩大，公司股东计划向其他领域扩展。由于公司创始人原先从事过金融行业，认为开发该行业领域的软件前景好、利润高，随后便与某金融企业签订了系统开发合作协议。于是，A公司将原先的研发人员一分为二，一部分继续从事原有业务，另一部分则成立项目组，专门针对银行和证券公司研发大型办公自动化软件。由于客户企业对项目完成的时间要求紧，项目组立刻进行分头开发。随着开发进程的不断深入，出现的问题也越积越多，由于A公司的研发人员专业水平不够、项目经费超支、技术难题解决缓慢，加上同类软件已在市场上出现，导致整个项目面临失败的风险。

通过对以上案例的分析，我们发现如下问题并提出相应的解决措施，具体见表8-1。

表8-1　　　　　　　　**A公司项目研发存在的风险与控制措施**

存在的风险	控制措施
1.公司决策者仅凭借自己曾在金融行业的工作经验，既没有进行市场调研分析，也未邀请相关外部专家进行评审，就决定进行大型金融软件的研发	1.结合公司发展战略、市场及技术现状，制订项目研发计划
2.公司在未对整个研发计划的背景、技术方案、预计经费、完成时间、预期目标等方面作出筹划的情况下，研发团队就急于启动项目开发工作，导致研发费用超支，陷入困境	2.应当根据实际需要，结合研发计划，提出研究项目立项申请，开展可行性研究，编制可行性研究报告；可以组织独立于申请及立项审批之外的专业机构和人员进行评估论证，出具评估意见
3.A公司在自身不熟悉的领域，对面临的技术风险估计不足，导致在开发过程中面临着诸多技术难题，项目完成时间一拖再拖，导致整个项目面临失败的风险	3.研发项目应按照规定的权限和程序进行审批，重大研发项目应当报经董事会或类似权力机构集体审议决策；重点关注研发项目促进企业发展的必要性、技术的先进性以及成果转化的可行性

随后，考虑到市场的情况，根据董事会的审议决策，A公司将主营业务调整为对银行进行大型操作软件开发、调试与后期维护。对于银行而言，由软件引起的业务中断和系统失败是操作风险之一。因此，A公司认为，由软件项目研发中程序的错误和缺陷等引起的业务中断、交易错误、外部舞弊造成的客户资金损失等都应该属于公司操作风险的重要防范内容。软件项目研发操作风险存在于软件项目研发的需求、设计、编码、测试、投产等生命周期的每一个环节中，A公司对其在软件研发项目中可能存在的各类风险进行了全面风险管理，对风险类型的描述和应对措施分别见表8-2和表8-3。

表8-2	A公司项目研发的需求风险与控制措施

风险类型与描述	控制措施
描述不清：需求内容描述不清或者不完整，对如何实现需求没有详细的描述	加强业务与技术的交流，建立业务与科技之间良好的交流沟通机制，业务人员要讲解需求的含义，让技术人员了解整个需求内容和达到的结果，技术部门要帮助业务部门完善需求内容
需求变化：由于业务发展或外部市场、政策变化等引起的需求变更	建立良好的需求变更管理制度和需求工作处理流程
理解错误：与客户沟通少，对业务了解不够，对需求了解不够；技术人员对业务需求理解出现偏差，与实际需求描述含义不一样	做好需求的可行性分析，把分析结果发给业务部门进行确认，并就业务部门反馈结果作进一步分析，然后再与业务部门交流确认
分析错误：对业务部门提交的需求可行性分析不够深入，导致出现偏差	编写业务需求说明要规范，同时，引导和帮助业务部门按照规范撰写业务需求说明书

表8-3	A公司项目研发的设计风险与应对措施

风险类型与描述	控制措施
方案设计错误：在设计方案中，使用的实现方法不当或者遗漏关联内容，造成系统处理出现错误或中断	1.成立评审委员会，做好对每一个设计方案的评审工作，找出方案设计、详细设计等方面存在的问题；
详细设计错误：具体设计某个功能时，实现方法有误	2.对于设计好的功能说明书，要向提出需求的业务部门进行审定，审定完毕，让业务需求部门撰写需求确认书，确认实现的功能； 3.规划和设计好不同应用系统之间的接口规范；
设计不周全：功能设计时，只考虑了自身模块设计，遗漏了系统中相关联的其他部分	4.建立变更管理机制，及时处理软件项目研发过程中出现的变更问题； 5.在应用软件系统设计上尽量对一些公共、可变的需求进行参数化设计，降低程序修改频次；
变更计划不周全：对于设计过程中出现的变化因素考虑不周，没有及时更改	6.对新技术应用前要进行测试，熟练掌握后再应用； 7.新技术应用中出现问题，要成立攻关小组，攻克技术难题；
使用新技术风险：因使用新技术导致方案设计出现问题；选择错误技术实现路线；对新技术掌握不充分，技术应用遇到难题	8.加强培训学习，让设计人员全面掌握系统架构和业务处理流程

资料来源　根据百度文库《企业内部控制应用指引第10号——研究与开发》整理而成。

第九章　工程项目控制

【学习目标】

通过本章的学习，掌握工程项目控制流程以及主要环节的风险，重点掌握主要风险的关键控制点及控制措施。

【导入性案例】

国家审计署2007年4月9日发布公告，公布了该署2005年对北京六环路、京珠公路新乡至郑州段34个高等级公路项目建设管理及投资效益情况进行审计的结果。这34个高等级公路项目大部分是在"十五"时期开工建设的，均属于"五纵七横"国道主干线重要路段或区域干线公路，建设总里程5 324公里，其中高速公路4 184公里，概算总投资1 662亿元。

截至2005年底，这34个高等级公路项目已完成投资1 276亿元，已有28个项目投入运营。审计结果表明，这34个公路项目普遍实行了项目法人制、招标投标制、监理制和合同管理制，工程管理和资金管理逐步加强，工程质量总体较好，其中7个项目被评为优良工程。但是，仍有一些项目在建设管理、土地征用和投资效益等方面存在突出问题。特别是部分项目违反招标投标、建设资金使用等方面的规定，有些项目涉嫌幕后交易，个别存在商业贿赂，影响了工程质量，这些问题亟待引起有关方面的重视。20个项目执行招投标制度不严格，存在幕后交易、商业贿赂等现象，涉及违规资金90.35亿元。

资料来源　张馨月.审计署发布公告　高速公路160亿违规资金现形[N].第一财经日报，2007-03-27.

第一节　风险评估

一、工程项目控制流程评估

工程项目是企业自行或者委托其他单位进行的建造、安装活动。重大工程项目往往体现企业发展战略和中长期发展规划，对于提高企业再生产能力和支持保障能力、促进企业可持续发展具有关键作用。国有及国有控股大型企业的重大工程项目，在调整经济结构、转变经济发展方式、促进产业升级和技术进步中更是具有举足轻重的作用。同时应当看到，由于工程项目投入资源多、占用资金大、建设工期长、涉及环节多、多种利益关系错综复杂，是构成经济犯罪和腐败问题的"高危区"。现实中，工程资金高估冒算，招投标环节的暗箱操作，曝光的"豆腐渣"工程，以及相关经济犯罪和腐败案例时有发生，引发了社会各界对工程领域的批评和关注。本章对工程项目中的立项、设计、招标、建设和竣工验收等主要流程（如图9-1所示）进行了主要风险评估，并提出了相应的管控措施。

业务流程	投资控制	质量控制	进度控制
工程立项			
编制项目建议书	投资概算	质量标准	进度计划
可行性研究	投资和财务可行性分析	技术可行性分析	项目组织可行性分析
项目评审			
立项决策			
工程设计			
初步设计	设计预算	设计方案中体现（经济可行性和技术先进性有机结合）	设计方案中体现（经济可行性和技术先进性有机结合）
施工图设计	施工图预算		
工程招标			
招标	招标控制价（标底）	招标文件和施工合同中包含具体的质量要求	招标文件和施工合同中包含具体的进度要求
签订施工合同	承包合同价		
工程建设			
施工准备	预付工程款	质量控制体系和技术标准（包括监理）	分阶段、分项进度计划
施工	按进度拨付工程款		
工程竣工验收			
竣工验收	竣工结算	对工程质量进行全面检查	实际竣工日期是否符合合同规定
交付固定资产	竣工决算		
后评估	效益后评价		过程后评价

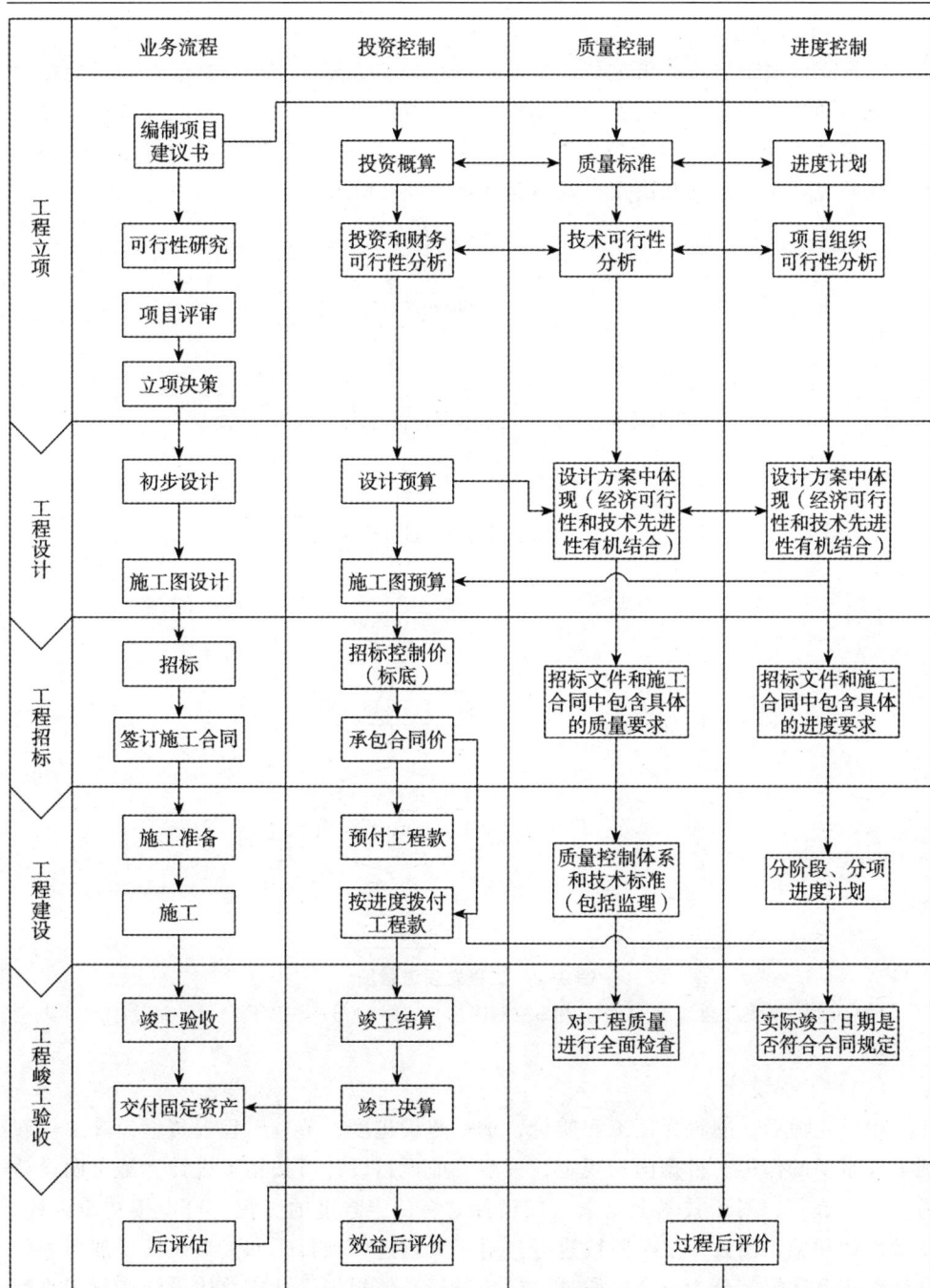

图9-1 工程项目一般流程

资料来源 财政部会计司.《企业内部控制应用指引第11号——工程项目》解读[J].财务与会计，2011（5）.

（一）工程立项

工程立项属于项目决策过程，是对拟建项目的必要性和可行性进行技术经济论证，对不同建设方案进行技术经济比较并作出判断和决定的过程。立项决策正确与否，直接关系到项目建设的成败。工程立项阶段的主要工作包括编制项目建议书、可行性研究、项目评估和决策，具体流程如图9-2所示。

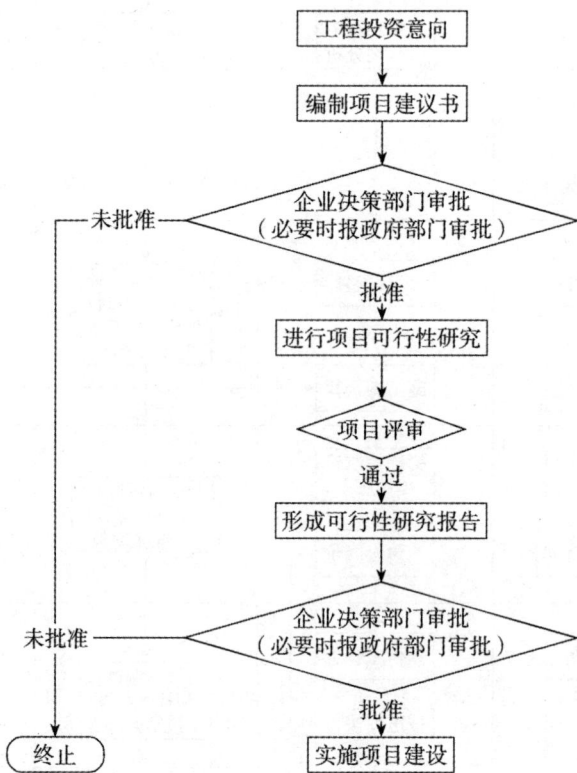

图9-2　工程立项流程图

资料来源　财政部会计司.《企业内部控制应用指引第11号——工程项目》解读[J].财务与会计，2011（5）.

（二）工程设计

项目立项后，能否保证工程质量，加快建设进度，节省工程投资，设计工作起到十分重要的作用。根据国家规定，一般工业项目设计可按初步设计和施工图设计两个阶段进行，对于技术上复杂、在设计时有一定难度的工程，可以按初步设计、技术设计和施工图设计三个阶段进行。对于大型建设项目，如大型矿区、油田等的设计除按上述规定分为三个阶段外，还应进行总体规划设计或总体设计；对于小型工程项目，也可以简化为施工图设计一个阶段。本文主要介绍初步设计和施工图设计。

（三）工程招标

工程招标是指建设单位在立项之后、项目发包之前，依照法定程序，以公开招标或邀请招标等方式，鼓励潜在的投标人依据招标文件参与竞争，通过评标择优选定中标人的一种经济活动。实行招投标是提高工程项目建设相关工作公开性、公平性、公正性和透明度的重要制度安排，是防范和遏制工程领域商业贿赂的有效举措。工程招标一般包括招标、投标、开标、评标和定标五个主要环节，如图9-3所示。

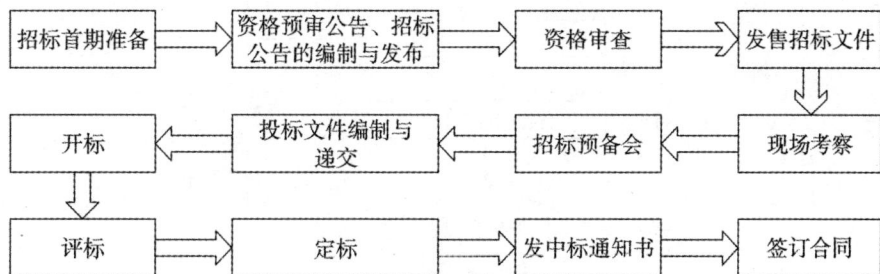

图9-3　工程招标流程图

资料来源　财政部会计司.《企业内部控制应用指引第11号——工程项目》解读[J].财务与会计，2011（5）.

（四）工程建设

工程建设指的是工程建设实施，即施工阶段。建设成本、进度和质量的具体控制主要就在这一阶段。在工程建设阶段，有几项重要工作穿插在施工过程中，包括工程监理、工程物资采购和工程价款结算等。工程监理是指具有相关资质的监理单位受建设单位的委托，依据国家批准的工程项目建设文件、有关工程建设的法律、法规和工程建设监理合同及其他工程建设合同，代替建设单位对承建单位的工程建设实施监控的一种专业化服务活动。监理单位接受委任后应组建现场监理机构，并在发布开工通知前进驻工地，及时开展监理工作。工程监理本身就是工程中一项重要的监控措施，它与建设期间的其他工作是紧密联系在一起的，相关风险及管控措施结合其他环节一并说明，不再单列。基本流程如图9-4所示。

（五）工程竣工验收

工程竣工验收指工程项目竣工后由建设单位会同设计、施工、监理单位以及工程质量监督部门等，对该项目是否符合规划设计要求以及建筑施工和设备安装质量进行全面检验的过程。工程竣工验收一般建立在分阶段验收的基础之上，前一阶段已经完成验收的工程项目在全部工程验收时原则上不再重新验收。竣工验收是全面检验建设项目质量和投资使用情况的重要环节，其基本流程如图9-5所示。

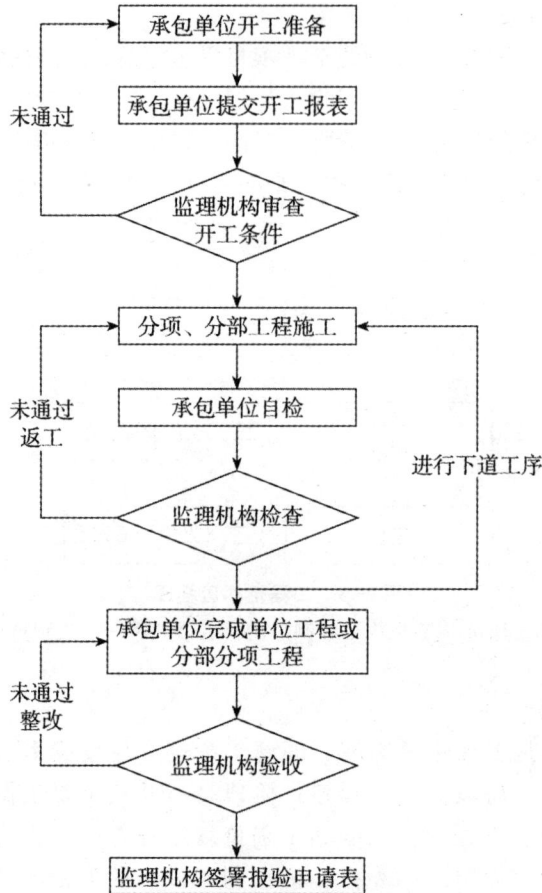

图9-4 工程施工流程图

资料来源 财政部会计司.《企业内部控制应用指引第11号——工程项目》解读[J].财务与会计，2011（5）.

二、工程项目各环节主要风险点评估

（一）工程立项环节的主要风险

1.编制项目建议书

项目建议书是企业（项目建设单位）根据工程投资意向、综合考虑产业政策、发展战略、经营计划等提出的建设某一工程项目的建议文件，是对拟建项目提出的框架性总体设想。对于非重大项目，也可以不编制项目建议书，但仍需开展可行性研究。项目建议书的内容一般包括：（1）项目的必要性和依据；（2）产品方案、拟建规模和建设地点的初步设想；（3）投资估算、资金筹措方案设想；（4）项目的进度安排；（5）经济效果和社会效益的初步估计；（6）环境影响的初步评价等。项目建议书编制完成后，应报企业决策机构审议批准，并视法规要求和具体情况报有关政府部门审批或备案。该环节的主要风险是：投资意向与国家产业政策和企业发展

```
              ┌──────────────────┐
              │ 工程按合同规定达到  │◄──────────────┐
              │   竣工验收条件     │               │
              └────────┬─────────┘               │
                       │                     返工  │
                       ▼                          │
                  ╱─────────╲                     │
                 ╱ 监理单位自检 ╲───────────────────┤
                  ╲─────────╱                     │
                       │ 通过                 未通过 │
                       ▼                          │
              ┌──────────────────┐               │
              │ 承包单位向监理机构提交 │              │
              │  "工程竣工报验单"   │               │
              └────────┬─────────┘               │
                       │                          │
                       ▼                          │
                  ╱─────────╲                     │
                 ╱ 监理机构全面 ╲────────────────────┤
                 ╲   检查    ╱                    │
                  ╲─────────╱                     │
                       │ 通过                      │
                       ▼                          │
              ┌──────────────────┐               │
              │ 总监理工程师签署"工程竣工│             │
              │ 报验单"、上报建设单位 │          未通过 │
              └────────┬─────────┘               │
                       │                          │
                       ▼                          │
                  ╱─────────╲                     │
                 ╱ 建设单位组织 ╲────────────────────┘
                 ╲   交工验收  ╱
                  ╲─────────╱
                       │ 通过
                       ▼
              ┌──────────────────┐
              │ 共同签署"竣工验收报告" │
              └────────┬─────────┘
                       │
                       ▼
              ┌──────────────────┐
              │   固定资产交付使用   │
              └──┬──────┬──────┬──┘
                 ▼      ▼      ▼
     ┌────────┐ ┌────────┐ ┌──────────────┐
     │办理工程价│ │工程项目文件│ │建设单位同政府管理│
     │款清算   │ │材料归档  │ │部门办理竣工验收备案│
     └────────┘ └────────┘ └──────────────┘
```

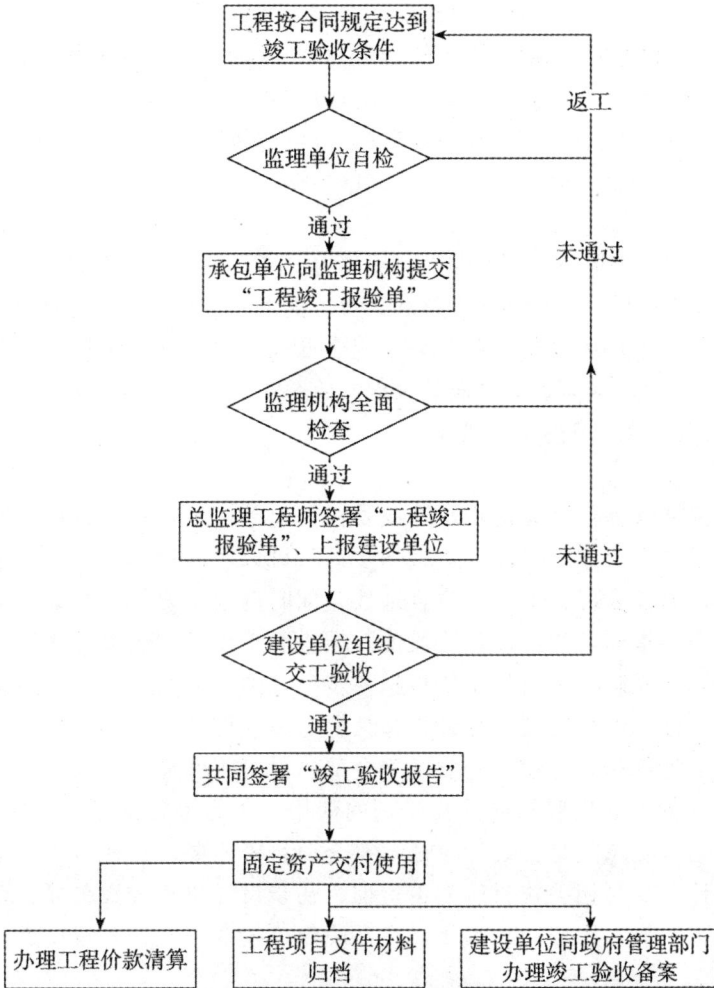

图9-5 工程验收流程图

资料来源 财政部会计司.《企业内部控制应用指引第11号——工程项目》解读[J].财务与会计,2011(5).

战略脱节;项目建议书内容不合规、不完整,项目性质、用途模糊,拟建规模、标准不明确,项目投资估算和进度安排不协调。

2.可行性研究

企业应当根据经批准的项目建议书开展可行性研究、编制可行性研究报告。可行性研究报告的主要内容包括:(1)项目概况;(2)项目建设的必要性和市场预测;(3)项目建设选址及建设条件论证;(4)建设规模和建设内容;(5)项目外部配套建设;(6)环境保护,劳动保护与卫生防疫,消防、节能、节水;(7)总投资及资金来源;(8)经济、社会效益;(9)项目建设周期及进度安排;(10)招投标法规规定的相关内容等。项目建议书和可行性研究报告中的投资估算,是项目立项的重要依据，也是研究、分析项目投资经济效果的重要条件。可行性研究报告一经批准，投资估算就是具体项目投资的最高限额，其误差一般应控制在10%以内。该环节的主要风险是：缺乏可行性研究，或可行性研究流于形式，导致决策不当，难以实现预期效益，甚至可能导致项目失败；可行性研究的深度达不到质量标准和实际要求，无法为项目决策提供充分、可靠的依据。

3. 项目评审与决策

可行性研究报告形成后，企业应当组织有关部门或委托具有相应资质的专业机构，对可行性研究报告进行全面审核和评价，提出评审意见，作为项目决策的重要依据。该环节的主要风险是：项目评审流于形式，误导项目决策；权限配置不合理，或者决策程序不规范，导致决策失误，给企业带来巨大经济损失。

（二）工程设计环节的主要风险

1. 初步设计

建设单位可以自行完成初步设计或委托其他单位进行初步设计。初步设计是整个设计构思基本形成的阶段。通过初步设计可以明确拟建工程在指定地点和规定期限内建设的技术可行性和经济合理性，同时确定主要技术方案、工程总造价和主要技术经济指标。初步设计阶段的一项重要工作是编制设计概算。设计概算是在投资估算的控制下由设计单位根据初步设计的图纸及说明，利用国家或地区发布的概算指标、概算定额或综合指标预算定额、设备材料预算价格等资料，运用科学的方法计算和确定建筑安装工程全部建设费用的经济文件。设计概算是编制项目投资计划、确定和控制项目投资的依据，也是签订施工合同的基础依据。该环节存在的主要风险是：设计单位不符合项目资质要求；初步设计未进行多方案比选；设计人员对相关资料研究不透彻，初步设计出现较大疏漏；设计深度不足，造成施工组织不周密、工程质量存在隐患、投资失控以及投产后运行成本过高等。

2. 施工图设计

施工图设计主要是通过图纸，把设计者的意图和全部设计结果表达出来，作为施工建造的依据。与施工图设计直接关联的是施工图预算。施工图预算是在施工图设计完成后、工程开工前，根据已批准的施工图纸、现行的预算定额、费用定额和所在地区人工、材料、设备与机械台班等资源价格，按照规定的计算程序确定工程造价的技术经济文件。对建设单位而言，施工图预算是确定工程招标控制价的依据，也是拨付工程款及办理工程结算的依据。对施工单位而言，施工图预算是施工单位投标报价的参考依据，也是安排调配施工力量，组织材料供应的依据。该环节存在的主要风险是：概预算严重脱离实际，导致项目投资失控；工程设计与后续施工未有效衔接或过早衔接，导致技术方案未得到有效落实，影响工程质量，或造成工程变更，发生重大经济损失。

（三）工程招标环节的主要风险

1.招标

这一阶段的主要工作包括招标前期准备和招标公告、资格预审公告的编制与发布。在招标前期准备阶段，应确定招标组织方式（自行招标、委托招标）和招标方式（公开招标、邀请招标）等。招标公告、资格预审公告可以由招标人自行编制，也可以委托专业招标机构编制。投标资格的审查可以在投标前审查（资格预审），也可以在开标后审查（资格后审）。该环节存在的主要风险是：招标人肢解建设项目，致使招标项目不完整，或逃避公开招标；投标资格条件因人而设，未做到公平、合理，可能导致中标人并非最优选择；相关人员违法违纪泄露标底，存在舞弊行为。

2.投标

投标主要包括项目现场考察、投标预备会、投标文件的编制和递交。招标人可以根据招标项目的具体情况，组织投标人考察项目现场，以便投标人更为深入地了解项目情况。招标人可以召开投标预备会，解答投标人对工程项目提出的具体问题。之后，投标人应当按照招标文件的要求编制投标文件，投标文件必须对招标文件提出的实质性要求和条件作出响应。该环节存在的主要风险是：招标人与投标人串通投标，存在舞弊行为；投标人的资质条件不符合要求或挂靠、冒用他人名义投标，可能导致工程质量难以达到规定标准等。

3.开标、评标和定标

投标工作结束后，建设单位应当组织开标、评标和定标。开标时间和地点应当在招标文件中预先确定。评标由招标人依法组建的评标委员会负责。评标委员会应当按照招标文件确定的评标标准和方法，对投标文件进行评审和比较，推荐合格的中标候选人。建设单位应当按照规定的权限和程序从中标候选人中确定中标人，向中标人发出中标通知书。开标、评标和定标环节存在的主要风险是：开标不公开、不透明，损害投标人利益；评标委员会成员缺乏专业水平，或者建设单位向评标委员会施加影响，致使评标流于形式；评标委员会成员与投标人串通作弊，损害招标人利益。

4.签订合同

中标人确定后，建设单位应当在规定期限内同中标人订立书面合同，双方不得另行订立背离招标文件实质性内容的其他协议。

（四）工程施工环节的主要风险

1.施工质量、进度和安全

建设单位和承包单位（施工单位）应按设计和开工前签订的合同所确定的工期、进度计划等相关要求进行施工建设，并采用科学规范的管理方式保证施工质量、进度和安全。该环节存在的主要风险有：盲目赶进度，牺牲质量、费用目标，导致质量低劣，费用超支；质量、安全监管不到位，存在质量隐患。

2.工程物资采购

工程物资采购包括材料和设备。为了保证项目顺利进行，需要按照施工进度需要，及时采购材料和设备。材料和设备采购一般占到工程总造价的60%以上，对工程投资、进度、质量等具有重大影响。该环节的主要风险是：工程物资采购过程控制不力，材料和设备质次价高，不符合设计标准和合同要求，影响工程质量和进度。

3.工程价款结算

建设单位与承包单位之间的工程价款结算是建设期间的一项重要内容。根据财政部、建设部《建设工程价款结算暂行办法》的规定，工程价款结算，是指对建设工程的发包承包合同价款进行约定和依据合同约定进行工程预付款、工程进度款、工程竣工价款结算的活动。施工合同签订后，建设单位一般先向承包单位支付一笔预付款，之后，按周期或项目目标拨付工程进度款。实际工作中，工程进度款大部分按月结算。年终或工程竣工后进行清算（工程进度款结算程序如图9-6所示）。该环节存在的主要风险是建设资金使用管理混乱，项目资金不落实，导致工程进度延迟或中断。

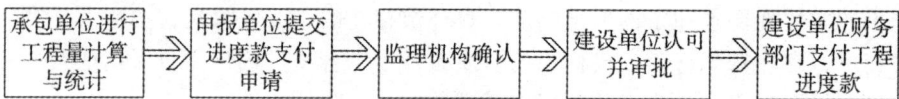

| 承包单位进行工程量计算与统计 | ⟹ | 申报单位提交进度款支付申请 | ⟹ | 监理机构确认 | ⟹ | 建设单位认可并审批 | ⟹ | 建设单位财务部门支付工程进度款 |

图9-6 工程进度款支付流程图

资料来源 财政部会计司.《企业内部控制应用指引第11号——工程项目》解读[J].财务与会计，2011（5）.

4.工程变更

工程建设周期通常较长。在建设过程中由于某些情况发生变化，如建设单位对工程提出新要求、出现设计错误、外部环境条件发生变化等，有时需要对工程进行必要变更。工程变更包括工程量变更、项目内容的变更、进度计划的变更、施工条件的变更等，但最终往往表现为设计变更（以设计变更为例，基本流程如图9-7所示）。该环节存在的主要风险是现场控制不当，工程变更频繁，导致费用超支、工期延误。

（五）工程竣工验收环节的主要风险

在工程竣工验收环节，除对工程质量进行验收，还有工程竣工结算和工程竣工决算两项重要工作。工程竣工结算是指承包单位按照合同规定的内容全部完成所承包的工程，经验收质量合格并符合合同要求之后，与建设单位进行的最终工程价款结算。工程竣工结算由承包单位编制，建设单位可直接进行审查，也可以委托具有相应资质的工程造价咨询机构进行审查。工程竣工结算办理完毕，建设单位应根据确认的工程竣工结算书在合同约定时间内向承包单位支付工程竣工结算价款。工程竣工决算是以实物数量和货币指标为计量单位，综合反映竣工项目从筹建开始到项

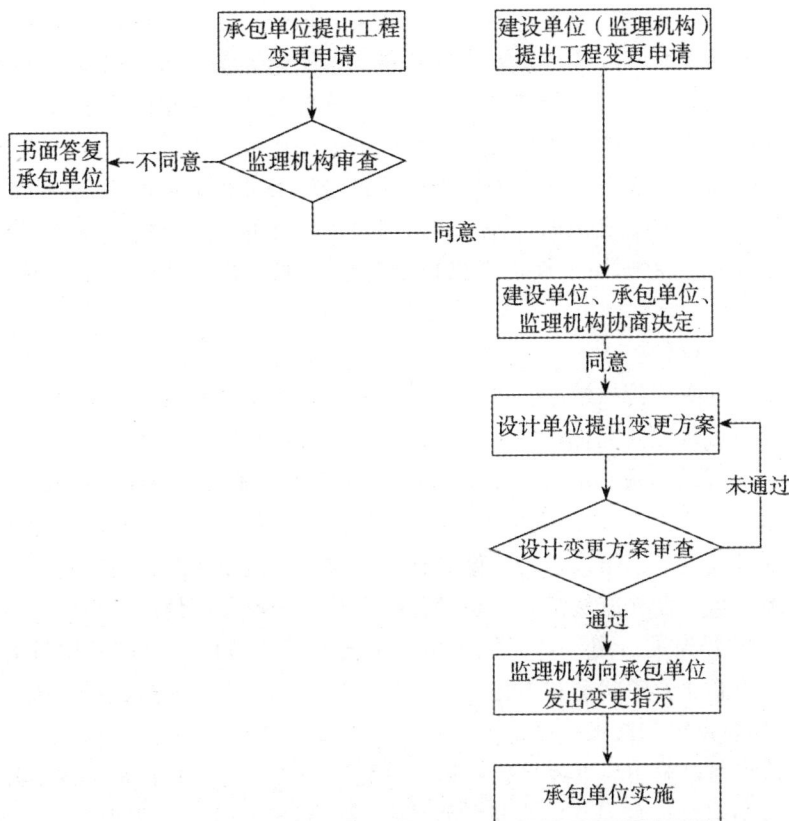

图 9-7　工程变更流程图

资料来源　财政部会计司.《企业内部控制应用指引第 11 号——工程项目》解读[J].财务与会计，2011（5）.

目竣工交付使用为止的全部建设费用、财务情况和投资效果的总结性文件。建设单位应在收到工程竣工验收报告后，及时编制竣工决算。工程竣工决算是办理固定资产交付使用手续的依据，工程竣工验收环节存在的主要风险是：工程竣工验收不规范，质量检验把关不严，可能导致工程存在重大质量隐患；虚报项目投资完成额、虚列建设成本或者隐匿结余资金，工程竣工决算失真；固定资产达到预定可使用状态后，未及时进行估价、结转。

第二节　关键控制点

一、工程立项阶段管控措施

（一）编制项目建议书

编制项目建议书主要管控措施：第一，企业应当明确投资分析、编制和评审项目建议书的职责分工。第二，企业应当全面了解所处行业和地区的相关政策规定，以法律法规和政策规定为依据，结合实际建设条件和经济环境变化趋势，客观分析投资机会,确定工程投资意向。第三,企业应当根据国家和行业有关要求,结合本企业实际,规定项目建议书的主要内容和格式,明确编制要求;在编制过程中,要对工程质量标准、投资规模和进度计划等进行分析论证,做到协调平衡。第四,对于专业性较强和较为复杂的工程项目,可以委托专业机构进行工程投资分析,编制项目建议书。第五,企业决策机构应当对项目建议书进行集体审议,必要时,可以成立专家组或委托专业机构进行评审;承担评审任务的专业机构不得参与项目建议书的编制。第六,根据国家规定应当报批的项目建议书必须及时报批并取得有效批文。

(二)可行性研究

可行性研究主要管控措施:第一,企业应当根据国家和行业有关规定以及本企业实际,确定可行性研究报告的内容和格式,明确编制要求。第二,委托专业机构进行可行性研究的,应当制定专业机构的选择标准,确保可行性研究科学、准确、公正。在选择专业机构时,应当重点关注其专业资质、业绩和声誉、专业人员素质、相关业务经验等。第三,切实做到投资、质量和进度控制的有机统一,即技术先进性和经济可行性要有机结合。建设标准要符合企业实际情况和财力、物力的承受能力,技术要先进适用,对于拟采用的工艺,既要考虑其对产品质量的提升作用,又要考虑企业营销状况和走势,避免盲目追求技术先进而造成投资损失浪费。

(三)项目评审与决策

项目评审与决策主要管控措施:第一,企业应当组建项目评审组或委托具有资质的专业机构对可行性研究报告进行评审。项目评审组成员不得参与可行性研究,委托专业机构进行评审的,该专业机构不得参与项目可行性研究;评审组成员应当熟悉工程业务,并具有较广泛的代表性;评审组的决策机制不能简单采用"少数服从多数"原则,而要充分兼顾项目投资、质量、进度各方面的不同意见;项目评审应实行问责制,评审组成员要对其出具的评审意见承担责任。第二,在项目评审中,要重点关注项目投资方案、投资规模、资金筹措、生产规模、布局选址、技术、安全、环境保护等方面情况,核实相关资料的来源和取得途径是否真实、可靠,特别要对经济技术可行性进行深入分析和全面论证。第三,企业应当按照规定的权限和程序对工程项目进行决策,决策过程必须有完整的书面记录,并实行决策责任追究制度。重大工程项目,应当报经董事会或者类似决策机构集体审议批准,任何个人不得单独决策或者擅自改变集体决策意见,防止出现"一言堂""一支笔"。

工程项目立项后、正式施工前,建设单位(为同后文中出现的设计单位、监理单位、施工单位等区分,下文中将一律以"建设单位"替代"企业")还应当依法取得建设用地、城市规划、环境保护、安全、施工等方面的许可。例如,通过"招标、拍卖、挂牌"等方式获得土地使用权,向人防主管部门报批人防规划设计,向园林主管部门报批绿化规划方案,在开工前向建设行政主管部门申请办理施工许可证等。

二、工程设计阶段管控措施

（一）初步设计

初步设计主要管控措施：第一，建设单位应当引入竞争机制，尽量采用招标方式确定设计单位，根据项目特点选择具有相应资质和经验的设计单位。第二，在工程设计合同中，要细化设计单位的权利和义务，特别是一个项目由几个单位共同设计时，要指定一个设计单位为主体设计单位，主体设计单位对建设项目设计的合理性和整体性负责。第三，建设单位应当向设计单位提供开展设计所需的详细资料，并进行有效的技术经验交流，避免因资料不完整造成设计保守、投资失控等问题。第四，建立严格的初步设计审查和批准制度，通过严格的复核、专家评议等制度，层层把关，确保评审工作质量。在初步设计审查中，技术方案是审查的核心和重点，重大技术方案必须进行技术经济分析比较、多方案比选。此外，还应关注初步设计规模是否与可行性研究报告、设计任务书一致，有无夹带项目、超规模、超面积和超标准的问题。

（二）施工图设计

施工图设计主要管控措施：第一，建立严格的概预算编制与审核制度。概预算的编制要严格执行国家、行业和地方政府有关建设和造价管理的各项规定和标准，完整、准确地反映设计内容和当时当地的价格水平。建设单位应当组织工程、技术、财会等部门的相关专业人员或委托具有相应资质的中介机构对编制的概算进行审核，重点审查编制依据、项目内容、工程量的计算、定额套用等是否真实、完整和准确。如发现施工图预算超过初步设计批复的投资概算规模，应对项目概算进行修正，并经审批。第二，建立严格的施工图设计管理制度和交底制度。在对施工图设计进行审查时，应重点关注施工图设计深度能否满足全面施工及各类设备安装要求，施工图设计质量是否符合国家和行业规定，各专业工种之间是否做到了有效配合等。施工图设计基本完成后，应召开施工图会审会议，由建设单位、设计单位、施工单位、监理单位等共同审阅施工图文件，设计单位应进行技术交底，介绍设计意图和技术要求，及时沟通问题，修改不符合实际和有错误的图纸，会议应形成书面纪要。第三，制定严格的设计变更管理制度。设计单位应当提供全面、及时的现场服务，避免设计与施工相脱节的现象发生，减少设计变更的发生。对确需进行的变更，应尽量控制在设计阶段，采用层层审批等方法，以使投资得到有效控制。因设计单位的过失造成设计变更的，应由设计单位承担相应责任。第四，建设单位应当严格按照国家法律法规和本单位管理要求执行各项设计报批要求，上一环节尚未批准的，不得进入下一环节，杜绝出现边勘察、边设计、边施工的"三边"现象。第五，可以引入设计监理，提高设计质量。

三、工程招标阶段管控措施

（一）招标

招标主要管控措施：第一，建设单位应当按照《招标投标法》《工程建设施工招标投标管理办法》等相关法律法规，结合本单位实际情况，本着公开、公正、平等竞争的原则，建立健全本单位的招投标管理制度，明确应当进行招标的工程项目范围、招标方式、招标程序，以及投标、开标、评标、定标等各环节的管理要求。第二，工程立项后，对于是否采用招标，以及招标方式、标段划分等，应由建设单位工程管理部门牵头提出方案，报经建设单位招标决策机构集体审议通过后执行。第三，建设单位确需划分标段组织招标的，应当进行科学分析和评估，提出专业意见；划分标段时，应当考虑项目的专业要求、管理要求、对工程投资的影响以及各项工作的衔接，不得违背工程施工组织设计和招标设计方案，将应当由一个承包单位完成的工程项目肢解成若干部分发包给几个承包单位。第四，招标公告的编制要公开、透明，严格根据项目特点确定投标人的资格要求，不得根据"意向中标人"的实际情况确定投标人资格要求。建设单位不具备自行招标能力的，应当委托具有相应资质的招标机构代理招标。第五，建设单位应当根据项目特点决定是否编制标底；需要编制标底的，标底编制过程和标底应当严格保密。

（二）投标

投标主要管控措施：第一，对投标人的信息采取严格的保密措施，防止投标人之间串通舞弊。第二，科学编制招标公告，合理确定投标人资格要求，尽量扩大潜在投标人的范围，增强市场竞争性。第三，严格按照招标公告或资格预审文件中确定的投标人资格条件对投标人进行实质审查，通过查验资质原件、实地考察，或到工商和税务机关调查核实等方式，确定投标人的实际资质，预防假资质中标。第四，建设单位应当履行完备的标书签收、登记和保管手续。签收人要记录投标文件签收日期、地点和密封状况，签收标书后应将投标文件存放在安全保密的地方，任何人不得在开标前开启投标文件。

（三）开标、评标和定标

开标、评标和定标主要管控措施：第一，开标过程应邀请所有投标人或其代表出席，并委托公证机构进行检查和公证。第二，依法组建评标委员会，确保其成员具有较高的职业道德水平，并具备招标项目专业知识和丰富经验。评标委员会成员名单在中标结果确定前应当严格保密。评标委员会成员和参与评标的有关工作人员不得私下接触投标人，不得收受投标人任何形式的商业贿赂。第三，建设单位应当为保证评标委员会独立、客观地进行评标工作创造良好条件，不得向评标委员会成员施加影响，干扰其客观评判。第四，评标委员会应当在评标报告中详细说明每位成员的评价意见以及集体评审结果，对于中标候选人和落标人要分别陈述具体理由。每位成员应对其出具的评审意见承担个人责任。第五，中标候选人是1个以上时，招标人应当按照规定的程序和权限，由决策机构审议决定中标人。

（四）签订合同

在工程项目的合同管理方面，除应当遵循《企业内部控制应用指引第16号——合同管理》的统一要求外，还应特别注意以下几个方面。第一，建设单位应当制定工程合同管理制度，明确各部门在工程合同管理和履行中的职责，严格按照合同行使权利和履行义务。第二，建设工程施工合同、各类分包合同、工程项目施工内部承包合同应当按照国家或本建设单位制定的示范文本的内容填写，清楚列明质量、进度、资金、安全等各项具体标准，有施工图纸的，施工图纸是合同的重要附件，与合同具有同等法律效力。第三，建设单位应当建立合同履行执行情况台账，记录合同的实际履约情况，并随时督促对方当事人及时履行其义务，建设单位的履约情况也应及时做好记录并经对方确认。

四、工程施工结算管控措施

（一）施工质量、进度和安全

在工程进度管控方面：第一，监理单位应当建立监理进度控制体系，明确相关程序、要求和责任。第二，承包单位应按合同规定的工程进度编制详细的分阶段或分项进度计划，报送监理机构审批后，严格按照进度计划开展工作。制订的进度计划应当适合建设工程的实际条件和施工现场的实际情况，并与承包单位劳动力、材料、机械设备的供应计划协调一致。确需调整进度的，必须优先保证质量，并同建设单位、监理机构达成一致意见。第三，承包单位至少应按月对完成投资情况进行统计、分析和对比，工程的实际进度与批准的合同进度计划不符时，承包单位应提交修订合同进度计划的申请报告，并附原因分析和相关措施，报监理机构审批。

在工程质量管控方面：第一，承包单位应当建立全面的质量控制制度，按照国家相关法律法规和本单位质量控制体系进行建设，并在施工前列出重要的质量控制点，报经监理机构同意后，在此基础上实施质量预控。质量控制点中的重点控制对象包括：人的行为，关键过程、关键操作，施工设备材料的性能和质量，施工技术参数，某些工序之间的作业顺序，有些作业之间的技术间歇时间、新工艺、新技术、新材料的应用，对工程质量产生重大影响的施工方法等。第二，承包单位应按合同约定对材料、工程设备以及工程的所有部位及其施工工艺进行全过程的质量检查和检验，定期编制工程质量报表，报送监理机构审查。关键工序作业人员必须持证上岗。第三，监理机构有权对工程的所有部位及其施工工艺进行检查验收，发现工程质量不符合要求的，应当要求承包单位立即返工修改，直至符合验收标准为止。对于主要工序作业，只有监理机构审验后，才能进行下道工序。

在安全建设管控方面：第一，建设单位应当加强对施工单位的安全检查，并授权监理机构按合同约定的安全工作内容监督、检查承包单位安全工作的实施。此外，建设单位不得对承包单位、监理机构等提出不符合建设工程安全生产法律、法规和强制性标准规定的要求，不得压缩合同约定的工期。建设单位在编制工程概算时，应当确定建设工程安全作业环境及安全施工措施所需费用。第二，工程监理单位和监理工程师应当按照法律、法规和工程建设强制性标准实施监理，并对建设工程安全生产承担监理责任。在实施监理过程中，发现存在安全事故隐患的，应当要求施工单位整改；情况严重的，应当要求施工单位暂时停止施工，并及时报告建设单位。第三，承包单位应当设立安全生产管理机构，配备专职安全生产管理人员，依法建立安全生产、文明施工管理制度，细化各项安全防范措施。承包单位应当对所承担的建设工程进行定期和专项安全检查，并做好安全检查记录。

施工过程中的造价控制主要体现在编制资金使用计划和工程价款结算方面，参见"工程价款结算"部分。

（二）工程物资采购的主要管控措施

在工程物资采购管理方面，除应当遵循《企业内部控制应用指引第7号——采购业务》的统一要求外，还应当特别关注以下两个方面：第一，重大设备和大宗材料的采购应当采用招标方式。第二，对于由承包单位购买的工程物资，建设单位应当采取必要措施，确保工程物资符合设计标准和合同要求。首先，在施工合同中，建设单位应具体说明建筑材料和设备应达到的质量标准，明确责任追究方式。其次，对于承包单位提供的重要材料和工程设备，应由监理机构进行检验，查验材料合格证明和产品合格证书，对一般材料要进行抽检。未经监理人员签字，工程物资不得在工程上使用或安装，不得进行下一道工序施工。最后，运入施工场地的材料、工程设备，包括备品、备件、安装专用工器具等，必须专用于合同工程，未经监理人员同意，承包单位不得运出施工场地或挪作他用。

（三）工程价款结算的主要管控措施

工程价款结算的主要管控措施包括：第一，建设单位应当建立完善的工程价款结算制度，明确工作流程和职责权限划分，并切实遵照执行。财会部门应当安排专职的工程财会人员，认真开展工程项目核算与财务管理工作。第二，资金筹集和使用应与工程进度协调一致，建设单位应当根据项目组成（分部、分项工程）结合时间进度编制资金使用计划，作为资产管控和工程价款结算的重要依据。这方面的管控措施同时可参照《企业内部控制应用指引第6号——资金活动》。第三，建设单位财会部门应当加强与承包单位和监理机构的沟通，准确掌握工程进度，确保财务报表能够准确、全面地反映资产价值，并根据施工合同约定，按照规定的审批权限和程序办理工程价款结算。建设单位财会部门应认真审核相关凭证，严格按合同规定的付款方式付款，既不应违规预支，也不得无故拖欠。第四，施工过程中，如果工程的实际成本突破了工程项目预算，建设单位应当及时分析原因，按照规定的程序予以处理。

（四）工程变更的主要管控措施

工程变更的主要管控措施包括：第一，建设单位要建立严格的工程变更审批制度，严格控制工程变更，确需变更的，要按照规定程序尽快办理变更手续，减少经济损失。对于重大的变更事项，必须经建设单位、监理机构和承包单位集体商议，同时严加审核文件，提高审批层级，依法需报有关政府部门审批的，必须取得同意变更的批复文件。第二，工程变更获得批准后，应尽快落实变更设计和施工，承包单位应在规定期限内全面落实变更指令。第三，如因人为原因引发工程变更，如设计失误、施工缺陷等，应当追究当事单位和人员的责任。第四，对工程变更价款的支付实施更为严格的审批制度，变更文件必须齐备，变更工程量的计算必须经过监理机构复核并签字确认，防止承包单位虚列工程费用。

五、工程验收阶段管控措施

工程验收阶段的主要管控措施包括：第一，建设单位应当健全竣工验收各项管理制度，明确竣工验收的条件、标准、程序、组织管理和责任追究等。第二，竣工验收必须履行规定的程序，至少应经过承包单位初检、监理机构审核、正式竣工验收三个程序。正式竣工验收前，根据合同规定应当进行试运行的，应当由建设单位、监理单位和承包单位共同参与试运行。试运行符合要求的，才能进行正式验收。正式验收时，应当组成由建设单位、设计单位、施工单位、监理单位等组成的验收组，共同审验。重大项目的验收，可吸收相关方面专家组进行评审。第三，初验后，确定固定资产达到预定可使用状态的，承包单位应及时通知建设单位，建设单位会同监理单位初验后应及时对项目价值进行暂估，转入固定资产核算。建设单位财务部门应定期根据所掌握的工程项目进度核对项目固定资产暂估记录。第四，建设单位应当加强对工程竣工决算的审核，应先自行审核，再委托具有相应资质的中介机构实施审计；未经审计的，不得办理竣工验收手续。第五，建设单位要加强对完工后剩余物资的管理。工程竣工后，建设单位对各种节约的材料、设备、施工机械工具等，要清理核实，妥善处理。第六，建设单位应当按照国家有关档案管理的规定，及时收集、整理工程建设各环节的文件资料，建立工程项目档案。需报政府有关部门备案的，应当及时备案。

工程项目后评估是指在建设项目已经完成并运行一段时间后，对项目的目的、执行过程、效益、作用和影响进行系统的、客观的分析和总结的一种技术经济活动。项目后评估通常安排在工程项目竣工验收后6个月或1年后，多为效益后评价和过程后评价。工程项目后评估本身就是一项重要的管控措施，建设单位要予以重视并认真用好。首先，建设单位应当建立健全完工项目的后评估制度，对完工工程项目预期目标的实现情况和项目投资效益等进行综合分析与评价，总结经验教训，为未来项目的决策和提高投资决策管理水平提出建议。其次，建设单位应当采取切实有效的措施，保证项目后评估的公开、客观和公正。原则上，凡是承担项目可行性研究报告编制、立项决策、设计、监理、施工等业务的机构不得从事该项目的后评估工作，以保证后评估的独立性。最后，要严格落实工程项目决策及执行相关环节责任追究制度，项目后评估结果应当作为绩效考核和责任追究的依据。

第三节　案例分析

工程项目内部控制综合案例

（一）案例简介

案例1：2011年8月8日，生产有毒化学品对二甲苯（简称PX）的大连福佳大化有限公司的工厂被海水倒灌，剧毒化工产品泄漏。在事故发生后，部分大连市民抱怨称，他们对2005年动工建设的这座工厂并不知情。目前在项目立项方面普遍存在以下问题：部分地方政府与大型企业存在利益捆绑关系；部分项目先建设后审批，或者边建设边审批，使项目审批处于被动，最终流于形式；目前可行性研究报告一般是由建设单位委托中介机构编制，其中大部分中介机构与当地建设管理部门存在千丝万缕的联系，其可行性研究报告的质量存在问题。

案例2：审计署在2010年5月至7月对京沪高铁项目进行阶段性跟踪审计中发现，中铁一局、三局等16家施工单位在砂石料采购、设备租赁等业务中，使用虚开、冒名或伪造发票入账共计1 297张，金额合计3.24亿元。目前在招标管理中经常存在以下问题：在招标过程中存在"陪标"、"假投标"的现象；在对投标人的资质审查、标书评分上不够全面、不够科学；施工单位中标后，建设及监理单位监督不严，造成部分施工单位中标后违法分包给其他单位。

案例3：甘肃省天水至定西段高速公路投资约87亿元，但通车约半年竟出现坑槽、裂缝、沉降等重大质量问题。其重要原因之一为：进场原材料把关不严。该工程预计返工费用约1.2亿元。目前在材料质量控制上存在以下问题：建设方直接采购的，验收过程中往往只关注数量和型号而忽略了质量的验收；而由施工单位自行采购并验收的，往往存在以次充好现象。另外，个别工程由于施工方中标价格明显低于市场价格，或者在施工过程中某种大宗材料价格飞涨，在合同中无明确补偿规定，施工单位偷工减料。

（二）案例分析

1.工程立项可行性研究流于形式。其改进措施为：

（1）针对项目立项中存在的问题加强内部控制管理。建设方应建立工程项目决策环节的控制制度，应组织财务、规划、工程等相关部门对可行性研究报告进行评审，并落实责任人。

（2）同时，最终的审批应由政府组织规划、建设等相关责任部门进行审批，落实责任部门，避免最终责任的推诿。建设方应加强内部审计力量，充分考虑其中的风险。

（3）加强监管，对未完成审批的项目坚决不准开工，违者追究相关负责人的责任。可行性研究报告应委托具有相关专业技术能力的中介机构编制，并在合同中增加责任条款。

2.项目招标暗箱操作，非法转包现象严重。其改进措施为：

（1）针对项目招标中存在的问题加强内部控制管理。在招标单位的选择上，应采用公开招标的方式，由建设单位组织成立评标委员会，评标委员会由建设单位评委、经济类评委、技术类评委组成，整个过程禁止评委对外联系。

（2）组织独立的第三方监督全过程。

（3）大力推行招标负责人的终身负责制度。在投标资格审查和评标上，检查投标方资质的同时，还要了解拟参与施工的主要管理人员情况，了解其是否具有相关管理经验，了解投标单位已完工程和在建工程情况等。

（4）在评标方面，采用科学的方式综合考虑各种因素，避免价格因素独大。

（5）在施工过程中，建设方以及监理方应加强监督，并在合同中明确相关规定，避免转包现象的发生，尤其要提高现场监理的监督作用。

3.工程物资质次价高，工程质量低劣。其改进措施为：

（1）针对工程物资控制中存在的问题加强内部控制管理。充分发挥监理单位的专业和监督作用，实行监理单位对原材料进入现场验收时的报审及取样检验制度，施工时监理人员必须旁站，监理人员认为工序不合格的除返工外不允许下一道工序施工。

（2）建设方应定期检查监理人员是否具备相应资质，并明确规定因监理人员重大工作过失造成的损失，应追究相关负责人的责任。建设方要在合理的范围内控制价格，双方应在合同中制定一个双方可以接受的风险系数，规定价格波动在风险系数之下的由施工方承担，在风险系数之上的由建设方承担，同时由于建设方原因造成工期延误致使材料价格上涨的，要单独进行补偿。

资料来源　王忠箴.当前工程项目内部控制若干问题分析[N].中国会计报，2012-06-29.

复习思考题

1.工程项目建设的主要流程有哪些？

2.项目招标以及施工过程中的主要风险以及控制措施有哪些？

中英文专业术语

工程项目 project

立项 approve and initiate a project

招标 tender

补充学习内容

1.《企业内部控制应用指引————工程项目》及其讲解。

2.查阅3个关于工程项目建设的内部控制缺陷案例。

第十章　担保业务控制

【学习目标】

通过本章的学习，了解担保业务的基本流程，掌握担保业务存在的主要风险，掌握担保业务的关键控制点及控制措施。

【导入性案例】

深圳证券交易所于2010年1月25日发布公告，对存在违规担保和资金占用等严重违规问题的ST锦化（000818）及其控股股东锦化集团公司给予公开谴责处分，对时任公司董事长陈世杰、时任董事孟建华、时任总经理王铁山、财务总监李晓光给予公开谴责的处分。ST锦化公司的违规担保主要表现为三个方面：第一，2008年全年对外担保额共计34 500万元，其中5笔共计19 500万元的对外担保未经董事会审议，为资产负债率大于70%的葫芦岛华天实业有限公司提供7 000万元担保未经股东大会审议。第二，从2009年1月到7月，公司对外担保额共计17 850万元，其中为资产负债率超过70%的葫芦岛锌业股份有限公司和葫芦岛华天实业有限公司分别提供的5 150万元和5 500万元担保，未经股东大会审议。以上两个事项，公司均未履行临时信息披露义务。第三，2009年2月12日，ST锦化为锦化化工（集团）有限责任公司提供了20 000万元质押担保，对此公司未履行法定审议程序和临时信息披露义务。锦化化工（集团）有限责任公司、锦化化工集团氯碱股份有限公司的上述行为违反了《关于规范上市公司与关联方资金往来及上市公司对外担保若干问题的通知》（证监发〔2003〕56号）的规定以及深交所《股票上市规则》第1.4条、第2.1条、第2.3条、第9.11条、第10.2.5条、第10.2.6条的规定。

继ST锦化（000818）违规担保之事败露而被深交所处罚后，注册地同样位于葫芦岛的另一家上市公司葫芦岛锌业股份有限公司也未能幸免，同样身陷"违规担保门"，至此辽宁葫芦岛市仅有的两家上市公司全部"沦陷"于违规担保。

资料来源　深圳证券交易所.关于对锦化化工（集团）有限责任公司、锦化化工集团氯碱股份有限公司及相关当事人给予处分的公告[EB/OL].[2010-01-25]. http://finance.qq.com/a/20100125/000268.htm.

第一节　风险评估

一、担保业务控制流程评估

（一）担保业务简介

1.担保的含义

担保是指债权人为确保债务得到清偿，而在债务人或第三人的特定的物和权利上设定的，可以支配他人财产的一种权利行为。《中华人民共和国担保法》（以下简称《担保法》）规定，在借贷、买卖、货物运输、加工承揽等经济活动中，债权人需要以担保方式保障其债权实现的，可以设定担保。

担保的方式有：保证、抵押、质押、留置和定金。

（1）保证，是指保证人和债权人约定，当债务人不履行债务时，保证人按照约定履行债务或者承担责任的行为。

（2）抵押，是指债务人或第三人不转移对财产的占有，将该财产作为债权的担保，债务人不履行债务时，债权人有权依法以该财产折价或者以拍卖、变卖该财产的价款优先受偿。

（3）质押，又称动产质押，是指债务人或者第三人将财产或财产权利移交债权人占有，将该财产作为债权的担保。债务人不履行债务时，债权人有权依照《担保法》的规定以该财产折价或者以拍卖、变卖该财产的价款优先受偿。

（4）留置，是指在保管、运输、承揽加工合同及其他法律规定可以留置的合同中，债权人按照合同约定占有债务人的财产，债务人不按照合同约定的期限履行债务的，债权人有权留置该财产，以该财产折价或者以拍卖该财产的价款优先受偿。

（5）定金，是指当事人可以约定一方向对方给付定金，作为债权的担保。债务人履行债务后，定金应当抵作价款或者收回。给付定金的一方不履行约定的债务的，无权要求返还定金，收受定金的一方不履行约定债务的，应当双倍返还定金。

我国《企业内部控制应用指引第12号——担保业务》中所称的担保，是指企业作为担保人按照公平、自愿、互利的原则与债权人约定，当债务人不履行债务时，依照法律规定和合同协议承担相应法律责任的行为。

2.担保业务的利弊

担保业务能够促进资金融通和商品流通，减少交易的风险，保障债权的实现。在市场经济条件下，企业要健康持续地发展，资金是必不可少的一项要素。担保制度的存在使得债权人的权益得到保障因而更愿意将资金贷出给需求方，满足了资金供需双方的需要，加快了货币资金的流通。

但是企业对外担保会形成或有负债，在企业资金链紧张的情况下，由于担保业务不当而引发的诉讼案件不断增多，由此引发的担保责任风险不断增大。公司因为对外担保而陷入困境的状况并不少见。2004年，啤酒花（600090）净资产不到6亿元，对外担保却超过18亿元，让公司遭受了巨大的损失；ST金城由于为金城造纸贷款担保涉诉计提了1.57亿元的预计负债，戴上了ST的帽子，2011年4月因连续三年亏损而暂停上市；ST磁卡（600800）2011年诉讼不断，均是来自多年前对海卡公司、中贸源等几家公司提供的几笔担保。

王清刚（2011）通过对2000—2009年我国上市公司的预计负债和预计担保损失情况的分析表明，我国上市公司预计负债在10年中增长了几百倍，特别是受国际金融危机影响，2009年预计负债总额达到861.42亿元，比2008年增长了一倍多，而预计负债中大部分是预计担保损失形成的，预计担保损失占预计负债的比例平均达到60%以上①。

（二）担保业务的一般流程

企业担保业务活动，通常包括六个流程：受理被担保人的申请，对被担保人进行资信调查和风险评估，审批，签订担保合同，担保合同执行与日常监控，若被担保人未能如期偿债则履行代为清偿义务。具体的业务流程如图10-1所示。企业在开展担保业务时，可以参照此流程并结合自身情况予以扩充和细化。

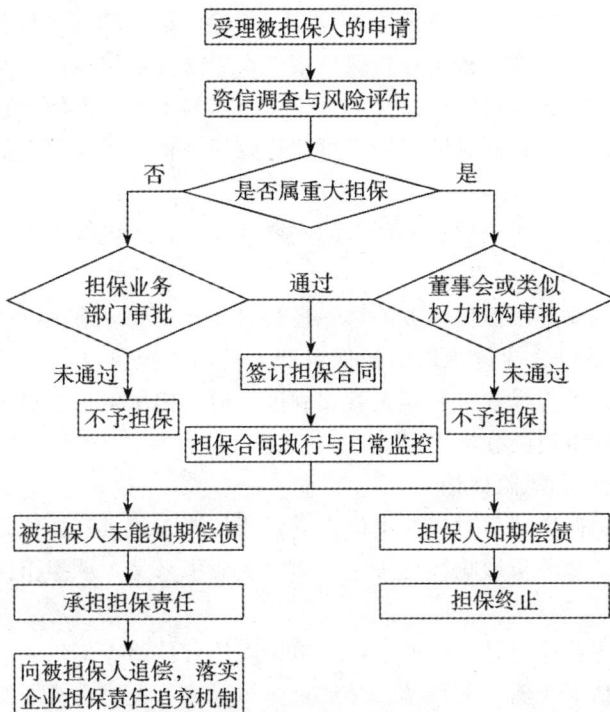

图10-1 担保业务流程图

资料来源 财政部会计司.《企业内部控制应用指引第12号——担保业务》解读[J].财务与会计，2011（5）.

（1）受理被担保人的申请。由担保申请人（被担保人）提出担保申请后，企业的担保业务部门受理担保申请。

（2）资信调查与风险评估。作为担保人的企业应当指定相关部门负责办理担保业务，对担保项目和被担保人的资信状况进行调查并进行风险评估，出具调查报告。企业也可委托中介机构对担保业务进行资信调查和风险评估工作。

（3）审批。担保人根据调查评估结果，结合本企业担保政策和授权审批制度，对担保业务进行审批，重大担保业务应提交董事会或类似权力机构批准。

---

① 王清刚.基于风险导向的担保业务内部控制应用研究——我国上市公司案例分析[J].商业经济与管理，2011（11）：52-60.

（4）签订担保合同。担保人依据既定权限和程序，与被担保人签订担保合同。

（5）担保合同执行与日常监控。担保人需要切实加强对担保合同的日常管理，对被担保人经营情况、财务状况和担保项目执行情况等进行跟踪监控。

（6）如果被担保人不能如期偿债，担保人应履行代为清偿义务并向被担保人追偿债务；同时，企业应当按照担保业务责任追究制度，严格追究有关人员的责任。

二、担保业务各环节主要风险点评估

根据《企业内部控制应用指引第 12 号——担保业务》第三条的规定，企业办理担保业务至少要关注以下总体风险：（1）对担保申请人的资信状况调查不深，审批不严或越权审批，可能导致企业担保决策失误或遭受欺诈；（2）对被担保人出现财务困难或经营陷入困境等状况监控不力，应对措施不当，可能导致企业承担法律责任；（3）担保过程中存在舞弊行为，可能导致经办审批等相关人员涉案或企业利益受损。

依据担保业务的具体流程，各环节的主要风险点具体包括以下内容。

（一）受理被担保人的申请

受理申请是企业办理担保业务的第一道关口。其主要风险是：企业担保政策和相关管理制度不健全，导致难以对担保申请人提出的担保申请进行初步评价和审核；或者虽然建立了担保政策和相关管理制度，但对担保申请人提出的担保申请审查把关不严，导致申请受理流于形式。

（二）资信调查和风险评估

企业在受理担保申请后对担保申请人进行资信调查和风险评估是企业办理担保业务的重要环节，该环节影响甚至决定了担保企业将来是否承担担保风险以及承担多大的风险。

这一环节的主要风险是：企业对担保申请人的资信调查不深入、不透彻，对担保项目的风险评估不全面、不科学，导致企业担保决策失误或遭受欺诈，为担保业务埋下巨大隐患。

（三）审批

审批环节在担保业务中具有承上启下的作用，它既是对调查评估结果的判断和认定，也是担保业务能否进入实际执行阶段的必经之路。

这一环节的主要风险是：授权审批制度不健全，导致对担保业务的审批不规范；审批不严格或者越权审批，导致担保决策出现重大疏漏，可能引发严重后果；审批过程存在舞弊行为，可能导致经办审批等相关人员涉案或企业利益受损。

（四）签订担保合同

担保合同是审批机构同意办理担保业务的直接体现，也是约定担保双方权利义务的基础载体。

签订担保合同的主要风险是：未经授权对外订立担保合同，或者担保合同内容存在重大疏漏和欺诈，可能导致企业诉讼失败、权利追索被动、经济利益和形象信誉受损。

（五）担保合同执行与日常监控

担保合同签订后，标志着企业的担保权利和担保责任进入法律意义上的实际履行阶段。切实加强对担保合同执行情况的日常监控，通过及时、准确、全面地了解掌握被担保人的经营状况、财务状况和担保项目运行情况，最大限度地实现企业担保权益，最大限度地降低企业担保责任，是一项艰巨而重要的任务。

这一环节的主要风险是：担保企业重合同签订、轻后续管理，对担保合同履行情况疏于监控或监控不当，导致企业不能及时发现和妥善应对被担保人的异常情况，可能延误处置时机，加剧担保风险，加重经济损失。

（六）会计系统

担保业务直接涉及担保财产、费用收取、财务分析、债务承担、会计处理和相关信息披露等，这些活动决定了会计控制在担保业务经办中具有举足轻重的作用。

这一环节的主要风险是：会计系统控制不力，可能导致担保业务记录残缺不全，日常监控难以奏效，或者担保会计处理和信息披露不符合有关监管要求，可能引发行政处罚。

（七）代为清偿和权利追索

被担保人在担保期间如果顺利履行了对银行等债权人的偿债义务，且向担保企业及时足额支付了担保费用，担保合同一般应予终止，担保双方可以解除担保权利责任。但在实践中，由于各方面因素的影响，部分被担保人无法偿还到期债务，"连累"担保企业不得不按照担保合同约定承担清偿债务的责任。因此，在代为清偿后依法主张对被担保人的追索权，成为担保企业降低担保损失的最后一道屏障。

这一环节的主要风险是：违背担保合同约定不履行代为清偿义务，可能被银行等债权人诉诸法律成为连带被告，影响企业形象和声誉；承担代为清偿义务后向被担保人追索权利不力，可能造成较大经济损失。

第二节　关键控制点

担保业务关键的控制点及其控制措施依据担保业务流程的不同环节可以分为以下内容。

一、确定办理担保业务的部门及岗位职责，做到不相容职务的分离

合理确定担保业务受理申请、调查审批、监督执行的相关部门及岗位是保障担保业务顺利进行，避免产生担保风险的前提。对担保业务中的不相容职务应该进行分离，具体包括：担保业务的受理职务与审批职务应分离；负责调查了解担保项目和被担保企业情况的职务与审批职务应分离；签订担保合同的职务与审批职务应分离；担保业务的记账与付款职务应分离。

二、受理被担保人申请的关键控制点及措施

（一）关键控制点

（1）担保政策和管理制度的建立；

（2）企业配备合适的受理担保业务的人员；

（3）对被担保人的申请资料进行初审。

（二）关键控制措施

（1）依法制定和完善本企业的担保政策和相关管理制度，明确担保的对象、范围、方式、条件、程序、担保限额和禁止担保的事项。

（2）配备具有相应业务能力和良好职业道德的人员从事受理申请职务，若该岗位的人员出现与被申请人有关联关系的，需要进行回避。

（3）严格按照担保政策和相关管理制度对担保申请人提出的担保申请进行审核。首先，应考虑担保业务是否符合国家法律法规和企业担保政策的相关要求，担保申请人是否属于可以提供担保的对象。一般而言，对于与本企业存在密切业务关系需要互保的企业、与本企业有潜在重要业务关系的企业、本企业的子公司及具有控制关系的其他企业等，可以考虑提供担保，反之，则必须十分慎重。其次，对担保申请人的整体实力、经营状况、信用水平作初步的了解。如果担保申请人实力较强、经营良好、恪守信用，可以考虑接受申请，反之则不应受理。同时需要考虑担保申请人申请资料的完备情况，如果资料完备、情况翔实，可予受理，反之则不予受理。

三、资信调查和风险评估的关键控制点及措施

（一）关键控制点

（1）不相容职务相分离；

（2）配备合格的资信调查和风险评估人员；

（3）对被担保人的资信调查的控制；

4.担保项目的风险评估。

（二）关键控制措施

（1）资信调查和风险评估人员与受理申请担保的人员要分离。

（2）委派具备胜任能力的专业人员开展调查和评估。担保申请人为企业关联方的，与关联方存在经济利益或近亲属关系的有关人员不得参与调查评估。企业可以自行对担保申请人进行资信调查和风险评估，也可以委托中介机构承担这一工作，同时应加强对中介机构工作情况的监控。

（3）对担保申请人资信状况和有关情况进行全面、客观的调查评估。在调查和评估中，应当重点关注以下事项：①担保业务是否符合国家法律法规和本企业担保政策的要求，凡与国家法律法规和本企业担保政策相抵触的业务，一律不得提供担保。②担保申请人的资信状况，包括基本情况、资产质量、财务状况、经营情况、

信用程度、行业前景等。在对担保申请人财务状况进行调查时，要综合运用多种方法深入分析其短期偿债能力、长期偿债能力、盈利能力、资产管理能力和可持续发展能力等核心指标，充分掌握企业的资信状况，对于涉及对境外企业提供担保的，还应特别关注担保申请人所在国家和地区的政治、经济、法律等因素，并评估外汇政策、汇率变动等可能对担保业务造成的影响。③担保申请人用于担保和第三方担保的资产状况及其权利归属。④企业要求担保申请人提供反担保的，还应对与反担保有关的资产状况进行评估。反担保是指为债务人担保的第三人，为了保证其追偿权的实现，要求债务人提供的担保。反担保是维护担保人的利益、保障其将来可能发生的追偿权实现的有效措施。

（4）合理预测担保项目经营前景和盈利能力。企业整体的资信状况和担保项目的预期运营情况，构成判断担保申请人偿债能力的两大重要方面，应当予以重视。

（5）严格设定不予担保的情形，并结合调查评估情况作出判断。《企业内部控制应用指引第12号——担保业务》明确规定了以下五类不予担保的情形：①担保项目不符合国家法律法规和本企业担保政策的；②担保申请人已进入重组、托管、兼并或破产清算程序的；③担保申请人财务状况恶化、资不抵债、管理混乱、经营风险较大的；④担保申请人与其他企业存在较大经济纠纷，面临法律诉讼且可能承担较大赔偿责任的；⑤担保申请人与本企业已经发生过担保纠纷且仍未妥善解决的，或不能及时足额交纳担保费用的。

（6）撰写书面评估报告，全面反映调查评估情况。企业应当规范评估报告的形式和内容，妥善保管评估报告，并作为日后追究有关人员担保责任的重要依据。

四、审批环节的关键控制点及措施

（一）关键控制点

这一环节的关键控制点主要是审批业务的权限设定。

（二）关键控制措施

（1）建立和完善担保授权审批制度，明确授权批准的方式、权限、程序、责任和相关控制措施，规定各层级人员应当在授权范围内进行审批，不得超越权限审批。企业内设机构不得以企业名义对外提供担保。企业应当加大对分公司对外提供担保的管控力度，严格限制分公司担保行为，避免因分公司违规担保为本企业带来不利后果。

（2）建立和完善重大担保业务的集体决策审批制度。企业应当根据《公司法》等国家法律法规，结合企业章程和有关管理制度，明确重大担保业务的判断标准、审批权限和程序。上市公司的重大对外担保，应取得董事会全体成员2/3以上签署同意或者经股东大会批准，未经董事会或者类似权力机构批准，不得对外提供重大担保。

上市公司经股东大会审核批准的对外担保业务包括但不限于以下情形：

①上市公司及其控股子公司的对外担保总额，超过最近一期经审计净资产50%

以后提供的任何担保。

②为资产负债率超过70%的担保对象提供的担保。

③单笔担保额超过最近一期经审计净资产10%的担保。

④对股东、实际控制人及其关联方提供的担保。

（3）认真审查对担保申请人的调查评估报告，在充分了解掌握有关情况的基础上，权衡比较本企业净资产状况、担保限额与担保申请人提出的担保金额，确保将担保金额控制在企业设定的担保限额之内。

（4）从严办理担保变更审批。被担保人要求变更担保事项的，企业应当重新履行调查评估程序，根据新的调查评估报告重新履行审批手续。

五、签订担保合同的关键控制点及控制措施

（一）关键控制点

担保合同约定担保双方权利和义务。因此这一环节的主要控制点包括担保合同的格式、内容控制、合同用章控制以及合同的记录和保管等控制。

（二）关键控制措施

（1）严格按照经审核批准的担保业务订立担保合同。合同订立经办人员应当在职责范围内，按照审批人员的批准意见拟订合同条款。

（2）认真审核合同条款，确保担保合同条款内容完整、表述严谨准确、相关手续齐备。在担保合同中应明确被担保人的权利、义务、违约责任等相关内容，并要求被担保人定期提供财务报告和有关资料，及时通报担保事项的实施情况。担保申请人同时向多方申请担保的，企业应当在担保合同中明确约定本企业的担保份额和相应的责任。

（3）实行担保合同会审联签。担保业务除了企业具体的业务经办部门外，还涉及企业的财会部门等。因而企业可以依据具体情况实行由企业担保业务部门、法律部门、财会部门、内审部门等共同参与的担保合同会审联签制度，增强担保合同的合法性、规范性和完备性，有效避免权利义务约定、合同文本表述等方面的疏漏。

（4）加强对有关身份证明和印章的管理。依照法律规定和企业内部管理制度，在担保合同签订过程中，往往需要提供、使用企业法定代表人的身份证明、个人印章和担保合同专用章等。因此，必须加强对身份证明和印章的管理，保证担保合同用章用印符合当事人真实意愿，避免用章用印管理的漏洞造成被盗用而给企业带来担保风险。

（5）规范担保合同记录、传递和保管，确保担保合同运转轨迹清晰完整、有案可查。

六、担保合同执行及日常监控的关键控制点及控制措施

（一）关键控制点

当企业签订了担保合同后，就进入到担保合同的具体执行和监控阶段。持续关

注被担保人的财务状况和相应担保项目的履行情况是这一环节的关键控制点。

（二）关键控制措施

（1）指定专人定期监测被担保人的经营情况和财务状况，对被担保人进行跟踪和监督，了解担保项目的执行、资金的使用、贷款的归还、财务运行及风险等情况，促进担保合同有效履行。企业财会部门要及时，最好是按月或者按季收集、分析被担保人担保期内的财务报告等相关资料，持续关注被担保人的财务状况、经营成果、现金流量以及担保合同的履行情况，积极配合担保经办部门防范担保业务风险。

（2）及时报告被担保人异常情况和重要信息。企业有关部门和人员在实施日常监控过程中发现被担保人经营困难、债务沉重，或者存在违反担保合同的其他各种情况，应当及时向企业有关管理人员作出报告，以便采取有针对性的应对措施。

七、会计系统的关键控制点及控制措施

（一）关键控制点

为了确保担保业务会计处理符合会计准则的规定、会计记录和相关担保档案完整，需要从三方面进行相应的控制，即会计记录控制、担保信息披露控制和担保档案保管控制。

（二）关键控制措施

（1）健全担保业务经办部门与财会部门的信息沟通机制，促进担保信息及时有效的沟通。

（2）建立担保事项台账，详细记录担保对象、金额、期限、用于抵押和质押的物品或权利以及其他有关事项，及时足额收取担保费用，维护企业担保权益。

（3）严格按照国家统一的会计准则制度进行担保会计处理，发现被担保人出现财务状况恶化、资不抵债、破产清算等情形的，应当合理确认预计负债和损失。属于上市公司的，还应当区别不同情况依法予以公告。

（4）切实加强对反担保财产的管理，妥善保管被担保人用于反担保的权利凭证，定期核实财产的存续状况和价值，发现问题及时处理，确保反担保财产安全完整。

（5）夯实担保合同基础管理，妥善保管担保合同、与担保合同相关的主合同、反担保函或反担保合同，以及抵押、质押的权利凭证和有关原始资料，做到担保业务档案完整无缺。当担保合同到期时，企业要全面清查用于担保的财产、权利凭证，按照合同约定及时终止担保关系。

八、代为清偿和权利追索的关键控制点及控制措施

当被担保人无法偿还到期债务时，担保企业将按照担保合同的约定承担清偿债务的责任。一旦出现这种情况，为了将担保风险降至最低，需要从代为清偿和权利追索两个方面进行控制。关键控制措施主要包括：第一，在被担保人确实无力偿付债务或履行相关合同义务时，自觉按照担保合同承担代偿义务。第二，代偿之后，

依法向被担保人追索赔偿权利，在此过程中，企业担保业务经办部门、财会部门、法律部门等应当通力合作，做到在司法程序中举证有力；同时，依法处置被担保人的反担保财产，尽力减少企业经济损失。第三，严格落实担保业务责任追究制度，对在担保中出现重大决策失误、未履行集体审批程序或不按规定管理担保业务的部门及人员，严格追究其行政责任和经济责任，并进行总结分析。

第三节　案例分析

案例一　盲目自信，疏于监控

（一）案例简介

甲企业有关担保业务的内部会计控制情况为：由于日常营业活动中担保业务比重较大，因此专设担保业务部，负责办理担保业务的全过程。2003年乙企业将其位于繁华商业区的某房地产作为抵押，要求甲为乙申请的5 000万元银行贷款提供担保。应甲的要求，乙将该房地产的房屋所有权证、土地使用权证交付甲企业持有。

甲担保业务部考虑到两份合法证件都在自己手中，应该没有风险，就没有办理抵押登记手续，并决定对贷款行为提供担保。半年后，乙企业经营状况恶化，资金周转困难，于是以房地产有关权属证书遗失为由申请补办了上述两证，并将该房地产转让给另一企业，并办理过户手续。担保的贷款期满时乙无力还款，甲依法承担担保责任后，在准备处置该抵押物时发现，房地产已经易主。法院审议此案认为，甲乙之间的抵押合同无效，因乙破产财产不足抵偿债务，甲企业不得不承担代偿责任。

（二）案例分析

甲企业在担保业务的内部控制中存在如下问题：

1.在担保业务的岗位职责分工中存在问题。企业专门设立担保业务部门负责担保业务的办理本身并无太大问题，但是由该部门全部负责担保业务的整个过程，不符合不相容职务相分离的要求。担保业务的评估与审批，执行与监督，财产保管与会计记录等岗位应该分别设立，这样才能起到相互制约的作用从而降低担保风险。

2.审批程序存在问题。企业应该根据担保业务对公司的影响是否重大，实行相应的授权审批制度。本案例中甲企业没有建立和完善担保授权审批制度，没有明确授权批准的方式、权限、程序、责任和相关控制措施，对于给予乙企业5 000万元的担保在没有提交相关部门审批的情况下就提供了担保。

3.没有对被担保企业实施持续的跟踪监控。甲企业担保业务部门应当加强担保合同的日常管理，指定专人定期检测被担保人的经营情况和财务状况，对被担保人进行跟踪和监督，了解担保项目的执行、资金的使用、贷款的归还、财务运行及风险等情况，促进担保合同有效履行。在实施日常监控过程中发现被担保人经营困难、债务沉重，或者存在违反担保合同的其他各种情况，应当及时向企业有关管理人员作出报告，以便采取有针对性的应对措施。甲企业想当然地认为乙企业的两份合法证件都在自己手中，盲目自信地认为不会有风险产生，因而没有办理抵押登记手续，给乙企业提供了钻空子的机会；同时，担保业务的执行环节中甲企业始终疏忽了对乙企业的日常监控，最后导致其不得不承担代偿责任。

资料来源　朱荣恩.企业内部控制规范与案例[M].北京：中国时代经济出版社，2009.

案例二　未作调查，轻率担保

（一）案例简介

2012年7月，某商业银行（原告）状告鑫华股份有限公司（被告），要求其承担为佳美房地产开发公司贷款担保的连带偿付责任。

2010年5月，佳美房地产开发公司由于资金短缺，以该房地产公司所拥有的市郊的一宗土地使用权以及地上的建筑物作为抵押，向当地某商业银行申请借款3 000万元。银行要求该房地产公司必须有第三人作担保才能签订贷款合同。于是，佳美房地产开发公司的负责人王某向鑫华股份有限公司寻求帮助，鑫华股份有限公司的企业负责人李某与王某私人关系非常要好。李某在没有对佳美房地产开发公司申请担保事项作任何调查的情况下，凭着哥们义气在保证人一栏中写下了"愿意承担连带责任"，并签字盖章。2010年6月，佳美房地产开发公司获得了银行的贷款。但是，这笔贷款佳美并未用于其房产开发的用途而是挪作他用。2012年6月贷款到期后，佳美无力偿还贷款，银行遂直接诉至法院，要求鑫华股份有限公司偿还佳美房地产公司的欠款并支付迟延利息。法院经审理作出判决，将抵押物土地使用权拍卖，拍卖所得价款共计1 000万元由原告优先受偿，其余2 000万元债务及相应的利息由佳美房地产开发公司清偿，鑫华股份有限公司承担连带责任，2 000万元的债务对于规模不大的鑫华公司来说是一笔不小的数目。

（二）案例分析

鑫华股份有限公司的担保业务存在的问题主要表现在如下方面：

1.未对被担保人的资信状况和风险进行评估，导致担保决策的失误。企业应该严格按照担保政策和相关管理制度对担保申请人提出的担保申请进行审核，考虑担保业务是否符合国家法律法规和企业担保政策的相关要求，担保申请人是否属于可以提供担保的对象。该案例中由于鑫华公司的负责人李某与佳美房地产公司的王某私人关系甚好，因而未对担保事项作任何调查和评估，就签订了担保合同，这种草率行事的作风直接导致了担保风险的产生。

2.审批制度不健全。公司担保业务的授权审批制度不健全，即使有制度也存在着没有严格执行的问题。本案例中公司的负责人李某一人全权决定此事，说明鑫华公司的担保业务内部控制制度存在严重的漏洞，存在负责人越权审批的可能性。对于鑫华公司来说，这笔担保金额如果属于重大担保业务，应该由公司的董事会等类似权力机构进行审批。

资料来源 根据相关资料整理而成。

复习思考题

1. 企业担保业务活动中应考虑哪些风险?

2. 企业应实施哪些措施对被担保人的资信调查和风险评估进行控制?

3. 企业应如何做好担保业务的执行与监督?

中英文专业术语

担保业务 guarantee business

担保人 guarantor

担保申请人 guarantee applicant

舞弊行为 fraudulent acts

担保限额 guaranteed quotas

担保风险 guarantee risk

资信调查 credit checks

担保授权 guarantee authorization

审批制度 approval system

抵押物 mortgaged article

质押物 pledged article

反担保 count-guarantee

补充学习内容

1. 《中华人民共和国担保法》。

2. 《关于规范上市公司与关联方资金往来及上市公司对外担保若干问题的通知》。

3. 《关于规范上市公司对外担保行为的通知》。

4. 案例。

*ST 新都深陷违规担保漩涡

（1）案例背景

*ST 新都（股票代码000033，股票简称"新都酒店"）于1994年在深圳证券交易所上市，主营酒店业务。立信会计师事务所对该上市公司2014年财务报告审计和内部控制审计分别出具了无法表示意见和否定意见的审计报告。

该上市公司的控股股东为深圳市光耀地产集团有限公司，实际控制人为郭耀名。自2002年以来，郭耀名一直担任光耀集团董事长、总经理。公司与实际控制人之间的产权及控制关系如图10-2所示。

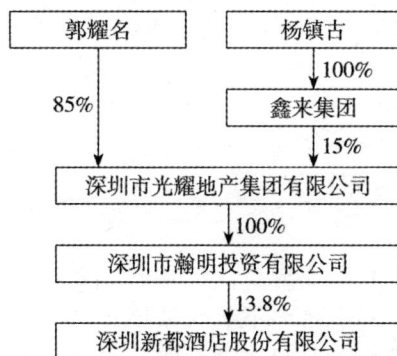

图10-2　公司与实际控制人之间的产权及控制关系图

　　*ST新都违规担保事件的暴露源于2014年4月30日公司在自有资产核查时发现，公司名下新都酒店大楼以及在深圳市罗湖区文锦花园的房产被查封。5月4日，*ST新都召开临时董事会，向控股股东光耀地产及实际控制人郭耀名发出《知会函》，要求其如实向上市公司说明涉及上市公司的全部担保、诉讼等情况。光耀地产提供的资料显示，涉及*ST新都担保及诉讼的案件有4项。分别为涉及周勃、张文勋、叶国权、周瑞坤的借款合同纠纷案，合计涉案金额超过3.1亿元。详见表10-1。作为担保方之一，按照1/2赔偿比例，4起案件使得*ST新都承担赔偿责任的债务已经达1.3亿元。5月7日晚，*ST新都发布公告称，董事长兼总经理袁克俭宣布辞去公司董事长、总经理职务，辞职原因包括无法预测公司其他违规担保事项或损害公司利益等情况。

表10-1　　　　　　　为其他单位提供债务担保形成的或有负债及其财务影响

被担保对象	担保金额（元）	债务到期日	对本公司的财务影响
深圳市光耀地产集团有限公司	60 000 000	2012-01-22	连带责任
惠州市光耀地产集团有限公司	60 000 000	2011-12-16	承担未偿债务的1/2
深圳市光耀地产集团有限公司	130 000 000	2011-06-25	承担未偿债务的1/2
李聚全	15 000 000	2012-11-05	承担未偿债务的1/2
光耀集团有限公司	30 000 000	2013-03-16	承担未偿债务的1/2
深圳市瀚明投资有限公司	16 850 200	2012-11-23	承担未偿债务的1/2
李聚全	2 500 000	2012-09-08	承担未偿债务的1/2
合　计	314 350 200		

　　*ST新都自公司发现违规担保的涉诉案件后，即对违规担保事项的有关内部控制进行自查。在核查过程中发现，前任董事长、实际控制人私自以公司名义作担保；后续诉讼法律文书无法正常送达至上市公司及董事会；主要相关责任人在使用公章时，未按照公司章程及其他管理制度的规定履行审批手续等。针对这一内部控制运行缺陷，公司立即启动整改程序，在现有内部控制基础上对印章使用、收发文件等相关管理制度的设计和控制程序进一步优化，加强对公章使用的检查力度并调整相关责任人的工作岗位。

　　虽然*ST新都在事后采取了整改，但是立信会计师事务所注册会计师认为*ST新都财务报告内部控制存在如下重大缺陷：在公司及董事会不知情的情况下，擅自以公司名义违规对外提供借款担保，其中已对外披露的已经法院初次判决的案件诉讼请求本金及相关利息合计为 48 455.33 万元；已经法院受理但尚未判决的案件诉讼请求本金及相关利息合计为 2 754.39 万元。除上述已披露的违规担保诉讼外，无法判断是否还存在其他对财务报表产生重大影响的诉讼、担保情况等。该等重大对外担保，*ST新都未按照《上市公司内部控制制度》等履行相应的决策审批程序，财务报告未予以及时披露，内部监督无效。上述缺陷表明，与之相关的内部控制运行失效，因而出具了否定意见的审计报告。

　　（2）案例分析

　　上市公司对外担保主要是为其全资子公司、控股公司申请银行综合授信提供担保，或为子公司偿还债务提供连带责任担保，以及为上游供货商以及下游销售商提供连带责任担保等。虽然早在2005年，监管部门就出台了相关规定，如证监会、银监会联合下发了《关于规范上市公司对外担保行为的通知》，提出要严格控制上市公司对外担保风险，规定对"单笔担保额超过最近一期经审计净资产10%的担保，对股东、实际控制人及其关联方提供的担保"等情况，在经董事会审议通过后，还须提交股东大会审批，且关联人不得参与表决。此外，该文件也要求规范银行业金融机构贷款担保审批行为。2005年，证监会还出台了《关于集中解决上市公司资金被占用和违规担保问题的通知》，要求上市公司在公司章程中明确董事会审议单次担保、为单一对象担保及累计担保总额的最高限额和职责，以及董事对违规担保、擅自担保或者失当担保给公司造成损失的，应当承担连带责任。但是，违规担保的问题一直没有彻底解决。

　　上市公司违规担保难治理的深层次原因之一，是上市公司治理机制存在问题。上市公司大股东或实际控制人在股东大会及董事会都具有控制权，监事会、独立董事等权力制衡机制未能有效发挥作用。控制人由此可以为所欲为，以上市公司名义为其控股企业提供担保，损害中小股东利益。因此，完善上市公司的治理结构，确保监事会、独立董事的独立性，使其真正发挥监督作用是问题的关键所在。

　　另外，上市公司应该依法制定和完善担保业务政策及相关管理制度，明确担保对象、范围、方式、程序、担保限额和禁止担保等事项；规范调查评估、审核批准、担保执行等环节的工作流程；按照政策、制度、流程办理担保业务，定期检查担保政策的执行情况及效果，切实防范担保业务风险。

　　资料来源　根据*ST新都2014年度报告整理而成。

第十一章　业务外包控制

【学习目标】

通过本章的学习，了解业务外包的含义及基本流程，明确业务外包存在的主要风险，掌握业务外包各个环节的关键控制点及控制措施。

【导入性案例】

当我们提起知名的运动品牌时，您一定会想到耐克（NIKE），但是您知道"耐克公司从来不生产一双耐克鞋"吗？全球畅销的耐克鞋其实是通过生产外包的方式完成生产过程的。耐克公司在成立之初也有自己的工厂、工人，其产品也主要是销售给美国本土的消费者，但是被阿迪达斯和彪马两大运动品牌所占领的美国市场能留给耐克的份额毕竟有限。为了开拓海外市场，耐克公司的创始人奈特想出了"借鸡生蛋"的经营模式，他将公司的所有人、财、物等资源集中起来，然后全部投入到产品设计和市场营销这两大部门当中去，全力培植公司强大的产品设计和市场营销能力；同时，他不断在全球寻求合作生产商，将产品的生产全部外包给这些生产商，耐克公司给这些生产商提供设计图纸，让它们严格按图纸式样进行生产，并保证相应的质量，尔后耐克公司再将自己的品牌和商标赋予这些产品，并将产品交给耐克公司自己的营销人员，通过公司的行销网络将产品销售出去。耐克公司的生产合作对象随着全球各地区生产成本的变化而不断改变：先是日本、西欧，其后是韩国、中国台湾，接着是中国大陆、印度。到20世纪90年代，耐克公司开始看好越南等劳动力更为廉价的东南亚国家。这种模式充分体现了优势互补的作用。耐克公司通过这种生产外包的方式，不仅节约了大量的生产基建投资、设备购置费用以及工人人工费用，而且它又充分发挥了其他生产能力强的厂家的能力，尤其是它一般都是将产品的生产加工任务外包给生产成本较低的国家去完成，从而为耐克公司节约了大量的人工费用，这也是耐克运动鞋之所以能以较低的价格与其他名牌产品竞争的一个重要原因。

资料来源　根据相关资料整理而成。

第一节　风险评估

社会分工的专业化和精细化使得业务外包的经营模式得以实施，越来越多的企业开始考虑将有限的资源集中于核心业务，而将那些不经常发生的，或是非核心竞争能力的业务委托外部企业去完成，以降低成本，提高效率。

一、业务外包基本流程评估

（一）业务外包简介

1.业务外包概念

1990年，美国学者普拉哈拉德（C.K.Prahalad）和哈默尔（Gary Hamel）在其

《企业核心能力》一文中正式提出业务外包的概念。根据他们的观点，所谓业务外包，是指企业基于契约，将一些非核心的、辅助性的功能或业务外包给外部的专业化厂商，利用他们的专长和优势来提高企业的整体效率和竞争力。通过实施业务外包，企业不仅可以降低经营成本，集中资源发挥自己的核心优势，更好地满足客户需求，增强市场竞争力，而且可以充分利用外部资源，弥补自身能力的不足；同时，业务外包还能使企业保持管理与业务的灵活性和多样性。

我国颁布的《企业内部控制应用指引第13号——业务外包》将业务外包定义为企业利用专业化分工优势，将日常经营中的部分业务委托给本企业以外的专业服务机构或经济组织（以下简称承包方）完成的经营行为。特别需要指出的是，工程项目的外包不在此列。

2.外包业务的分类

按照外包业务对企业的影响程度，可以将业务外包分为一般业务外包和重大业务外包。

按照外包业务涉及的具体内容可以分为研发外包、资信调查、可行性研究、委托加工、物业管理、客户服务、IT服务等。

（二）业务外包基本流程

业务外包的基本流程可以概括为以下环节：制订业务外包实施方案、审核批准、选择承包方、签订业务外包合同、组织实施业务外包、业务外包过程管理、验收、会计控制等，如图11-1所示。

二、业务外包各环节主要风险点评估

《企业内部控制应用指引第13号——业务外包》第四条规定，企业业务外包至少要关注以下风险：（1）外包范围和价格确定不合理，承包方选择不当，可能导致企业遭受损失。（2）业务外包监控不严、服务质量低劣，可能导致企业难以发挥业务外包的优势。（3）业务外包存在商业贿赂等舞弊行为，可能导致企业相关人员涉案。

根据业务外包的特点及其流程，外包业务各环节的主要风险点具体表现在如下方面。

（一）制订业务外包实施方案中的主要风险

制订业务外包实施方案，是指企业根据年度生产经营计划和业务外包管理制度，结合确定的业务外包范围，制订实施方案。

该环节的风险主要包括以下内容：

（1）企业缺乏业务外包管理制度，导致制订实施方案时无据可依。

（2）业务外包管理制度未明确业务外包范围，可能导致有关部门在制订实施方案时，将不宜外包的核心业务进行外包。选择什么样的业务进行外包，这是企业首要的决策。由于知识能力和专业判断以及个人机会主义行为的影响，企业管理者有可能会将那些不适于外包的业务进行了外包，最终造成企业核心竞争力的缺失。

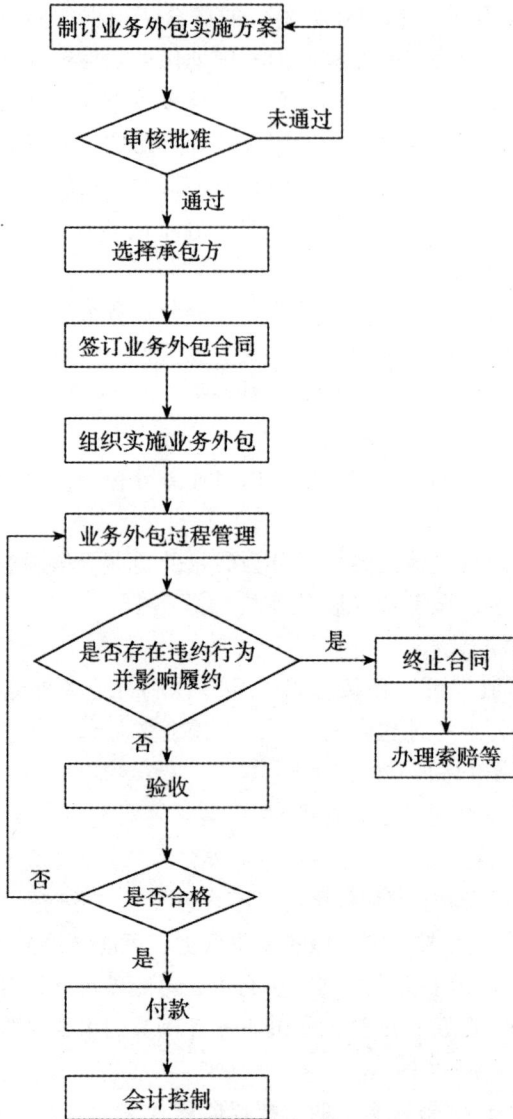

图 11-1　业务外包的基本流程

资料来源　财政部会计司.《企业内部控制应用指引第13号——业务外包》解读[J].财务与会计，2011（5）.

（3）实施方案不合理，不符合企业生产经营特点或内容不完整，可能导致业务外包失败。

（二）审核批准环节的主要风险

审核批准，是指企业应当按照规定的权限和程序审核批准业务外包实施方案。该环节的主要风险如下：

（1）审批制度不健全，导致对业务外包的审批不规范。

（2）审批不严格或者越权审批，导致业务外包决策出现重大疏漏，可能引发严重后果。

（3）未能对业务外包实施方案是否符合成本效益原则进行合理审核以及作出恰当判断，导致业务外包不经济。

（三）选择承包商中的主要风险

外包承包商选择恰当与否直接关系到外包业务能否有效展开。尽管企业在选择承包商时都会对其进行全面的了解，但是双方的信息不对称始终是存在的，作为承包商而言会有意隐瞒自身的真实信息而达到自利的目的。

该环节的主要风险如下：

（1）承包方不是合法设立的法人主体，缺乏应有的专业资质，从业人员也不具备应有的专业技术资格，缺乏从事相关项目的经验，导致企业遭受损失甚至陷入法律纠纷。

（2）外包价格不合理，业务外包成本过高导致难以发挥业务外包的优势。

（3）外包业务中存在接受商业贿赂的舞弊行为，导致相关人员涉案。

（四）签订外包业务合同中的主要风险

签订合同是保证外包业务顺利展开的关键，它既是企业维护自身利益的基础，也是明确承包商义务的前提。双方要按照合同规定的范围及方式执行外包，同时根据合同的条款进行交付。对于外包活动而言，外包合同设定了承包商需要提供的服务标准，但由于外包中面临很多的不确定性，人们无法完全预测外包可能发生的种种情况，外包合同想要做到完备是不可能的。

该环节的主要风险如下：

（1）合同条款未能针对业务外包风险作出明确的约定，对承包方的违约责任界定不够清晰，导致企业陷入合同纠纷和诉讼。

（2）合同约定的业务外包价格不合理或成本费用过高，导致企业遭受损失。

（五）组织实施业务外包环节的主要风险

组织实施业务外包，是指企业严格按照业务外包制度、工作流程和相关要求，组织业务外包过程中人、财、物等方面的资源分配，建立与承包方的合作机制，为下一环节的业务外包过程管理做好准备，确保承包方严格履行业务外包合同。企业在组织实施业务外包时，应当根据业务外包合同条款，落实双方应投入的人力资源、资金、硬件及专有资产等，明确承包方提供服务或产品的工作流程、模式、职能架构、项目实施计划等内容。

该环节的主要风险是：组织实施业务外包的工作不充分或未落实到位，影响下一环节业务外包过程管理的有效实施，导致难以实现业务外包的目标。

（六）业务外包过程管理的主要风险

根据业务外包合同的约定，承包方会采取在特定时点向企业一次性交付产品或在一定期间内持续提供服务的方式交付业务外包成果。由于承包方交付成果的方式不同，业务外包过程也有所不同。前者的业务外包过程是指承包方对产品的设计制造过程，后者的业务外包过程是指承包方持续提供服务的整个过程。企业与承包商之间的关系是通过签订协议而形成的，因而企业不可能像了解自身那样全面细致地了解外包业务运作的全过程。当内部的业务或资源交由外部的外包服务商管理之后，一方面外包企业无法对外包的内容进行直接控制，也得不到来自外包服务商的服务人员的直接报告，加之有时合同中双方权利义务的界定不清等，都会造成外包业务管理运作的失败。

该环节的主要风险是：

（1）承包方在合同期内因市场变化等原因不能保持履约能力，无法继续按照合同约定履行义务，导致业务外包失败和本企业生产经营活动中断。

（2）承包方出现未按照业务外包合同约定的质量要求持续提供合格的产品或服务等违约行为，导致企业难以发挥业务外包优势，甚至遭受重大损失。

（3）业务外包过程管控不力，导致商业秘密泄露。

（七）验收环节的主要风险

在业务外包合同执行完成后需要验收的，企业应当组织相关部门或人员对完成的业务外包合同进行验收。

该环节的主要风险是：验收方式与业务外包成果交付方式不匹配，验收标准不明确，验收程序不规范，使验收工作流于形式，不能及时发现业务外包质量低劣等情况，可能导致企业遭受损失。

（八）会计控制环节的主要风险

会计控制是指企业应当根据国家统一的会计准则制度，加强对外包业务的核算与监督，并做好外包费用结算工作。

该环节的主要风险表现为：

（1）缺乏有效的业务外包会计系统控制，未能全面真实地记录和反映企业业务外包各环节的资金流和实物流情况，可能导致企业资产流失或贬损。

（2）业务外包相关会计处理不当，可能导致财务报告信息失真。

（3）结算审核不严格、支付方式不恰当、金额控制不严，可能导致企业资金损失或信用受损。

（九）业务外包事后评价的主要风险

业务外包后能否按企业预期的一样对完成企业战略目标有所帮助，其关键的一个环节就是对外包业务的事后结果进行评价，以便企业及时进行规划和调整，避免产生更多的损失。对外包执行结果的测评涉及企业与承包商双方，外包业务从作出外包决策到最终的执行涉及多个利益关系人，因而对外包商服务的评估工具和评估标准可能会存在争议，从而导致企业与外包商之间关于服务性价比争议的产生，如果企业没有事先建立相对完善的监督评价机制，必然产生评价失实的风险。

第二节 关键控制点

明确业务外包各环节的关键风险点后，需要采取必要的控制措施强化控制手段以降低外包风险，最终为企业增强核心竞争力提供保障。按照外包业务的基本流程，可以分别确定各个环节的关键控制点和对应的控制措施。

一、制订业务外包实施方案

（一）关键控制点

（1）外包管理制度控制，特别是外包业务范围、方式的确定等。

（2）外包实施方案控制。

（二）关键控制措施

（1）建立和完善业务外包管理制度，根据各类业务与核心主业的关联度、对外包业务的控制程度以及外部市场成熟度等标准，合理确定业务外包的范围，并根据是否对企业生产经营有重大影响对外包业务实施分类管理，以突出管控重点，同时明确规定业务外包的方式、条件、程序和实施等相关内容。

（2）严格按照业务外包管理制度规定的业务外包范围、方式、条件、程序和实施等内容制订实施方案，避免将核心业务外包，同时确保方案的完整性。

（3）根据企业年度预算以及生产经营计划，对实施方案的重要方面进行深入评估及复核，包括承包方的选择方案、外包业务的成本效益及风险、外包合同期限、外包方式、员工培训计划等，确保方案的可行性。

（4）认真听取外部专业人员对业务外包的意见，并根据其合理化建议完善实施方案。

二、审核批准

（一）关键控制点

审核批准环节的关键控制点主要是审核批准的相关制度控制、明确审核批准的流程和权限。

（二）关键控制措施

（1）建立和完善业务外包的审核批准制度。明确授权批准的方式、权限、程序、责任和相关控制措施，规定各层级人员应当在授权范围内进行审批，不得超越权限审批。同时加大对分公司重大业务外包的管控力度，避免因分公司越权进行业务外包给企业带来不利后果。

（2）在对业务外包实施方案进行审查和评价时，应当着重对比分析该业务项目在自营与外包情况下的风险和收益，确定外包的合理性和可行性。

（3）总会计师或企业分管会计工作的负责人应当参与重大业务外包的决策，对业务外包的经济效益作出合理评价。

（4）对于重大业务外包方案，应当提交董事会或类似权力机构审批。

三、选择承包方

（一）关键控制点

企业应该按照批准的外包业务方案选择承包商，这是该环节的关键控制点。

在选择承包商时，需要对承包商进行综合评价。第一要考虑承包商的资历和持续发展能力；第二要分析承包商的经济实力；第三要对承包商的管理水平进行评价；第四是考虑承包商的社会信誉；第五是承包商的报价；第六是充分评估承包商所能提供业务的质量水平；第七是考虑承包商所处的地域，以便于外包的业务能很好地与本企业的客户群进行对接。

（二）关键控制措施

（1）充分调查候选承包方的合法性，即是否为依法成立、合法经营的专业服务机构或经济组织，是否具有相应的经营范围和固定的办公场所。

（2）调查候选承包方的专业资质、技术实力及其从业人员的履历和专业技能。

（3）考察候选承包方从事类似项目的成功案例、业界评价和口碑。

（4）综合考虑企业内外部因素，对业务外包的人工成本、营销成本、业务收入、人力资源等指标进行测算分析，合理确定外包价格，严格控制业务外包成本。

（5）引入竞争机制，按照有关法律法规，遵循公开、公平、公正的原则，采用招标等适当方式，择优选择承包方。

（6）按照规定的程序和权限从候选承包方中作出选择，并建立严格的回避制度和监督处罚制度，避免相关人员在选择承包方过程中出现受贿和舞弊行为。

四、签订业务外包合同

（一）关键控制点

本环节的关键控制点是合同内容和条款的拟定、合同权利和义务的明确。

（二）关键控制措施

（1）企业应将与外包业务相关的技术部门、法律部门的人员组成项目组，负责外包业务合同的商定和谈判事宜。在订立外包合同前，充分考虑业务外包方案中识别出的重要风险因素，并通过合同条款予以有效规避或降低。

（2）在合同的内容和范围方面，明确承包方提供的服务类型、数量、成本，以及明确界定服务的环节、作业方式、作业时间、服务费用等细节。

（3）在合同的权利和义务方面，明确企业有权督促承包方改进服务流程和方法，承包方有责任按照合同协议规定的方式和频率，将外包实施的进度和现状告知企业，并对存在的问题进行有效沟通。

（4）在合同的服务和质量标准方面，应当规定外包商最低的服务水平要求以及如果未能满足标准实施的补救措施。

（5）在合同的保密事项方面，应具体约定对于涉及本企业机密的业务和事项，承包方有责任履行保密义务。

（6）在费用结算标准方面，综合考虑内外部因素，合理确定外包价格，严格控制业务外包成本。

（7）在违约责任方面，制定既具原则性又体现一定灵活性的合同条款，以适应环境、技术和企业自身业务的变化。

五、组织实施业务外包

（一）关键控制点

组织实施业务外包，是指企业严格按照业务外包制度、工作流程和相关要求，组织业务外包过程中人、财、物等方面的资源分配，建立与承包方的合作机制，为下一环节的业务外包过程管理做好准备，确保承包方严格履行业务外包合同。因而这一环节的关键控制点主要体现为：外包业务中人员及岗位职责的确定，与承包方的协调和沟通机制的建立。

（二）关键控制措施

（1）按照业务外包制度、工作流程和相关要求，制定业务外包实施全过程的管控措施，包括落实与承包方之间的资产管理、信息资料管理、人力资源管理、安全保密管理等机制，确保承包方在履行外包业务合同时有章可循。

（2）企业应当配备具有与外包业务相关的专业人员，明确各人员的岗位职责。做好与承包方的对接工作，通过培训等方式确保承包方充分了解企业的工作流程和质量要求，从价值链的起点开始控制业务质量。

（3）与承包方建立并保持畅通的沟通协调机制，以便及时发现并有效解决业务外包过程中存在的问题。

（4）梳理有关工作流程，提出每个环节上的岗位职责分工、运营模式、管理机制、质量水平等方面的要求，并建立对应的即时监控机制，及时检查、收集和反馈业务外包实施过程中的相关信息。

六、业务外包过程管理

（一）关键控制点

业务外包过程管理是决定整个外包活动成败的关键环节。因而这一环节的关键控制点主要表现为：承包方的履约能力。

（二）关键控制措施

（1）在承包方提供服务或制造产品的过程中，密切关注重大业务外包承包方的履约能力，采取承包方动态管理方式，对承包方开展日常绩效评价和定期考核。

（2）对承包方的履约能力进行持续评估，包括承包方对该项目的投入是否能够支持其产品或服务质量达到企业预期目标，承包方自身的财务状况、生产能力、技术创新能力等综合能力是否满足该项目的要求。

（3）建立即时监控机制，一旦发现偏离合同目标等情况，应及时要求承包方调整改进。

（4）对重大业务外包的各种意外情况作出充分预计，建立相应的应急机制，制订临时替代方案，避免业务外包失败造成企业生产经营活动中断。

（5）有确凿证据表明承包方存在重大违约行为，并导致业务外包合同无法履行的，应当及时终止合同，并指定有关部门按照法律程序向承包方索赔。

（6）切实加强对业务外包过程中形成的商业信息资料的管理。

七、验收

（一）关键控制点

本环节的关键控制点主要表现为：验收方式控制、验收标准控制、验收人员控制。

（二）关键控制措施

（1）根据承包方业务外包成果交付方式的特点，制定不同的验收方式。一般而言，可以对最终产品或服务进行一次性验收，也可以在整个外包过程中分阶段验收。

（2）根据业务外包合同的约定，结合在日常绩效评价基础上对外包业务质量是否达到预期目标的基本评价，确定验收标准。

（3）组织有关职能部门、财会部门、质量控制部门等的相关人员，严格按照验收标准对承包方交付的产品或服务进行审查和全面测试，确保产品或服务符合需求，并出具验收证明。

（4）验收过程中发现异常情况的，应当立即报告，查明原因，视问题的严重程度与承包方协商采取恰当的补救措施，并依法索赔。

（5）根据验收结果对业务外包是否达到预期目标作出总体评价，据此对业务外包管理制度和流程进行改进和优化。

八、会计控制

（一）关键控制点

会计控制的目的是为了确保外包业务会计处理符合会计准则的规定，会计记录完整准确，费用结算符合相关规定。因此，会计控制需从会计记录控制、外包业务费用结算控制着手。

（二）关键控制措施

（1）企业财会部门应当根据国家统一的会计准则和制度，对业务外包过程中交由承包方使用的资产、涉及资产负债变动的事项以及外包合同诉讼等加强核算与监督。

（2）根据企业会计准则和制度的规定，结合外包业务特点和企业管理机制，建立完善外包成本的会计核算方法，进行有关会计处理，并在财务报告中进行必要、充分的披露。

（3）在向承包方结算费用时，应当依据验收证明，严格按照合同约定的结算条件、方式和标准办理支付。

第三节　案例分析

案例一　外包业务实施方案不明确、过程管理不当引发的问题

（一）案例简介

华兴公司是一家民营制造业企业，主要生产橡胶密封件、机械操作件等器件，有70%的产品销往海外。随着电子商务模式的不断兴起，公司希望通过建立网站增加新的销售渠道，并将此项业务交由负责公司信息化管理的部门进行。该公司信息化管理的部门共由4人组成，主要负责维护企业内部的IT系统和硬件，由于缺乏技术上的条件，他们对建立网站并不十分精通。该部门的经理张华考虑了部门的实际情况后决定将网站建立和维护这一工作进行外包，交由专业的公司去完成。于是，在征得公司总经理的批准后，张华开始与国内某提供网站服务的ABC公司进行洽谈。由于华兴公司对于网站建设的具体内容等没有一个明确的规划和认识，因而对ABC这个专业机构给予了充分的信任，完全交由其负责，并与该公司签订了网站建设的外包业务合同。合同约定：该外包公司为华兴公司建设一个中英文双语版网站，华兴公司需要在前期一次性支付给ABC公司5万元服务费。此后，负责此项业务外包的张华没有再与ABC公司进行任何的后续沟通，网站建设期结束后，按合同约定该交付网站时，张华发现ABC公司所建的网站与自己所想的模式有很大的差别，内容也有很多不如意之处，英文网站的超链接并不十分理想。该网站虽然建成了，但是华兴公司对其并不满意，没有达到预期的效果。

（二）案例分析

根据《企业内部控制应用指引第13号——业务外包》第五条的规定，企业应当建立和完善业务外包管理制度，规定业务外包的范围、方式、条件、程序和实施等相关内容，明确相关部门和岗位的职责权限，强化业务外包全过程的监控，防范外包风险，充分发挥业务外包的优势。

1.外包业务选择的分析。本案例中对于华兴公司来说，建设网站开拓电子商务销售渠道本身是符合公司经营所需的，这是营销的大势所趋。对于华兴公司内部来说由于不具备网站建设的能力因而寻求专业机构进行外包是正确的选择。

2.外包业务之前缺少具体的实施方案。对于网站外包这个项目来说，华兴公司指定了张华进行负责。但是由于华兴公司缺乏对网站建设的具体方案规划和认识，因而张华将这一工作完全交付给承包商ABC公司这一做法有不妥之处。首先，华兴公司应该组织公司的销售部门、信息化部门、财务部门等多个部门进行联合会商，对建设网站所要达到的目标、网站主体基调、产品的展示方式、内容的重点等进行探讨，提出相应的意见，必要时可以聘请专业机构提供方案供华兴公司进行选择。然后，要求ABC公司按照事前制订的网站具体方案进行设计。最后，将网站

的版面设计和技术实现交由 ABC 这个网站服务商去完成。很明显，华兴公司的网站外包业务没有进行事前有效的控制，即没有制订较为具体的业务外包方案，这使得外包合同中无法明确公司所要达到的要求，这一环节的欠缺为事后的网站验收工作埋下了不理想的伏笔。

3。外包业务合同订立中存在的问题。在外包业务合同中，需要明确外包业务的内容和范围、双方的权利和义务、服务和质量标准、保密事项、费用结算标准和违约责任等事项。本案例中显然合同有很多的条款都是不明确的，这也是公司缺乏网站建设的具体方案所带来的后果之一。从合同支付费用的这一点来看，在网站建设的前期一次性给对方支付服务费是不恰当的，应该从维护企业利益的角度出发在网站建设完、验收合格后再进行费用的支付，或者也可以随着外包业务的进展情况采取分期支付费用的方式，而不应该采用事前一次性付款的方式。

4.合同执行过程中缺乏有效的沟通。外包业务确定并与承包方签订了合同后，公司应当做好与承包方的对接工作，加强与承包方的沟通与协调，及时搜集相关信息，发现和解决外包业务中存在的问题。本案例中作为网站外包业务的主要负责人，张华应该时刻关注 ABC 公司的网站建设进程和情况，发现问题要及时与其进行沟通协商，以监督 ABC 公司按照本公司的意愿和合同的要求完成网站的建设。

资料来源　根据相关资料整理而成。

案例二　宜家公司生产外包——成功选择承包商案例

（一）案例简介

（1）宜家历史发展。宜家家居（IKEA）是来自瑞典的全球最大的家具和家居用品零售商。1943年英格瓦·坎普拉德创建了宜家。宜家的理想是为大众创造更美好的日常生活。宜家产品风格中的"简约、清新、自然"明显地秉承了北欧风格，完美再现了大自然充满阳光和清新气息、同时又朴实无华的气质，它是瑞典家居源远流长的设计文化史的凝聚：现代但不追赶时髦，实用而不乏新颖，注重以人为本，在多方面体现了瑞典家居的古老传统。

（2）宜家的生产外包。宜家的生产采用贴牌生产的运作模式，通过对其外包的生产厂商的质量与技术的监督、审核，达到统一的"宜家标准"。宜家的承包商位于世界各地，宜家在55个国家有超过2 000个供应商。截至2010年2月，宜家家居在全世界的37个国家和地区中拥有313家大型门市，大部分门市位于欧洲，其余位于美国、加拿大、亚洲和澳洲。宜家家居目前在中国的上海、北京、广州、成都、深圳、南京、大连、沈阳、天津和无锡等地共设有11家分店。

"提供种类繁多、美观实用、老百姓买得起的家居用品"是宜家的经营理念。其在全球家具市场中的低价位是支持其在全球扩张的基础，而这种低价位的战略也是其外包战略的基础，决定了宜家在生产外包方面的特点。宜家整个生产制造流程的出发点是预先制定的产品的价格。具体来说，宜家首先确定出一件产品的价格，这一价格在整个家居市场中是有竞争力的。然后设计师按照这个价格设计产品的样式、原料、色彩，并确保最终设计出的产品能够按照规定的成本生产出来。产品在设计完成后交与宜家集团下属宜家采购有限公司，由该公司负责宜家在全球范围内的采购以及与生产承包商（即产品供应商）的合作。

宜家采购有限公司将新商品的目标成本与基本产品特性公布出来后，供应商就依据这样的条件，规划出成本、使用材料与工人技术等最能符合宜家需要的组合，然后宜家再从中挑出最好的设计以确定供应商。而创造竞争的秘诀则在庞大数量的订单，凡是被选中的供应商，宜家家居一定保证给它大笔的订单，供应商因此能够发挥高效能的作用。因为有着严格的成本限制，宜家在选择供应商时非常灵活。尽管宜家的供应商选择做到了不拘一格，但是宜家是一家全球性的企业，同样要求它的供应商能够提供全球化、标准化的产品与服务。宜家选择供应商的条件是全球统一的。要成为宜家的供应商，必须还要先通过宜家一个共2 000多条的考核条目，其中包括环保、质量、物流、环境、出货准时度、员工工作条件、劳动时间、安全性因素和供应商管理方式等多项要求。比如，西欧国家和中国对环保的要求是不一样的。西欧对环保的要求比较高，而中国相对较低，但宜家在选择供应商是否符合环保条件时，不会考虑西欧和中国之间的地域性差别，而是一视同仁，二者的供应商必须要达到宜家统一的选择标准才行。如果同样的产品在不同的国家生产，必须要保证不同国家生产出来的产品是完全一样的。

尽管宜家对生产承包商（供应商）的选择有着相当严格的标准，但是，一旦宜家寻找到了一家优秀的合适的供应商，宜家会竭力与其保持长期的合作关系，并将这种沟通合作的关系贯穿于产品设计与制造的整个过程中。

正是由于宜家在承包商的选择中坚持统一标准、严把产品质量关，因而才能够获得全球消费者的认可，从而占据了家具零售业的头把交椅。

（二）案例分析

外包业务承包商的选择恰当与否，直接关系到外包业务能否有效展开。为了选出最佳供应商，企业必须对有形的和无形的因素进行综合分析。从宜家的案例中，我们可以看出，宜家通过严格而又灵活地选择生产承包商（供应商）使得其低成本的战略得以实现。

1.承包商的选择有主导的目标定位。生产外包中，宜家首先对产品成本进行有效的控制。在确定出产品有竞争力的价格后，在保证产品质量的情况下，着手寻找承包商。

2.承包商的选择遵循全球统一的标准。宜家严格确定了生产承包商的选择标准，对承包商在环保、质量、物流、环境、出货准时度、员工工作条件、劳动时间、安全性因素和承包商管理方式等方面拟定了具体的2 000多个考核条目，这样从制度上保证了承包商选择符合宜家产品生产的要求。

3.始终保持与承包商之间的有效沟通和协调机制，并持续巩固双方之间的关系。宜家在产品成本确定好并找到合适的承包商之后，产品设计师会不断地与承包商进行沟通,在沟通的过程中,生产承包商甚至可以帮助宜家的设计师找到更加经济的材料、促进产品的形状和尺寸的改进以达到降低产品成本的目标。宜家也会为了维持住这个生产承包商而给予其大批量的订单,从而实现了双方的互惠共赢。

资料来源 郑雄伟.宜人"宜家"——宜家生产外包[M]//郑雄伟.国际外包——国际外包全球案例与商业机会.北京:经济管理出版社,2008.

复习思考题

1.企业业务外包活动中应考虑哪些风险?

2.企业应实施哪些措施避免承包商选择的失误?

3.组织和实施业务外包应采取哪些必要的控制措施?

4.企业如何才能做好外包业务的过程管理?

中英文专业术语

业务外包 outsourcing

业务外包风险 outsourcing risks

重大外包业务 significant outsourcing activities

一般外包业务 general outsourcing activities

研发 research and development

资信调查 credit checks

可行性研究 feasibility studies

委托加工 commissioned processing

物业管理 property management

客户服务 customer services

IT information technology

承包商的选择 choice of contractors

业务外包实施 conduct of outsourcing

验收证明 acceptance certificates

补充学习内容

1.《企业内部控制应用指引第13号——业务外包》及其讲解。

2.案例。

海尔集团 IT 外包给东软集团

(1)案例背景

海尔集团(以下简称"海尔")创立于1984年,从生产冰箱起步,拓展到家电、通讯、数码产品、家居、物流、金融、房地产、生物制药等领域，成为全球领先的美好生活解决方案提供商。2014年海尔品牌全球零售量份额为10.2%，连续六年蝉联全球大型家电第一品牌。

东软集团（以下简称"东软"）是一家面向全球提供IT解决方案与服务的公司，致力于通过创新的信息化技术来推动社会的发展与变革，为个人创造新的生活方式，为社会创造价值。公司创立于1991年，目前拥有20 000名员工，在中国建立了8个区域总部，10个软件研发基地，16个软件开发与技术支持中心，在60多个城市建立了营销与服务网络；在美国、日本、欧洲、中东、南美设有子公司。东软是中国第一家上市的软件公司

自1998年起，海尔开始了与东软在IT领域的广泛合作。东软在商流系统、物流系统、售后服务系统以及IT系统维护服务等众多方面为海尔提供了一系列IT系统解决方案，见证了海尔多次管理创新和业务流程改进，为海尔向先进IT技术要效益贡献了突出的力量。目前，作为海尔IT外包服务的提供商，东软以其多年来对海尔IT服务的经验积累和知识沉淀，正在为海尔提供日益完善、不断创新的IT外包服务。

（2）海尔IT外包创双赢模式

作为国际知名的大型集团企业，海尔一直追求管理思想的不断创新和业务流程的持续改进，一直坚持对IT系统建设的持续投入，用IT技术支撑管理模式和业务流程的创新优化。自1998年首次与东软合作以来，东软以其对技术的持续关注、对企业业务流程的深刻把握以及一支高效实干的团队赢得了海尔的信任。海尔采用IT外包能够满足人力资源的弹性需求，海尔无需为了一项临时性的IT业务而扩大自身的员工规模，而是把这些业务交给精通IT管理的东软，借助外部人力资源来满足企业不断变化的需要，节省用于人才招聘与培训的费用和时间，增加了人力资源配置的灵活性。东软为海尔建立的电子自动派工系统，使海乐一次性减少派送工300多名，每年节约派送成本600多万元，大大提高了顾客服务的响应速度和服务质量。而海尔可以从自己不够专业的事务——IT业务中解放出来，从而进一步优化企业人力资源的配置，能够更有效地运用核心竞争力，把时间、精力和资源集中起来，致力于具有高附加值的战略环节。几年来，双方合作范围不断扩大，合作程度不断深化。海尔对管理创新和IT系统建设的大手笔投资以及东软对解决方案的深刻理解和准确把握，为双方构筑起了优越的双赢合作模式。

（3）海尔IT外包的成功源于策略的制定

首先，企业要有明确的战略意图和长远的目标，这是成功外包的前提。如果企业对自己的战略意图和长远目标不明确，就会给IT外包带来盲目性。海尔IT外包的战略意图主要包括：集中有限的资源以提升企业的核心竞争力；提高研发能力，提高企业信息系统的柔性、协同性和高效性。

其次，外包成功的关键是认真选择合适的外包商。海尔选择东软，审慎考察了

东软的技术构成是否与自己的需求相匹配、成本预算是否合理、管理业绩是否尚佳，甚至要考虑两个企业的文化是否相容。最令海尔满意的是东软对海尔的业务流程和管理创新的深刻理解。在为海尔提供 IT 外包服务的长期合作过程中，东软的软件开发与服务工程师对海尔的业务流程有了越来越透彻的理解，许多工程师随着项目组进驻海尔已达两年以上，参与了海尔多次管理革新和流程优化，对海尔业务的熟悉程度甚至不逊于海尔的信息管理人员。这种深刻理解有助于东软为海尔量身定制高质量的 IT 应用解决方案和 IT 系统维护方案。

再次，签订外包合同是外包成功的重要手段。海尔和东软长期合作，为了明确各自的责任和义务，避免不必要的纠纷，双方签订了详尽的 IT 外包服务合同。合同约定 IT 外包服务采取总包的形式，详细规定了东软在为海尔提供 IT 服务时须尽的义务、承担的责任、工作期限（一个比较重要的是试验期限）、服务达到的标准（包括质量响应速度等）。

最后，加强外包合同的实施和监督是外包成功的保障。为了保证 IT 外包合同的实施和监督，海尔不断加强机构建设，在企业设置发展战略专家组、法律事务组和合同实施监察组，并设置相应的岗位，为外包合同的实施和监督奠定了基础。为了使企业和外包服务商之间的合作达到双赢的目的，双方采取一定的措施规避风险，如信息共享、优化合同、建立监控机制等，尤其是在双方合作的各个阶段，通过实施激励机制，使管理更加有效。

资料来源　佚名.IT外包为企业信息化卸掉"包袱"——海尔集团案例[EB/OL].[2008-09-10]. http://blog.sina.com.cn/s/blog_444b494a0100b0ku.html.

第十二章　财务报告控制

【学习目标】

通过本章的学习，可以了解财务报告的基本内容，掌握财务报告内部控制流程、财务报告内部控制各环节主要风险点、财务报告控制要点及各风险点的控制措施。

【导入性案例】

西安达尔曼实业股份有限公司（以下简称"达尔曼"）于1993年以定向募集方式设立，主要从事珠宝、玉器的加工和销售。1996年12月，公司在上交所挂牌上市，并于1998年、2001年两次配股，在股市募集资金共计7.17亿元。西安翠宝首饰集团公司（以下简称"翠宝集团"）一直是达尔曼的第一大股东，翠宝集团名为集体企业，实际上完全由许宗林一手控制。

从公司报表数据看，1997—2003年间，达尔曼销售收入合计18亿元，净利润合计4.12亿元，资产总额比上市时增长5倍，达到22亿元，净资产增长4倍，达到12亿元。在2003年之前，公司各项财务数据呈现均衡增长。然而，2003年公司首次出现净利润亏损，主营业务收入由2002年的3.16亿元下降到2.14亿元，亏损达1.4亿元，每股收益为-0.49元；同时，公司的重大违规担保事项浮出水面，涉及人民币3.45亿元、美元133.5万元；还有重大质押事项，涉及人民币5.18亿元。

2004年5月10日，达尔曼被上交所实行特别处理，变更为"ST达尔曼"，同时证监会对公司涉嫌虚假陈述行为立案调查。2004年9月公司公告显示，截至2004年6月30日，公司总资产锐减为13亿元，净资产为-3.46亿元，仅半年时间亏损高达14亿元，不仅抵消了上市以来大部分业绩，而且濒临破产。此后达尔曼股价一路狂跌，2004年12月30日跌破1元面值。2005年3月25日，达尔曼被终止上市。

2005年5月17日，证监会公布了对达尔曼及相关人员的行政处罚决定书（证监罚字〔2005〕10号），指控达尔曼虚构销售收入、虚增利润，通过虚签建设施工合同和设备采购合同、虚假付款、虚增工程设备价款等方式虚增在建工程，重大信息（主要涉及公司对外担保、重大资产的抵押和质押、重大诉讼等事项）未披露或未及时披露。同时，证监会还处理了担任达尔曼审计工作的3名注册会计师，理由是注册会计师在对货币资金、存货项目的审计过程中，未能充分勤勉尽责，未能揭示4.27亿元大额定期存单质押情况和未能识别1.06亿元虚假钻石毛坯。

调查表明，达尔曼从上市到退市，在长达8年之久的时间里都是靠造假过日子的。这场造假圈钱骗局的"导演"就是公司原董事长许宗林。经查明，1996—

2004年期间，许宗林等人以支付货款、虚构工程项目和对外投资等多种手段，将十几亿元的上市公司资金腾挪转移，其中有将近6亿元的资金被转移至国外隐匿，监守自盗大量公司资产后，许宗林携妻儿等移民加拿大。到2004年初公司显现败落时，许宗林以出国探亲和治病的借口出国到加拿大，从此一去不回。2004年12月1日，西安市人民检察院认定，许宗林涉嫌职务侵占罪和挪用资金罪，应依法追捕。2005年2月，证监会对许宗林开出"罚单"；给予警告和罚款30万元，并对其实施永久性市场禁入的处罚。但直到今天，达尔曼退市了，许宗林依然在国外逍遥。

达尔曼财务舞弊、财务报告虚假陈述是一系列有计划、有组织的系统性财务舞弊和证券违法行为。在上市的8年时间里，达尔曼不断变换造假手法，持续地编造公司经营业绩和生产记录。

1. 虚增收入、虚构业务

虚增销售收入，虚构公司经营业绩和生产记录。达尔曼所有的采购、生产、销售基本上都是在一种虚拟的状态下进行的，是不折不扣的"皇帝的新装"。每年，公司都会制订一些所谓的经营计划，然后组织有关部门和一些核心人员根据"指示"，按照生产、销售的各个环节，制作虚假的原料入库单、生产进度报表和销售合同等，为了做得天衣无缝，对相关销售发票、增值税发票的税款也照章缴纳，还因此成为当地的先进纳税户。

公司在不同年度虚构销售和业绩的具体手法也不断变化。1997—2000年度主要通过与大股东翠宝集团及下属子公司之间的关联交易虚构业绩，2000年仅向翠宝集团的关联销售就占到了当年销售总额的42.4%。2001年由于关联交易受阻，公司开始向其他公司借用账户，通过自有资金的转入转出，假作租金或其他收入及相关费用，虚构经营业绩。2002—2003年，公司开始利用自行设立的大批"壳公司"进行"自我交易"达到虚增业绩的目的。年报显示，这两年公司前五名销售商大多是来自深圳的新增交易客户，而且基本都采用赊销挂账的方式，使得达尔曼的赊销比例由2000年的24%上升到2003年的55%。经查明，这些公司均是许宗林设立的"壳公司"，通过这种手法两年共虚构销售收入4.06亿元，占这两年全部收入的70%以上，虚增利润1.52亿元。

2. 虚假采购、虚增存货

虚假采购，一方面是为了配合公司虚构业绩的需要；另一方面是为达到转移资金的目的。达尔曼虚假采购主要是通过关联公司和形式上无关联的"壳公司"来实现的。从年报可以看出，公司对大股东翠宝集团的原材料采购在1997—2001年呈现递增趋势，至2001年占到了全年采购额的26%。2002年年报显示，公司当年期末存货增加了8 641万元，增幅达86.15%，系年末从西安达福工贸有限公司购进估价1.06亿元的钻石毛坯所致，该笔采购数额巨大且未取得购货发票。后经查明，该批存货实际上是从"壳公司"购入的非常低廉的锆石。注册会计师也因未能识别该批虚假存货而受处罚。从2001年公司开始披露的应付账款前五名的供货商名单可以看出，公司的采购过于集中，而且呈加剧状态。到2003年，前五位供货商的应付账款占到全部应付账款的91%。

3.虚构往来，虚增在建工程、固定资产和对外投资

为了伪造公司盈利假象，公司销售收入大大高于销售成本与费用，对这部分差额，除了虚构往来外，公司大量采用虚增在建工程和固定资产、伪造对外投资等手法来转出资金，使公司造假现金得以循环使用。此外，公司还通过这种手段掩盖公司资金真实流向，将上市公司资金转移到个人账户，占为己有。据统计，从上市以来达尔曼共有大约15个主要投资项目，支出总额约10.6亿元。然而无论是1997年的"扩建珠宝首饰加工生产线"项目，还是2003年的"珠宝一条街"项目，大多都被许宗林用来作为转移资金的手段。2002年年报中的"在建工程附表"显示，公司有很多已开工两年以上的项目以进口设备未到或未安装为借口挂账；而2003年年报的审计意见中更是点明"珠宝一条街""都江堰钻石加工中心""蓝田林木种苗"等许多项目在投入巨额资金后未见到实物形态，而公司也无法给出合理的解释。证监会的处罚决定指控达尔曼2003年年报虚增在建工程约2.16亿元。

4.伪造与公司业绩相关的资金流，并大量融资

为了使公司虚构业绩看起来更真实，达尔曼配合虚构业务，伪造相应的资金流，从形式上看，公司的购销业务都有资金流转轨迹和银行单据。为此，达尔曼设立大量"壳公司"，并通过大量融资来支持造假所需资金。在虚假业绩支撑下，达尔曼得以在1998年、2001年两次配股融资。同时，达尔曼利用上市公司信用，为"壳公司"贷款提供担保，通过"壳公司"从银行大量融资作为收入注入上市公司，再通过支出成本的方式将其部分转出，伪造与业绩相关的资金收付款痕迹。

资料来源　傅胜，池国华.企业内部控制规范指引操作案例点评[M].北京：北京大学出版社，2011：189-191.

第一节　风险评估

财务报告，是指反映企业某一特定日期财务状况和某一会计期间经营成果、现金流量的文件，包括资产负债表、利润表、现金流量表、所有者权益变动表（新的会计准则要求在年报中披露）及会计报表附注和财务情况说明书。

企业编制财务报表的目的，就是为报表使用者提供投资、决策信息。投资者阅读财务报告，可以得知投资的风险与报酬；债权人阅读财务报告，可以了解企业的负债比例、信贷资金使用情况及偿债能力；国家行政管理机关，通过月度财务报告可以了解企业经营状况、财务状况、税金缴纳情况。企业管理人员通过阅读财务报告，可以了解企业各项经营成果和不足，检查企业财务计划、生产经营计划的执行情况，找出问题，总结成绩，预计企业未来发展状况。企业职工通过阅读财务报告，了解企业福利情况、未来发展状况，通过企业的债务结构和盈利能力了解企业

的稳定性和发展可能性。

从企业财务报告内部控制的建立来看,编制、对外提供和分析利用财务报告,至少应当关注下列风险:

(1)编制财务报告违反会计法律法规和国家统一的会计准则制度,可能导致企业承担法律责任和声誉受损。

(2)提供虚假财务报告,误导财务报告使用者,造成决策失误,干扰市场秩序。

(3)不能有效利用财务报告,难以及时发现企业经营管理中存在的问题,可能导致企业财务和经营风险失控。

一、财务报告控制流程评估

财务报告流程由财务报告编制流程、财务报告对外提供流程、财务报告分析利用流程三个阶段组成,其通用流程如图12-1所示。企业在实际操作中,应当充分结合自身业务特点和管理要求,构建和优化财务报告内部控制流程。

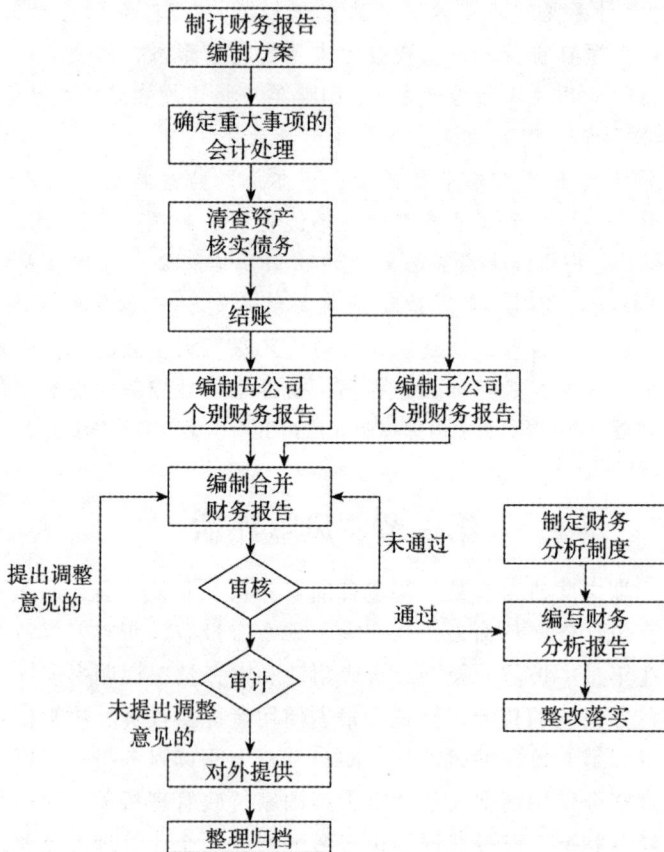

图12-1 财务报告内部控制流程

资料来源 财政部会计司.《企业内部控制应用指引第14号——财务报告》解读[J].财务与会计,2011(5).

（一）财务报告编制的内部控制

企业在编制财务报告时，要遵守国家统一的会计准则和政策。

1.财务报告的编制要求

（1）企业编制财务报告，应当重点关注会计政策和会计估计。对财务报告产生重大影响的交易和事项的处理应当按照规定的权限和程序进行审批。在编制年度财务报告前，应当进行必要的资产清查、减值测试和债权债务核实。

（2）企业编制财务报告，应当遵守国家统一的会计准则等规定。企业应根据登记完整、核对无误的会计账簿记录和其他有关资料编制财务报告，做到内容完整、数字真实、计算准确，不得漏报或者进行取舍。

2.财务报告的质量要求

（1）企业财务报告列示的资产、负债、所有者权益金额应当真实可靠。

①各项资产计价方法不得随意变更，如有减值，应当合理计提减值准备，严禁虚增或虚减资产。

②各项负债应当反映企业的实际义务，不得提前、推迟或不确认负债，严禁虚增或虚减负债。

③所有者权益应当反映企业资产扣除负债后由所有者享受的剩余权益，由实收资本、资本公积、其他综合收益、留存收益等构成。企业应当做好所有者权益保值增值工作，严禁虚假出资、抽逃出资、资本不实。

（2）企业财务报告应当如实列示当期收入、费用和利润。

①各项收入的确认应当遵循规定的标准，不得随意虚列或者隐瞒收入，推迟或提前确认收入。

②各项费用、成本的确认应当符合规定，不得随意改变费用、成本的确定标准或计量方法，虚列、多列、不列或者少列费用、成本。

③利润由收入减去费用后的净额、直接计入当期利润的利得和损失等构成，不得随意调整利润的计算、分配方法，编造虚假利润。

（3）企业编制财务报告，应当充分利用信息技术，提高工作效率和工作质量，减少或避免编制差错和人为调整因素。

3.财务报告的列报要求

（1）企业财务报告列示的各种现金流量由经营活动、投资活动和筹资活动的现金流量构成，应当按照规定划清各类交易和事项的现金流量的界限。

（2）附注是财务报告的重要组成部分，对反映企业财务状况、经营成果、现金流量的报表中需要说明的事项，作出真实、完美、清晰的说明。企业应当按照国家统一的会计准则编制附注。

（二）财务报告的对外提供

企业应当依照法律法规和国家统一的会计准则的规定，及时对外提供财务报告。具体内容包括以下几个方面：

（1）企业应当依照企业章程的规定，向投资者提供财务报告。国务院派出监事会的国有重点大型企业、国有重点金融机构和省、自治区、直辖市人民政府派出监事会的国有企业，应当依法定期向监事会提供财务报告。

（2）有关部门或机构依照法律、行政法规或者国务院的规定，要求企业提供部分或者全部财务报告及有关数据的，应当向企业出示依据，并不得要求企业改变财务报告有关数据的会计口径。

（3）非依照法律、行政法规或者国务院的规定，任何组织或者个人不得要求企业提供部分或者全部财务报告及有关数据。

违反本条例规定，要求企业提供部分或者全部财务报告及其有关数据的，企业有权拒绝。

此外，国有企业、国有控股或者占主导地位的企业，应当至少每年一次向本企业的职工代表大会公布财务报告，并重点说明下列事项：

（1）反映与职工利益密切相关的信息，包括管理费用的构成情况，企业管理人员工资、福利和职工工资、福利费用的发放、使用和结余情况，公积金的提取及使用情况，利润分配情况以及其他与职工利益相关的信息；

（2）内部审计发现的问题及纠正情况；

（3）注册会计师审计的情况；

（4）国家审计机关发现的问题及纠正情况；

（5）重大的投资、融资和资产处置决策及其原因的说明；

（6）需要说明的其他重要事项。

企业向有关各方提供的财务报告，其编制基础、编制依据、编制原则和方法应当一致，不得提供编制基础、编制依据、编制原则和方法不同的财务报告。

企业对外提供的财务报告应当依次编定页数，加具封面，装订成册，加盖公章。封面上应当注明：企业名称、企业统一代码、组织形式、地址、报表所属年度或者月份、报出日期，并由企业负责人和主管会计工作的负责人、会计机构负责人（会计主管人员）签字并盖章；设置总会计师的企业，还应当由总会计师签字并盖章。

财务报告必须经注册会计师审计的，企业应当将注册会计师及其会计师事务所出具的审计报告随同财务报告一并对外提供。

接受企业财务报告的组织或者个人，在企业财务报告未正式对外披露前应当对其内容保密。

（三）财务报告的分析利用

财务报告分析是以会计报表为主要依据，采用专门的方法，系统分析和评价企业过去和现在的经营成果、财务状况及有关变动。财务报告分析的目的可以概括为：评价过去的经营业绩，衡量现在的财务状况，预测未来的发展趋势；帮助企业现实的和潜在的利益相关者进行决策。

在财务报告的分析利用方面，企业要注意以下几点：

（1）应当重视财务报告分析工作，定期召开财务分析会议，充分利用财务报告反映的综合信息，全面分析企业的经营管理情况和存在的问题，不断提高经营管理水平。

企业财务分析会议应吸收有关部门负责人参加。总会计师或分管会计工作的负责人应当在财务分析和利用工作中发挥主导作用。

（2）企业应当分析企业的资产分布、负债水平和所有者权益结构，通过资产负债率、流动比率、资产周转率等指标分析企业的偿还能力和营运能力；分析企业净资产的增减变化，了解和掌握企业规模和净资产的不断变化过程。

（3）企业应当分析各项收入、费用的构成及增减变动情况，通过净资产收益率、每股收益等指标，分析企业的盈利能力和发展能力，了解和掌握当期利润增减变化的原因和未来发展趋势。

（4）企业应当分析经营活动、投资活动、筹资活动现金流量的运转情况，重点关注现金流量能否保证生产经营过程的正常运行，防止现金短缺或闲置。

（5）企业定期的财务分析应当形成分析报告，构成内部报告的组成部分，并且应当及时传递给企业内部有关管理层级，充分发挥财务报告在企业生产经营管理中的重要作用。

二、财务报告各环节主要风险点评估

（一）制订财务报告编制方案

企业财会部门应在编制财务报告前制订财务报告编制方案，并由财会部门负责人审核。财务报告编制方案应明确财务报告编制方法（包括会计政策和会计估计、合并方法范围与原则等）、财务报告编制程序、职责分工（包括牵头部门与相关配合部门的分工责任等）、编报时间等相关内容。该环节的主要风险是：

（1）会计政策未能有效更新，不符合有关法律规定。

（2）重要会计政策、会计估计变更未经批准，导致会计政策使用不当。

（3）会计政策未能有效贯彻、执行；各部门职责、分工不清，导致数据传递出现差错、遗漏、格式不一致等。

（4）各步骤时间安排不明确，导致整体编制进度延后，违反相关报送要求。

（二）确定重大事项的会计处理

在编制财务报告前，企业应当确认对当期有重大影响的主要事项，并确定重大事项的会计处理。该环节的主要风险是：重大事项，如债务重组、非货币性交易、公允价值的计量、收购兼并、资产减值等的会计处理不合理，会导致会计信息扭曲，无法如实反映企业实际情况。

（三）清查资产核实债务

企业在编制财务报告前，应组织财务和相关部门进行资产清查、减值测试和债权债务核实工作。该环节的主要风险是：资产、负债账实不符；虚增或虚减资产、负债；资产计价方法随意变更；提前、推迟甚至不确认资产、负债等。

（四）结账

企业在编制年度财务报告前，应在日常定期核对信息的基础上完成对账、调账、差错更正等业务，然后实施关账操作。该环节的主要风险是：账务处理存在错误，导致账证、账账不符；虚列或隐瞒收入，推迟或提前确认收入；随意改变费用、成本的确认标准或计量方法，虚列、多列、不列或者少列费用、成本；结账的时间、程序不符合相关规定；关账后又随意打开已关闭的会计期间等。

（五）编制个别财务报告

企业应当按照国家统一的会计准则规定的财务报告格式和内容，根据登记完整、核对无误的会计账簿记录和其他有关资料编制财务报告，做到内容完整、数字真实、计算准确，不得漏报或者任意进行取舍。该环节的主要风险是：提供虚假财务报告，误导财务报告使用者，造成决策失误，干扰市场秩序；报表数据不完整、不准确；报表种类不完整；附注内容不完整。

（六）编制合并财务报告

企业集团应当编制合并财务报告，分级收集合并范围内分公司及内部核算单位的财务报告并审核，进而合并全资及控股公司财务报告，如实反映企业集团的财务状况、经营成果和现金流量。该环节的主要风险是：合并范围不完整；合并内部交易和事项不完整；合并抵销分录不正确。

（七）财务报告对外提供阶段的主要风险点

1.财务报告对外提供前的审核

财务报告对外提供前需按规定程序进行审核，主要包括财会部门负责人审核财务报告的准确性并签字盖章；总会计师或分管会计工作的负责人审核财务报告的真实性、完整性、合法合规性，并签字盖章；企业负责人审核财务报告整体合法合规性并签字盖章。该环节的主要风险是：在财务报告对外提供前未按规定程序进行审核，对内容的真实性、完整性以及格式的合规性等审核不充分。

2.财务报告对外提供前的审计

《公司法》等法律法规规定了公司应编制的年度财务报告需依法经会计师事务所审计，审计报告应随同财务报告一并对外提供。《关于会计师事务所从事证券、期货相关业务有关问题的通知》等还对为特定公司进行审计的会计师事务所的资格进行了规定。因此，相关企业需按规定在财务报告对外提供前，选择具有相关业务资格的会计师事务所进行审计。该环节的主要风险是：财务报告对外提供前未经审计，审计机构不符合相关法律法规的规定，审计机构与企业串通舞弊。

3.财务报告的对外提供

一般企业的财务报告经完整审核并签字盖章后即可对外提供。上市公司还需经董事会和监事会审批通过后方能对外提供，财务报告应与审计报告一同向投资者、债权人、政府监管部门等报送。该环节的主要风险是：对外提供时未遵循相关法律法规的规定，导致承担相应的法律责任；对外提供的财务报告的编制基础、编制依据、编制原则和方法不一致，影响各方对企业情况的判断和经济决策的作出；未能及时对外报送财务报告，导致财务报告信息的使用价值降低，同时也违反有关法律法规；财务报告在对外提供前泄露或使不应知晓的对象获悉，导致发生内幕交易等，使投资者或企业本身蒙受损失。

（八）财务报告分析利用阶段的主要风险点

1.制定财务分析制度

企业财会部门应在对企业基本情况进行分析研究的基础上，提出财务报告分析制度草案，并经财会部门负责人、总会计师或分管会计工作的负责人、企业负责人检查、修改、审批。该环节的主要风险是：制定的财务分析制度不符合企业实际情况，财务分析制度未充分利用企业现有资源，财务分析的流程、要求不明确，财务分析制度未经审批等。

2.编写财务分析报告

财会部门应按照财务分析制度定期编写财务报告，并通过定期召开财务分析会议等形式对分析报告的内容予以完善，以充分利用财务报告反映的综合信息，全面分析企业的经营管理状况和存在的问题，不断提高经营管理水平。该环节的主要风险是：财务分析报告的目的不正确或者不明确，财务分析方法不正确，财务分析报告的内容不完整，未对本期生产经营活动中发生的重大事项作专门分析；财务分析局限于财会部门，未充分利用相关部门的资源，影响质量和可用性；财务分析报告未经审核等。

3.整改落实

财会部门应将经过企业负责人审批的报告及时报送各部门负责人，各部门负责人根据分析结果进行决策和整改落实。该环节的主要风险是：财务分析报告的内容传递不畅，未能及时使有关部门获悉；各部门对财务分析报告不够重视，未对其中的意见进行整改落实。

第二节 关键控制点

一、财务报告控制要点

根据财务报告编制过程，企业应该在建立与实施财务报告编制与披露内部控制中，注意做好对财务报告编制准备、财务报告编制和财务报告的分析利用等方面的控制工作。

（一）财务报告编制准备及其控制

企业在编制财务报告前应做好周密的准备工作，包括财务报告编制责任的落实、财务报告编制政策的审批与各类账务的核实等具体事务。

1.财务报告编制责任的落实

企业应当严格执行会计法律法规和国家统一的会计准则，加强对财务报告编制、对外提供和分析利用全过程的管理，明确相关工作流程和要求，落实责任制，确保财务报告合法合规、真实完整和有效利用。

总会计师或分管会计工作的负责人负责组织领导财务报告的编制、对外提供和分析利用等相关工作。企业负责人对财务报告的真实性、完整性负责。

2.财务报告编制政策的审批与各类账务的核实

企业编制财务报告，应当重点关注会计政策和会计估计，对财务报告产生重大影响的交易和事项的处理应当按照规定的权限和程序进行审批。企业在编制年度财务报告前，应当进行必要的资产清查、减值测试和债权债务核实。

（二）财务报告编制及其控制

企业应当按照国家统一的会计准则规定，根据登记完整、核对无误的会计账簿记录和其他有关资料编制财务报告，做到内容完整、数字真实、计算准确，不得漏报或者随意进行取舍。在编制财务报告过程中，应当真实、完整地在会计报表附注和财务情况说明书中说明需要说明的事项。

1.企业财务报告列示的资产、负债、所有者权益金额应当真实、可靠

各项资产计价方法不得随意变更，如有减值，应当合理计提减值准备，严禁虚增或虚减资产；各项负债应当反映企业的现时义务，不得提前、推迟或不确认负债，严禁虚增或虚减负债；所有者权益应当反映企业资产扣除负债后由所有者享有的剩余权益，由实收资本、资本公积、其他综合收益、留存收益等构成。企业应当做好所有者权益保值增值工作，严禁虚假出资、抽逃出资、资本不实。

2.企业财务报告应当如实列示当期收入、费用和利润

各项收入的确认应当遵循规定的标准，不得虚列或者隐瞒收入、推迟或提前确认收入；各项费用、成本的确认应当符合规定，不得随意改变费用、成本的确认标准或计量方法，虚列、多列、不列或者少列费用、成本；利润由收入减去费用后的净额、直接计入当期利润的利得和损失等构成。不得随意调整利润的计算、分配方法，编造虚假利润。

3.企业财务报告应当如实列示现金流量，编制财务报表附注及合并财务报表

企业财务报告列示的各种现金流量由经营活动、投资活动和筹资活动的现金流量构成，应当按照规定划清各类交易和事项的现金流量的界限。

附注是财务报告的重要组成部分，对反映企业财务状况、经营成果、现金流量的报表中需要说明的事项，作出真实、完整、清晰的说明。企业应当按照国家统一的会计准则编制附注。

企业集团应当编制合并财务报表，明确合并财务报表的合并范围和合并方法，如实反映企业集团的财务状况、经营成果和现金流量。

另外，企业编制财务报告，应当充分利用信息技术，提高工作效率和工作质

量，减少或避免编制差错和人为调整因素。

企业应当依照法律法规和国家统一的会计准则的规定，及时对外提供财务报告。企业财务报告编制完成后，应当装订成册，加盖公章，由企业负责人、总会计师或分管会计工作的负责人、财会部门负责人签字并盖章。财务报告须经注册会计师审计的，注册会计师及其所在的事务所出具的审计报告应当随同财务报告一并提供。企业对外提供的财务报告应当及时调整归档，并按有关规定妥善保管。

（三）财务报告的分析利用及其控制

企业应当重视财务报告分析工作，定期召开财务分析会议，充分利用财务报告反映的综合信息，全面分析企业的经营管理状况和存在的问题，不断提高经营管理水平。

企业财务分析会议应吸收有关部门负责人参加。总会计师或分管会计工作的负责人应当在财务分析和利用工作中发挥主导作用。

企业应当分析企业的资产分布、负债水平和所有者权益结构，通过资产负债率、流动比率、资产周转率等指标分析企业的偿债能力和营运能力；分析企业净资产的增减变化，了解和掌握企业规模和净资产的不断变化过程。

企业应当分析各项收入、费用的构成及增减变动情况，通过净资产收益率、每股收益等指标，分析企业的盈利能力和发展能力，了解和掌握当期利润增减变化的原因和未来发展趋势。

企业应当分析经营活动、投资活动、筹资活动现金流量的运转情况，重点关注现金流量能否保证生产经营过程的正常运行，防止现金短缺或闲置。

企业定期的财务分析应当形成分析报告，构成内部报告的组成部分。财务分析报告结果应当及时传递给企业内部有关管理层级，充分发挥财务报告在企业生产经营管理中的重要作用。

二、财务报告各环节主要风险点的风险控制措施

（一）制订财务报告编制方案

主要管控措施为：

（1）会计政策应符合国家有关法规和最新监管要求的规定。企业应按照国家最新会计准则规定，结合自身情况，制定企业统一的会计政策。企业应有专人关注与会计相关法律法规、规章制度的变化及监管机构的最新规定等，并及时对企业的内部会计规章制度和财务报告流程等作出相应更改。

（2）会计政策和会计估计调整，无论是强制还是自愿，均需按照规定的权限和程序审批。

（3）企业的内部会计规章制度至少要经财会部门负责人审批后生效，财务报告流程、年报编制方案应当经公司分管财务会计工作的负责人核准后签发。

（4）企业应建立完备的信息沟通渠道，经内部会计规章制度和财务流程、会计

科目表和相关文件及时有效地传达至相关人员，使其了解相关职责要求，掌握适当的会计知识、会计政策并加以执行。企业还应通过内部审计等方式，定期进行测试，保证会计政策有效执行，且在普通业务部门、不同期间内保持一致性。

（5）应明确各部门的职责分工，总会计师或分管会计工作的负责人负责组织领导；财会部门负责财务报告编制工作；各部门应当及时向财会部门提供编制财务报告所需的信息，并对所提供信息的真实性和完整性负责。

（6）应根据财务报告的报送要求，安排工时，为各步骤设置关键时间点，并由财会部门负责督促和考核各部门的工作进度，及时进行提醒，对未能及时完成的进行相应处罚。

（二）确定重大事项的会计处理

主要管控措施为：

（1）企业应对重大事项予以关注，通常包括以前年度审计调整以及相关事项对当期的影响、会计准则制度的变化及对财务报告的影响、新增业务和其他新发生的事项及对财务报告的影响、年度内合并（汇总）报告范围的变化及对财务报告的影响等。企业应建立重大事项的处理流程，报有关管理层审批后，予以执行。

（2）及时沟通需要专业判断的重大会计事项并确定相应会计处理。企业应规定下属各部门、各单位人员及时将重大事项信息报告至财会部门。财会部门应定期研究、分析并与相关部门组织沟通重大事项的会计处理，逐级报请总会计师或分管会计工作的负责人审批后下达各相关单位执行。特别是资产减值损失、公允价值计量等涉及重大判断和估计时，财会部门应定期与资产管理部门进行沟通。

（三）清查资产核实债务

主要管控措施为：

（1）确定具体可行的资产清查、负债核实计划，安排合理的时间和工作进度，匹配足够的人员、确定实物资产盘点的具体方法和过程，同时做好业务准备工作。

（2）做好各项资产、负债的清查、核实工作，包括：与银行核对对账单、盘点库存现金、核对票据；核查结算款项，包括应付款项、应交税费等是否存在，与债务、债权单位的相应债务、债权金额是否一致；核查原材料、在产品、自制半成品、库存商品等各项存货的实存数量与账面数量是否一致，是否有报废损失和积压物资等；核查账面投资是否存在，投资收益是否按照国家统一的会计准则规定进行确认和计量；核查房屋建筑物、机器设备、运输工具等各项固定资产的实存数量与账面数量是否一致；清查土地、房屋的权属证明，确定资产归属；核查在建工程的实际发生额与账面记录是否一致等。

（3）对清查过程中发现的差异，应当分析原因，提出处理意见，取得合法证据和按照规定权限审批，将清查、核实的结果及处理方法向企业的董事会或者相应机构报告，并根据国家统一的会计准则的规定进行相应的会计处理。

（四）结账

主要管控措施为：

（1）核对各会计账簿记录与会计凭证的内容、金额等是否一致，记账方向是否相符。

（2）检查相关财务处理是否符合国家统一的会计规章制度和企业制定的核算方法。

（3）调整有关账项，合理确定本期应计的收入和应计的费用。例如，计提固定资产折旧、计提坏账准备等；各项待摊费用按规定摊配并分别记入本期有关科目；属于本期的应计收益应确认列为本期收入等。

（4）检查是否存在因会计差错、会计政策变更等原因需要调整前期或者本期相关项目的情况。对于调整项目，需取得和保留审批文件，以保证调整有据可依。

（5）不得为了赶编财务报告而提前结账，或把本期发生的经济业务事项延至下期登账，也不得先编财务报告后结账，应在当期所有交易或事项处理完毕并经财会部门负责人审核签字确认后，实施关账和结账操作。

（6）如果在关账之后需要重新打开已关闭的会计期间，须填写相应的申请表，经总会计师或分管会计工作的负责人审批后进行。

（五）编制个别财务报告

主要管控措施为：

（1）企业财务报告列示的资产、负债、所有者权益金额应当真实可靠。①各项资产计价方法不得随意变更，如有减值，应当合理计提减值准备，严禁虚增或虚减负债。②各项负债应当反映企业的现时义务，不得提前、推迟或不确认负债，严禁虚增或虚减负债。③所有者权益应当反映企业资产扣除负债后所有者享有的剩余权益，由实收资本、资本公积、其他综合收益、留存收益等构成。企业应当做好所有者权益保值增值工作，严禁虚假出资、抽逃出资、资本不实。

（2）企业财务报告应当如实列示当期收入、费用和利润。①各项收入的确认应当遵循规定的标准，不得虚列或者隐瞒收入，推迟或提前确认收入。②各项费用、成本的确认应当符合规定，不得随意改变费用、成本的确认标准或计量方法，虚列、多列、不列或者少列费用、成本。③利润由收入减去费用后的净额、直接计入当期利润的利得和损失等构成。不得随意调整利润的计算、分配方法，编造虚假利润。

（3）企业财务报告列示的各种现金流量由经营活动、投资活动和筹资活动的现金流量构成，应当按照规定划清各类交易和事项的现金流量的界限。

（4）按照岗位分工和规定的程序编制财务报告。①财会部门制定本单位财务报告编制分工表，并由财会部门负责人审核，确保报告编制范围完整。②财会部门报告编制岗位按照登记完整、核对无误的会计账簿记录和其他有关资料对相关信息进行汇总编制，确保财务报告项目与相关账户对应关系正确，计算公式无误。③进行校验审核工作，包括期初数核对、财务报告内有关项目的对应关系审核、报表前后钩稽关系审核、期末数与试算平衡表和工作底稿核对、财务报告主表与附表之间的平衡及钩稽关系校验等。

（5）按照国家统一的会计准则和制度编制附注。附注是财务报告的重要组成部分，企业对反映企业财务状况、经营成果、现金流量的报表中需要说明的事项，作出真实、完整、清晰的说明。检查担保、诉讼、未决事项、资产重组等重大或有事项是否在附注中得到反映和披露。

（6）财会部门负责人审核报表内容和种类的真实、完整性，通过后予以上报。

（六）编制合并财务报告

主要管控措施为：

（1）财会部门依据经同级法律事务部门确认的产权（股权）结构图，并考虑所有相关情况以确定合并范围符合国家统一的会计准则的规定，由财会部门负责人审核、确认合并范围是否完整。

（2）财会部门收集、审核下级单位财务报告，并汇总出本级次的财务报告，经汇总单位财会部门负责人审核。

（3）财会部门制定内部交易和事项核对表及填制要求，报财会部门负责人审批后下发合并范围内的各单位。财会部门核对本单位及纳入合并范围内各单位之间内部交易的事项和金额，如有差异，应及时查明原因并进行调整。编制内部交易表及内部往来表交财会部门负责人审核。

（4）合并抵销分录应有相应的标准文件和证据进行支持，由财会部门负责人审核。

（5）对合并抵销分录实行交叉复核制度，具体编制人完成调整分录后即提交相应复核人进行审核，审核通过后才可录入试算平衡表。通过交叉复核，保证合并抵销分录的真实性、完整性。

（七）财务报告对外提供阶段主要风险点的控制措施

1.财务报告对外提供前的审核

主要管控措施为：

（1）企业应严格按照规定的财务报告编制中的审核程序，由各级负责人逐级把关，对财务报告内容的真实性、完整性，格式的合规性等予以审核。

（2）企业应保留审核记录，建立责任追究制度。

（3）财务报告在对外提供前应当装订成册，加盖公章，并由企业负责人、总会计师或分管会计工作的负责人、财会部门负责人签字并盖章。

2.财务报告对外提供前的审计

主要管控措施为：

（1）企业应根据相关法律法规的规定，选择符合资质的会计师事务所对财务报告进行审计。

（2）企业不得干扰审计人员的正常工作，并应对审计意见予以落实。

（3）注册会计师及其所在的事务所出具的审计报告，应随财务报告一并提供。

3.财务报告的对外提供

主要管控措施为：

（1）企业应根据相关法律法规的要求，在企业相关制度中明确财务报告对外提供的对象，在相关制度性文件中予以明确并由企业负责人监督，如国有企业应当依法定期向监事会提供财务报告，至少每年一次向本企业的职工代表大会公布财务报告。上市公司的财务报告需经董事会、监事会审核通过后向全社会提供。

（2）企业应严格按照规定的财务报告编制中的审批程序，由财会部门负责人、总会计师或分管会计工作的负责人、企业负责人逐级把关，对财务报告内容的真实性、完整性及格式的合规性等予以审核，确保提供给投资者、债权人、政府监管部门、社会公众等的财务报告的编制基础、编制依据、编制原则和方法完全一致。

（3）企业应严格遵守相关法律法规和国家统一的会计准则对报送时间的要求，在财务报告的编制、审核、报送流程中的每一步骤设置时间点，对未能按时完成的相关人员进行处罚。

（4）企业应设置严格的保密程序，对能够接触财务报告信息的人员进行权限设置，保证财务报告信息在对外提供前控制在适当的范围内，并对财务报告信息的访问情况予以记录，以便了解情况，及时发现可能的泄密行为，在泄密后也易于找到相应的责任人。

（5）企业对外提供的财务报告应当及时整理归档，并按有关规定妥善保存。

（八）财务报告分析利用阶段主要风险点的控制措施

1.制定财务分析制度

主要管控措施为：

（1）企业在对基本情况进行分析时，应当重点了解企业的发展背景，包括企业的发展史、企业组织机构、产品销售及财务资产变动情况等，熟悉企业业务流程，分析研究企业的资产及财务管理活动。

（2）企业在制定财务报告分析制度时，应重点关注：财务报告分析的时间、组织形式、参加的部门和人员；财务报告分析的内容、分析的步骤、分析方法和指标体系；财务报告分析的编写要求等。

（3）财务报告分析制度草案经由财会部门负责人、总会计师或分管会计工作的负责人、企业负责人检查、修改、审批之后，根据制度涉及的要求进行试行，发现问题要及时总结上报。

（4）财会部门根据具体情况进行修正，确定最终的财务报告分析制度文稿，并经财会部门负责人、总会计师或分管会计工作的负责人、企业负责人进行最终的审批。

2.编写财务分析报告

主要管控措施为：

（1）编写时要明确分析的目的，运用正确的财务分析方法，并能充分、灵活地运用各项资料。分析内容包括：①企业的资产分布、负债水平和所有者权益结构，通过资产负债率、流动比率、资产周转率等指标分析企业的偿债能力和营运能力；分析企业净资产的增减变化，了解和掌握企业规模和净资产的不断变化过程。②分析各项收入、费用的构成及增减变动情况，通过净资产收益率、每股收益等指标，分析企业的盈利能力和发展能力，了解和掌握当期利润增减变化的原因和未来发展趋势。③分析经营活动、投资活动、融资活动现金流量的运转情况，重点关注现金流量能否保证生产经营过程的正常运行，防止现金短缺或闲置。

（2）总会计师或分管会计工作的负责人应当在财务分析和利用工作中发挥主导作用，负责组织领导。财会部门负责人审核财务分析报告的准确性、判断是否需要对特殊事项进行补充说明，并对财务分析报告进行补充说明。对生产经营活动中的重要资料、重大事项以及与上年同期数据相比有较大差异的情况要作重点说明。

（3）企业财务分析会议应吸收有关部门负责人参加，对各部门提出的意见，财会部门应充分沟通、分析，进而修改完善财务分析报告。

（4）修订后的分析报告应及时报送企业负责人，企业负责人负责审批分析报告，并据以进行决策，对于存在的问题及时采取措施。

3.整改落实

主要管控措施为：

（1）定期的财务分析报告应构成内部报告的组成部分，并充分利用信息技术和现有内部报告体系在各个层级上进行沟通。

（2）根据分析报告的意见，明确各部门职责。责任部门按要求落实改正，财会部门负责监督、跟踪责任部门的落实情况，并及时向有关负责人反馈落实情况。

第三节　案例分析

案例一　中国石油独立编制财务报告体系建设

（一）案例简介

中国石油天然气股份有限公司（以下简称"中国石油"）于1999年11月由中国石油天然气集团公司作为独家发起人注册成立，并分别于2000年4月与2007年11月在纽约证券交易所、香港联合交易所及上海证券交易所挂牌上市。作为上下游一体化的综合性石油公司，中国石油是中国油气行业最大的油气生产商和销售商，也是全球最大的一体化油气公司之一。中国石油目前有勘探与生产、炼油与化工、销售、天然气与管道四大业务板块，生产运营遍布全国各地及海外十几个国家和地区，直接合并报表单位100多家。中国石油在编制财务报告体系建设中主要采取以下做法：

1.建立组织保障体系

2005年，中国石油提出了"实现财务报告独立编制"的工作目标，将其界定为一项战略性基础工程。明确独立编制财务报告体系建设符合"财务工作服从和服务于生产经营和资本市场"的战略定位，符合中国石油"一流的财务管理体制和运行机制，一流的财务管理队伍"两个"一流"的财务管理战略目标。

独立编制财务报告体系建设是一项复杂的系统工程，涉及总部及分、子公司财务系统和几千名财务人员、业务人员，需要调动企业外部律师、审计师以及内部四个业务板块、海内外各方面的力量，由财务部和内部控制部、信息部等多个部门共同完成。

为了有效开展工作，中国石油建立了自上而下、自下而上的独立编制财务报告组织保障体系，由公司领导主抓，财务系统内会计专家及信息技术专家全过程参与，并在全公司范围内设置财务报告编制岗位、配备财务报告编制人员。

2.融合不同会计准则

建立科学、统一、规范的独立编制财务报告体系，需要协同不同的准则和制度，充分考虑各个上市地的监管要求和石油行业的特殊性及特殊披露规定。为此，中国石油编制了统一的财务报告手册，建立了编制财务报告的规则体系。通过对中国企业会计准则及国际财务报告准则进行深入系统的分析与研究，摘录了两个准则共80余项具体与中国石油会计业务处理相关的准则要点。

就每个准则的适用范围及披露要点进行具体归纳，重点分析了中国企业会计准则与国际财务报告准则在具体规定上的差异以及对中国石油的影响，形成了适用于中国石油财务报告编制的准则基础。在此基础上，结合企业会计业务实际和行业特点，秉承"简洁实用、可操作、兼顾发展"的原则，编写了中国石油《财务报告手册》，全方位界定了中国石油独立编制财务报告应遵循的规则。

3.协同不同披露需求

由于中国石油在上海、香港、纽约三地上市，财务报告披露信息需要遵循不同会计准则、多个上市地的监管规则。在会计准则方面，需要满足中国企业会计准则、国际财务报告准则及美国公认会计准则的信息披露要求；在监管规则方面，需要满足上海证券交易所、香港联合交易所及纽约证券交易所的各项上市规则、披露制度及管理条例等。

为此，中国石油对会计准则、监管规则及信息披露要求进行了全面梳理，以客观反映、充分披露为原则，建立并固化完整的财务报告体系。该报告体系突破了单一会计报表的概念，超越了单一财务数据的范围，涵盖了中国石油财务管理的重要方面，包括中国准则财务报告、国际准则财务报告以及美国准则财务报告三个子体系。

4.优化独立编制流程

为保证独立编制财务报告工作的科学组织运行，中国石油重塑和优化全公司财务报告编制流程，设计适用于上、中、下游业务，满足总部及所有分、子公司的标准数据字典，设计统一的数据析取模式，建立起独立编制财务报告流程体系，并对财务报告流程设计了关键控制点，提高数据收集、处理和分析能力。

自主开发信息系统。信息系统是财务报告标准化体系的载体，也是实施独立编制财务报告的必要保证。中国石油一直非常重视财务管理信息系统的建设与应用。

为有效整合内外部资源，中国石油设计开发了财务报告信息系统。该系统坚持"自主开发"理念，依托中国石油会计一级集中核算，在充分利用内部已有信息基础上，设计同时满足内外部报告的流程方案，以建设国际一流的财务管理体系为根本宗旨，满足中国石油总部及全部分、子公司财务报告数据的自动归集、报表的自动析取、报告的自动生成，全面解决不同准则间的会计差异处理问题。信息系统的设计、网络、硬件、数据库软件、应用软件等，都要坚持先进适用、科学高效的原则。

5.建立控制体系

为保持独立编制后的财务报告客观公正，中国石油建立了严格的财务报告控制体系。

一是依托会计一级集中核算账务系统，实现财务报告基础数据自动生成，杜绝人为调节现象的发生。同时，按照业务类型，设计严密的析取公式、计算公式和校验公式，确保财务报告基础信息准确完整。

二是在企业内部控制系统内，新设了针对财务报告客观性、公允性的内部控制测试流程，详细描述财务报告内部控制程序，设计内部控制标准，设置独立编制的关键控制点，明确测试频率，并就测试结果与内部控制审计师定期沟通，以有效的风险控制手段确保财务报告客观公正。

三是建立配合外部审计师进行定期报告审计的工作机制，形成上下结合的外部审计配合团队。

中国石油于2008年全面实现了独立编制财务报告的目标。从2008年季度、半年度、年度以及2009年季度、半年度财务报告编制情况看，财务报告独立编制实际运行情况良好，达到了预期目标。中国石油独立编制财务报告体系建设获得了资本市场的高度肯定。在2009年度《投资者关系》杂志的评选中，中国石油的2008年年报获得了中国区域"最佳年报/正式披露奖"提名。

（二）案例分析

财务报告是资本市场了解上市公司最重要的窗口，也是投资者进行投资决策最重要的依据，特别是随着经济全球化，财务报告信息已经成为资本在资本市场上流动的风向标。同时，高质量的财务报告有助于上市公司规避披露风险，树立良好形象，提升品牌价值。近年来，国际大型上市公司都非常注重向资本市场提供高质量的财务报告，并致力于开展独立编制财务报告工作。所谓独立编制财务报告，是指为防止财务欺诈、明确上市公司管理层与外部审计师各自应承担的责任，按照美国国会2002年颁布的《萨班斯-奥克斯利法案》的要求，由上市公司根据会计准则及监管规定独立编制，并提交外部审计师审计的对外披露财务报告。上市公司负责编制财务报告，并对财务报告的真实性、准确性、完整性负责，外部审计师的责任是对财务报告发表审计意见。

　　然而，实现独立编制财务报告并非易事，这是因为编制财务报告需要准确把握和及时跟进国内外繁杂的会计准则和监管机构的详细规定，需要协同不同会计准则和监管制度之间的差异，需要对所在行业具备很高的职业判断水平和丰富的会计处理经验，需要收集、审核大量的基础数据。目前，国内大型跨国上市公司尚未能全面实现独立编制财务报告。中国石油基于国际大型石油公司财务管理发展趋势和提升管理水平、推进国际化发展等多方面的考虑，强化独立编制财务报告体系建设，并作为战略性基础工程，为我们总结了一套可供借鉴的经验和提供了一个成功的范例。

　　资料来源　企业内部控制编审委员会.企业内部控制配套指引解读与案例分析[M].上海：立信会计出版社，2010：254-257.

案例二　菲尔房地产开发有限公司关联方披露

　　（一）案例简介

　　菲尔房地产开发有限公司（以下简称"菲尔公司"）是一家国有资本控股的企业，公司于2003年承建"祥瑞家园"商品房开发项目。该项目正在轰轰烈烈的建设中时，接到群众的举报，称该公司多处房屋重复销售。市审计局接受该案的调查工作，经过1年的调查，发现该公司在项目中利用虚假的商品房买卖合同将同一处房屋重复对外销售，最多达四次之多，销售一次，向信用社抵押贷款一次，向个人高息融资一次，对外抵债一次，累计数额达3 000多万元。

　　该公司的总经理和副经理辩称不是虚假的买卖合同，而是利用签订商品房的买卖合同融资，解决资金的短缺问题。经过审计发现，该公司的内部控制制度形同虚设，一片混乱，最终导致企业的资金短缺，不得不采用上述虚假的手段筹集资金。同时我们也注意到，从建委、国资委、银行等部门取得的财务报告都显示企业的财务状况良好，甚至财务报告是经过会计师事务所的审计，并出具了无保留意见审计报告。深入究其原因，外部政府部门的监管不到位是一方面，但是内部管理混乱，缺乏一个健全有效的内部控制体系是其根本的原因。下面主要从内部控制制度的两个侧面分析：

　　（1）建筑材料的采购和付款由一个副经理一手经办，没有执行材料采购和付款相分离的内部控制制度。由该副经理个人的公司向公司供应材料，其价格高于市场的售价，导致资金大量外流，造成资金的短缺。

　　（2）另一副经理向公司借款100万元，后用两辆价值40万元轿车抵债，套取公司的现金。这一交易在会计处理上实为资产形态的转变，资产的总额并没有变化，如果不在报表的附注中进行披露，报表的使用者是不能知晓这个信息的。

　　（二）案例分析

　　上述事件说明，菲尔公司的内部控制制度存在严重的缺陷。事项（1）、（2）在财务报表的附注中未能得以披露（关联方及关联方的交易定价和交易数量）。

该公司没有一个行之有效的内部控制系统，存在虚假的记载。误导性陈述、重大差错、舞弊、欺诈导致财务报告编制与披露违反国家法律法规。资金管理、采购管理、工程项目管理、筹资管理等环节严重失控，编制的财务报告是虚假的报告，最终使企业遭受严重的损失，责任者也将受到法律的制裁。

资料来源　企业内部控制编审委员会.企业内部控制配套指引解读与案例分析[M].上海：立信会计出版社，2010：257-258.

复习思考题

1.从企业财务报告内部控制的建立来看，编制、对外提供和分析利用财务报告至少应当关注哪些风险？

2.企业在编制财务报告前应做好哪些准备工作？

3.企业在财务报告的分析利用过程中应注意哪些方面？

4.财务报告控制要点有哪些？

5.简述个别财务报告编制环节的主要风险及管控措施。

中英文专业术语

财务报告　financial report
控制流程　control process
风险评估　risk assessment
财务制度　financial system

补充学习内容

1.《企业内部控制应用指引第14号——财务报告》及其讲解。

2.案例。

内部控制严重缺失，企业疯狂造假

20世纪80年代初，斯克鲁西出于将理疗和恢复性治疗等手术辅助环节独立出来的想法，创建了南方保健公司（以下简称"南方保健"）。1986年，南方保健完成新股发行并在纽约股票交易所上市。此后十年间，南方保健疯狂购并，2002年已成为全美最大的私立保健医疗公司，在美国的50个州和澳大利亚、加拿大、英国等国家拥有众多的诊所、外科手术中心和疗养院。这几近疯狂的扩张速度，使南方保健消化不良，加上首席执行官斯克鲁西在董事会中的独断专行和过分追求个人成就感，最终使南方保健走上了财务舞弊的不归路。2003年3月，南方保健的财务舞弊丑闻浮出水面，创下了上市公司财务舞弊涉案人员最多的记录（有11名高管人员涉案），而25亿美元的虚假利润更使其成为仅次于世界通信的第二大"会计造假大王"。

南方保健至少从1997年开始就使用各种会计造假手法对经营利润和资产负债表进行操纵，以满足华尔街的盈利预期。

（1）召开"家庭会议"，编造虚假分录。在斯克鲁西的领带下，南方保健的高管人员每个季度末都要开会，商讨会计造假事宜，他们亲切地称这种独特的会议为"家庭会议"，与会者被"尊称"为"家庭成员"。SEC在起诉状中指出，南方保健使用的最主要的造假手段是通过"契约调整"（contractual adjustment）这一收入备抵账户进行利润操纵。"契约调整"用于估算南方保健向病人投保的医疗保险机构开出的账单与医疗保险机构预计将支付的账款之间的差额，经营收入总额减去"契约调整"的借方余额，作为营业收入净额反映在南方保健的收益表上。"契约调整"是一个需要大量估计和判断的账户，具有很大的不确定性。南方保健的高管人员恰恰是利用这一点，通过毫无根据的贷记"契约调整"账户，虚增收入，蓄意调节利润。为了不使虚增的收入露出破绽，南方保健又专门设立了"AP汇总"账户。"AP汇总"账户作为固定资产和无形资产的次级明细账户，用于记录"契约调整"相对应的资产增加额。从1997年至2002年6月30日，南方保健通过凭空贷记"契约调整"的手法，虚构了近25亿美元的利润总额，虚构金额为实际利润的247倍；虚增资产总额15亿美元，其中包括固定资产10亿美元，现金3亿美元。其实，早在会计造假曝光前，南方保健就因多次骗取联邦医疗保险金而臭名昭著了。根据美国医保服务中心（CMC）的调查，长期以来，南方保健向CMC提交理疗服务成本报告时就存在如下问题：①成本报告中有相当数量的服务种类是其从未对医保病人开放的，南方保健将一部分非医保病人发生的支出算到医保病人的头上，以骗取老年人医疗保险计划（Medicare）和国民医疗补助计划（Medicaid）的补偿；②在南方保健上报的医疗服务中，50%缺乏指定诊疗记录；③南方保健经常将助理医师给多个病人提供的诊疗服务按照执业医师单人诊疗的标准列示，以向Medicare和Medicaid寻求高额补偿。

（2）规避审计。为掩饰会计造假，南方保健动员了几乎整个高管层，共同对付安永会计师事务所。其别有用心的欺骗行为具体表现在：①为了避免直接调增收入，他们设计了"契约调整"这一收入备抵账户，利用该账户依赖主观判断且在会计系统中不留交易轨迹的特点，加大虚假收入的审计难度。②编造虚假会计分录时，南方保健利用了许多过渡账户，虚构的利润通过频繁借贷，最终虚增了固定资产、无形资产，甚至是现金。③南方保健的会计人员对安永审查各个报表科目所用的重要性水平了如指掌，并千方百计将造假金额化整为零，确保造假金额不超过安永确定的"警戒线"。这样，即使虚假分录被抽样审计发现，他们也可以以"金额较小，达不到重要性水平"为由搪塞。当然，纸包不住火。在2000年度报表的审计中，安永就曾质疑南方保健某家门诊机构固定资产的增加缺乏足够的凭证支持。

为此，南方保健的会计人员在电脑上篡改了固定资产的采购发票。更恶劣的是，当安永向南方保健索要固定资产明细分类账时，南方保健的会计人员居然迅速炮制了一本分类账，将所有由"AP汇总"编造出的"新增固定资产"在这本分类账中逐一补上。

在南方保健的案例中，公司内部控制失效导致了南方保健有机会借助于财务报表粉饰进行舞弊，进而使投资者遭受了巨额损失。南方保健的内部控制失效主要体现在以下几个方面：

第一，管理层"独裁统治"。管理层的管理，是公允披露、防止故意隐瞒不利消息或进行盈余操纵的保证，而南方保健实行的是以斯克鲁西为中心的集权式管理。斯克鲁西是南方保健的创始人，又是董事会主席兼首席执行官，在公司管理中处于核心地位并实行"独裁统治"。在斯克鲁西的领导下，南方保健的高管人员每个季度末都要开会，商讨会计造假事宜。南方保健1997—2001年对外报告的虚假利润占实际利润的比例分别为：233%、173%、220%、188%和472%。

第二，董事会"名存实亡"。面对斯克鲁西这样的强权人物，南方保健的董事会对其监督形同虚设，而且斯克鲁西不喜欢聘用独立董事。董事会下设的审计委员会对公司的舞弊行为也是视而不见。2001年美国联邦政府和美国司法部分别因南方保健频繁的关联交易和骗取Medicare保险金而将其起诉，但是审计委员会对于上述重大事件不闻不问、无动于衷。据南方保健董事会会议记录，就在2001年发生重大事件的当年，审计委员会也仅开过一次例会。更有甚者，南方保健审计委员会中的两名成员所拥有的私人公司与南方保健之间竟存在着密切的关联交易。

第三，内部审计部门"势单力薄"。内部审计是对内部控制的监督，其目的在于评价其内部控制设计的科学性和运行的有效性。内部审计部门应对企业的各种财务资料的可靠性和完整性、企业资产运用的经济有效性等进行审核。但是，南方保健内部审计部门由于审计委员会的玩忽职守而势单力薄，开展工作时处处受阻，无法履行财务审计和绩效审计的职责。

上述各种内部控制缺陷，给南方保健舞弊创造了条件，继而管理层才敢虚构经济业务，编造虚假分录，提供失真的财务信息。

资料来源　傅胜，池国华.企业内部控制规范指引操作案例点评[M].北京：北京大学出版社，2011.

第十三章　全面预算控制

【学习目标】

通过本章的学习，可以了解全面预算的基本理论，掌握全面预算的基本流程及各流程的风险控制点并掌握控制各风险控制点的措施。

【导入性案例】

上海宝钢集团有限公司（简称"宝钢"）被称为中国改革开放的产物，1978年12月23日，它在中国上海宝山区长江之畔打下第一根桩。经过30多年的发展，宝钢已成为中国现代化程度最高、最具竞争力的钢铁联合企业。2012年，宝钢连续第九年进入美国《财富》杂志评选的世界500强榜单，位列第197位，并当选为"全球最受尊敬的公司"。目前，宝钢主营钢铁、冶金矿产，兼营煤炭、化工、电力、码头、仓储、运输等与钢铁相关的业务，并从事技术开发、技术转让、技术服务和技术管理咨询业务。宝钢立足钢铁主业，坚持精品战略，发展拳头产品和著名品牌，在汽车、石油钢管、造船钢板、不锈钢、民用建筑用钢和电磁钢等六大类产品上形成大规模、高产品档次的基地，成为我国钢铁行业新工艺、新技术及新材料开发的重要基地。

为适应计划经济向市场经济的转变、提升企业市场竞争能力，迫切需要建立与市场经济相适应的经营管理体制。宝钢于1993年开始进行全面预算管理这一全新经营管理体制的探索，从全面预算推行至今经历了三个阶段：

第一阶段，1993—1994年是预算管理体系的初步形成阶段。公司设置了经营预算管理部门，并编制了第一本年度预算。

第二阶段，1994—2002年是预算管理体系的规范完善阶段。这一阶段通过完善相关预算管理制度和预算管理技术，推出了月度执行预算，形成了规范的预算管理模式。

第三阶段，2002年以后，公司预算管理在原有基础上进一步深化。以六年经营规划为指导，进行季度滚动预算；以每股盈余作为预算编制起点，强调资本预算管理，逐步完善预算信息化平台。

至此，宝钢形成了以战略目标、经营规划为导向，以年度预算为控制目标，以滚动执行预算为控制手段，覆盖宝钢生产、销售、投资、研发的全面预算管理体系。

资料来源　根据百度文库《上海宝钢集团公司预算管理案例》和百度百科《宝钢集团有限公司》等资料整理而成。

第一节　风险评估

预算控制是企业内部控制中使用较为广泛的一种控制措施，以战略目标为依据，用预算对行为和业绩进行控制，通过预算执行结果和既定预算目标的对比进行差异分析，及时发现和纠正偏差，保证预算目标的实现。

一、全面预算流程评估

（一）全面预算

全面预算是指企业对一定期间经营活动、投资活动、财务活动等作出的预算安排。它以预算编制为起点，经过预算执行和预算控制及考核等一系列过程来完成全面预算的内容，同时，在整个过程中，编制出一套预计资产负债表、预计利润表等预计财务报表及其附表，以反映企业在未来期间的财务状况和经营成果。

一般来说，全面预算由经营预算、财务预算和资本预算等组成。

全面预算具有"全方位""全过程"及"全员参与"的特征。"全方位"即企业的一切经济活动，包括经营、投资、财务等各项活动，以及企业的人、财、物等各个方面，供、产、销等各个环节，都必须纳入预算管理。"全过程"体现为企业应该将组织各项经济活动的事前、事中、事后都纳入预算管理的过程中。"全员参与"是指企业的各层级、各部门、各岗位，上至最高负责人，下至最基层员工，都应纳入预算体系，都必须参与预算的编制和实施。

（二）全面预算的作用

1.明确企业各级的工作目标及任务

全面预算的本质是企业内部管理控制的一项工具，即预算本身不是最终目标，而是经过规划、分析，并加以数量化系统的编制，使得企业的目标及政策得到具体的显现，从而有效控制企业风险。

2.预测企业未来的机会与威胁

企业的问题错综复杂，如果不预先规划，一旦发生问题，恐怕就难以补救。预算就是促使组织成员对各项环境变数事先加以预测并采取相应的措施。规划虽然不能完全消除风险，但可以使组织成员了解组织本身的优缺点，了解未来潜在的机会与威胁，将风险降到最低。

3.有利于企业优化资源配置、提高经济效益

全面预算依据经营目标，以提高投入产出比为目的，将企业有限的资源加以整合，协调分配到企业经营效率较高的业务、活动、环节中，从而实现企业资源的优化配置，增强资源的价值创造能力，提高企业的经济效益。

4.有利于实现制约和激励

全面预算的建立可以有效地规范企业各层级、各部门、各岗位的责、权、利关系，从而实现出资者对经营者的有效制约，以及经营者对企业经营活动、企业员工的有效计划、控制和管理。通过编制全面预算，企业可以规范内部各个利益主体对企业的契约承诺；通过全面预算执行及监控，可以真实反馈内部各个利益主体的实际履行契约情况；通过全面预算执行结果的考核，可以检查契约的履行情况并实施

相应的奖惩，从而调动和激励员工的积极性，最终实现企业目标。

5.调整经营活动，使其与预算环境相配合

预算可帮助企业各层级主管不断对外界环境加以审视及分析，从而作出最佳决策，以适应瞬息万变的环境，为企业谋求生存空间及利益最大化。

（三）全面预算的基本组成

全面预算是建立在企业发展战略和企业薪酬体系基础之上的企业运行机制。根据企业的性质和规模的不同，全面预算的体系也会有所不同。一般地，全面预算的具体环节包括：

（1）预算组织环节。

（2）预算编制环节。

（3）预算审批与下达环节。

（4）预算执行与反馈监控环节。

（5）预算调控环节。

（6）预算考评环节。

其中，预算组织环节是实施预算编制等基本业务流程的有效保证。

（四）全面预算控制的基本条件

1.合理的控制模式

预算控制模式是企业实施预算控制的方式。结合企业战略发展目标，企业应当选择合理的、适合的预算控制模式。

2.健全的管理体系

预算管理体系是企业全面预算管理的主体，是负责整个企业预算编制、审定、监督、协调、控制与信息反馈、业绩考核的组织机构。

3.高效的制度保证

为了保证预算控制的有效执行，企业应当建立一系列管理制度，如预算管理岗位责任制度、预算报告制度等。

4.实用的预算流程

5.有效的控制措施

（五）全面预算控制的风险与对策

1.全面预算控制的主要风险

（1）不编制预算或预算不健全，可能导致企业经营缺乏约束或盲目经营。

（2）预算目标不合理、编制不科学，可能导致企业资源浪费或发展战略难以实现。

（3）预算缺乏刚性、执行不力、考核不严，可能导致预算管理流于形式。

2.全面预算控制的风险应对措施

（1）明确规范预算内部控制的职责分工、权限范围和审批程序，科学合理地进行机构设置和人员配备。

（2）预算编制、执行、调整、分析与考核、评估与披露等的控制流程应当清晰严密，对预算编制方法、审批程序、预算执行情况检查、预算调整、预算执行结果的分析考核等应当有明确的规定。

二、全面预算控制流程的主要风险点评估

（一）岗位分工和授权批准控制

全面预算组织体系的健全是防止预算管理松散、随意，预算编制、执行、考核等各环节流于形式，预算管理的作用得不到有效发挥的关键。为此，企业应当建立全面预算工作岗位责任制，明确相关部门和岗位的职责、权限，确保全面预算工作中的不相容岗位相互分离、制约和监督。

具体地，全面预算工作不相容岗位一般包括：

1.预算编制（调整）与预算审批

编制预算的人员与审批人员是不相容的。审批人应当根据预算工作授权批准制度的规定，在授权范围内进行审批，不得超越审批权限。经办人应当在职责范围内，按照审批人的批准意见办理预算工作。对于审批人超越授权范围审批的预算事项，经办人有权拒绝办理，并同时向上级部门报告。

2.预算审批与预算执行

预算审批与预算执行工作也是不相容的，执行这两项工作的人员应该各司其职，具有明确的界限，跨过了这个界限，就违背了内部控制关于预算控制的基本规范。

3.预算执行与预算考核

预算执行人员与对预算进行考核的人员不能由一个人担任，这两者属于不相容岗位。单位应当配备合格的人员执行预算工作。经办人应当具备良好的业务素质和职业道德，熟悉国家有关法律法规和本单位的经营业务、管理要求及工作程序。预算考核人员应该由独立的、不参与预算执行的人员担任。

（二）预算基本流程控制

在建立健全全面预算管理体系的基础上，企业应当进一步梳理、制定预算管理工作流程，按照不相容职务相互分离的原则细化各部门、各岗位在预算管理体系中的职责、分工与权限，明确预算编制、执行、分析、调整、考核各环节的授权批准制度与程序。

全面预算业务的基本流程一般包括预算编制、预算执行和预算考核三个阶段。其中，预算编制阶段包括预算编制、预算审批、预算下达等具体环节；预算执行阶段涉及预算指标分解和责任落实、预算执行控制、预算分析、预算调整等具体环节。这些业务环节相互关联、相互作用、相互衔接，周而复始地循环，从而实现对企业经济活动的全面控制。

图13-1列示了各类企业全面预算的基本业务流程。

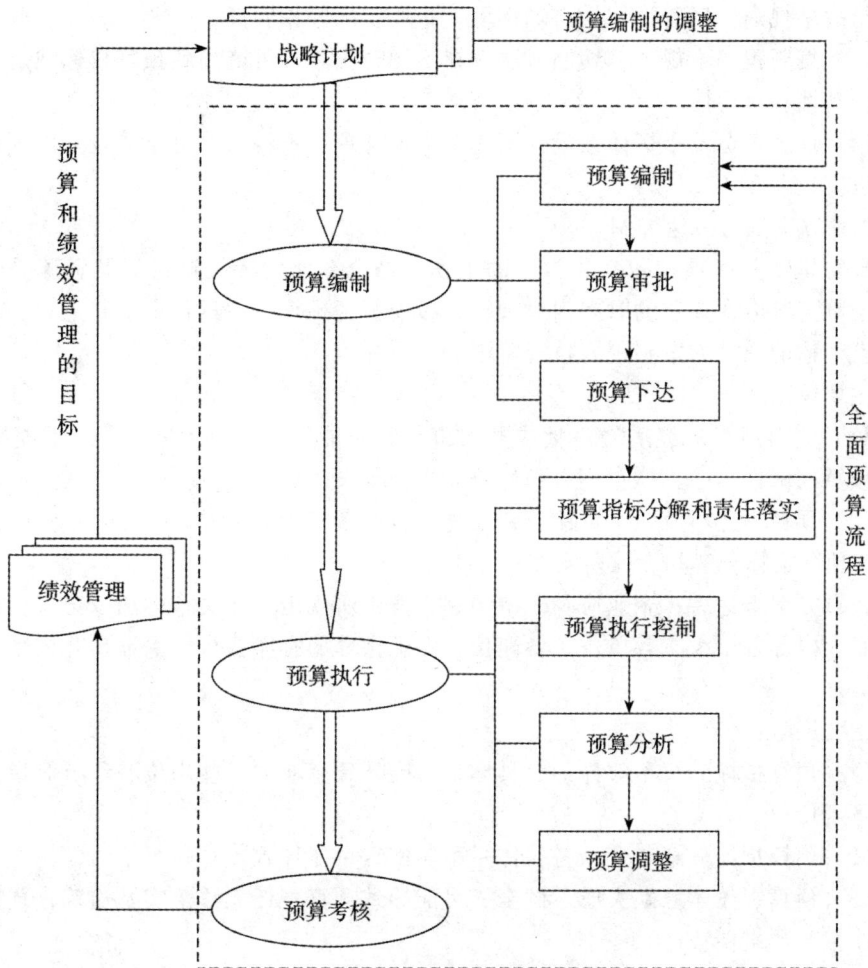

图 13-1　全面预算基本业务流程图

资料来源　财政部会计司.《企业内部控制应用指引第 15 号——全面预算》解读[J].财务与会计，2011（5）.

1.预算编制控制

预算编制是企业实施预算管理的起点，也是预算管理的关键环节。企业采用什么方法或程序编制预算，对预算目标的实现具有至关重要的影响，从而直接影响预算管理的效果。

主要风险：

（1）预算编制的工作主要由财务部门开展，其他业务部门参与度较低，可能导致编制的预算不切合企业的实际情况；预算编制范围和项目不全面，各个部分预算之间缺乏整合，可能导致全面预算整体难以形成。

（2）预算编制依据的相关信息不足，预算编制基础数据不完整，可能导致预算目标与战略规划、经营计划、市场环境、企业实际等相脱离。

（3）编制程序不规范，编制方法选择不切合实际，可能导致预算目标缺乏准确性、合理性和可行性。

（4）预算目标及指标体系设计不完整、不合理、不科学，可能导致全面预算目标难以实现。

2.预算审批与下达控制

预算审批是一项技术性非常强的工作。结合企业发展战略目标及资源受限情况，预算上级应在规定的时间内对预算下级上报的预算方案进行审批并下达。经过审批且下达的预算方案则进入执行阶段。

主要风险：

（1）全面预算未经适当审批或越权审批，可能导致预算方案与预算目标不协调，预算权威性不够、执行不力而使企业遭受损失；

（2）预算下达不及时，可能导致预算执行或考核无据可查。

3.预算指标分解和责任落实控制

预算方案下达后，企业应及时将预算方案中所规定的相关指标加以分解，并落实到企业内部各层级、各单位、各岗位，保证预算的有序执行，保证预算体系运转良好。

主要风险：

（1）预算指标分解不够详细、具体，可能导致企业的某些岗位和环节对指标的理解不到位；

（2）预算指标分解与业绩考核体系不匹配，可能导致预算执行不力；

（3）预算责任体系缺失或不健全，可能导致预算责任无法落实及追踪，预算缺乏强制性与严肃性；

（4）预算责任与执行单位或个人的控制能力不匹配，可能导致预算目标难以实现。

4.预算执行控制

准确、合理的预算本身并不能改善企业的经营管理、提高企业经济效益，要使预算真正成为企业行为的"硬约束"，只有认真、严格地执行预算。企业在编制、审核、批准预算后，进入到预算的执行阶段。企业预算管理部门和各预算执行单位应当充分收集有关财务、业务、市场、技术、政策、法律等方面的信息资料，根据不同情况分别采用比率分析、比较分析、因素分析等方法，从定性与定量两个层面充分反映预算执行单位的现状、发展趋势及潜力。对于预算执行差异，应当客观分析产生的原因，提出解决措施或建议，提交企业决策机构研究决定。企业应当建立预算执行情况内部审计制度，通过定期或不定期地实施审计监督，及时发现和纠正预算执行中存在的问题。

主要风险：

（1）缺乏严格的预算执行授权审批制度，可能导致预算执行随意；

（2）预算审批权限及程序混乱，可能导致越权审批、重复审批，降低预算执行效率和严肃性；

（3）预算执行过程中缺乏有效监控，可能导致预算执行不力，预算目标难以实现；

（4）缺乏健全有效的预算反馈和报告体系，可能导致预算执行情况不能及时反馈和沟通，预算差异得不到及时分析，预算监控难以发挥作用。

5.预算分析控制

预算分析是预算管理体系的核心环节。通过对相关数据的对比分析，找出差距，分析原因，为提高企业运营效率、改进和优化流程提供支持，为生产经营及投资决策提供依据，保证预算的有效执行。预算管理委员会及财务管理部门应对预算的执行情况按月度、季度进行分析。对当期实际发生数与预算数之间存在的差异，不论是有利的还是不利的，都要认真分析其成因，而且要写明拟采取的改进措施。预算分析的重点是差异的原因及应采取的措施。

主要风险：

（1）预算分析不正确、不科学、不及时，可能削弱预算执行控制的效果，或可能导致预算考评不客观、不公平；

（2）对预算差异原因的解决措施不得力，可能导致预算分析形同虚设。

6.预算调整控制

企业批准之后正式下达的预算应当保持稳定，不得随意调整。由于市场环境、国家政策或不可抗力等客观因素，导致预算执行发生重大差异确需调整预算的，应当履行严格的审批程序。预算调整是预算管理中一个必不可少的环节。一方面，在预算执行过程中，主、客观环境的变化，尤其是当外部环境发生重大变化时，如果片面强调预算的刚性，预算就会变得呆板僵化，妨碍企业的有效运作，此时，预算调整就必不可少；另一方面，预算调整又是一个十分规范的过程，必须建立严格规范的调整审批制度和程序，必须按照规定的程序进行调整，在变化中求不变。

主要风险：

调整依据不充分、调整原则不符合企业实际、调整方案不合理，可能导致预算调整随意、频繁，预算失去严肃性和"硬约束"。

7.预算考核控制

预算管理涉及企业经营管理的各个方面，要较好地发挥预算管理的作用，就必须坚持实施控制与结果考核相结合。如果没有以预算为基础的考核，预算就会流于形式，失去控制力。在预算管理循环中，预算考核是个承上启下的关键环节。一方面，在预算执行过程中，通过预算考核信息的反馈以及相应的调控，可随时发现和纠正实际业绩与预算之间的偏差，实现过程控制；另一方面，预算编制、执行、考核作为一个完整的系统，相互作用，周而复始地循环，实现对整个企业经营活动的最终控制。

主要风险：

预算考核不严格、不合理、不到位，可能导致预算目标难以实现、预算管理流于形式。

第二节　关键控制点

一、岗位分工与授权批准控制措施

企业应当加强全面预算工作的组织领导，明确预算管理体制以及各预算执行单位的职责权限、授权批准程序和工作协调机制，以此控制岗位分工与授权批准控制的风险。企业设置全面预算管理体系，应遵循合法科学、高效有力、经济适度、全面系统、权责明确等基本原则，一般包括全面预算管理决策机构、工作机构和执行单位。

（一）全面预算管理决策机构——预算管理委员会

预算管理委员会（budget management committee）是专职履行全面预算管理职责的决策机构。预算管理委员会成员由企业负责人及内部相关部门负责人组成，总会计师或分管会计工作的负责人应当协助企业负责人负责企业全面预算管理工作的组织领导。预算管理委员会一般由企业的董事长或总经理担任主任，吸纳企业内各相关部门的主管等人员参加。对全面预算管理来说，预算管理委员会是最高管理机构。

预算管理委员会主要负责拟定预算目标和预算政策，制定预算管理的具体措施和办法，组织编制、平衡预算草案，下达经批准的预算，协调解决预算编制和执行中的问题，考核预算执行情况，督促完成预算目标。预算管理委员会下设预算管理工作机构，由其履行日常管理职责。预算管理工作机构一般设在财会部门。

预算管理委员会的主要职责一般包括：

（1）制定有关预算管理的政策、规定、制度等相关文件；

（2）根据企业战略规划和年度经营目标，拟定预算目标，并确定预算目标分解方案、预算编制方法和程序；

（3）组织编制、综合平衡预算草案；

（4）在预算编制、执行过程中发现部门间有彼此抵触现象时，予以必要的协调；

（5）将经过审批的预算提交董事会，通过后下达经批准的正式年度预算；

（6）审议预算调整方案，依据授权进行审批；

（7）根据需要，就预算的修正加以审议并作出相关决定；

（8）对企业全面预算总的执行情况进行考核；

（9）其他全面预算管理事宜。

（二）全面预算的工作机构

因预算管理委员会的成员大部分是由企业内部各责任单位的主管兼任，预算草案由各相关部门分别提供，获准付诸执行的预算方案是企业的一个全面性生产经营计划，预算管理委员会在预算会议上所确定的预算方案也绝不是各相关部门预算草案的简单汇总，这就需要在确定、提交通过之前对各部门提供的草案进行必要的初步审查、协调与综合平衡，因此必须设立一个专门机构来具体负责预算的汇总编制，并处理日常事务。预算管理工作机构一般设在财会部门，其主任一般由总会计师（或财务总监、分管财会工作的副总经理）兼任，工作人员除了财会部门的人员外，还应有计划、人力资源、生产、销售、研发等业务部门人员参加。

预算管理工作机构的主要职责一般包括：

（1）拟定企业各项全面预算管理制度，并负责检查落实预算管理制度的执行；

（2）拟定年度预算总目标分解方案及有关预算编制程序、方法的草案，报预算管理委员会审定；

（3）组织和指导各级预算单位开展预算编制工作；

（4）预审各预算单位的预算初稿，进行综合平衡，并提出修改意见和建议；

（5）汇总编制企业全面预算草案，提交预算管理委员会审查；

（6）跟踪、监控企业预算执行情况；

（7）定期汇总、分析各预算单位预算执行情况，并向预算管理委员会提交预算执行分析报告，为委员会进一步采取行动拟订建议方案；

（8）接受各预算单位的预算调整申请，根据企业预算管理制度进行审查，集中制订年度预算调整方案，报预算管理委员会审议；

（9）协调解决企业预算编制和执行中的有关问题；

（10）提出预算考核和奖惩方案，报预算管理委员会审议；

（11）组织开展对企业二级预算执行单位（企业内部各职能部门、所属分（子）企业等，下同）预算执行情况的考核，提出考核结果和奖惩建议，报预算管理委员会审议；

（12）预算管理委员会授权的其他工作。

（三）全面预算的执行单位——预算管理责任中心

全面预算执行单位是指根据其在企业预算总目标实现过程中的作用和职责划分的，承担一定经济责任并享有相应权力和利益的企业内部单位，包括企业内部各职能部门、所属分（子）企业等。预算责任单位的划分应当遵循分级分层、权责利相结合、责任可控、目标一致的原则，并与企业的组织机构设置相适应。确定责任中心（responsibility center）是预算管理的一项基础工作。根据不同责任中心的控制范围和责任对象的特点，可将其分为成本中心、利润中心、投资中心、收入中心和费用中心。

预算执行单位的主要职责一般包括：

（1）提供编制预算的各项基础资料；

（2）负责本单位全面预算的编制和上报工作；

（3）将本单位预算指标层层分解，落实到各部门、各环节和各岗位；

（4）严格执行经批准的预算，监督检查本单位预算执行情况；

（5）及时分析、报告本单位的预算执行情况，解决预算执行中的问题；

（6）根据内外部环境变化及企业预算管理制度，提出预算调整申请；

（7）组织实施本单位内部的预算考核和奖惩工作；

（8）配合预算管理部门做好企业总预算的综合平衡、执行监控、考核奖惩等工作；

（9）执行其他预算管理任务。

企业全面预算管理组织体系的基本架构如图13-2所示。

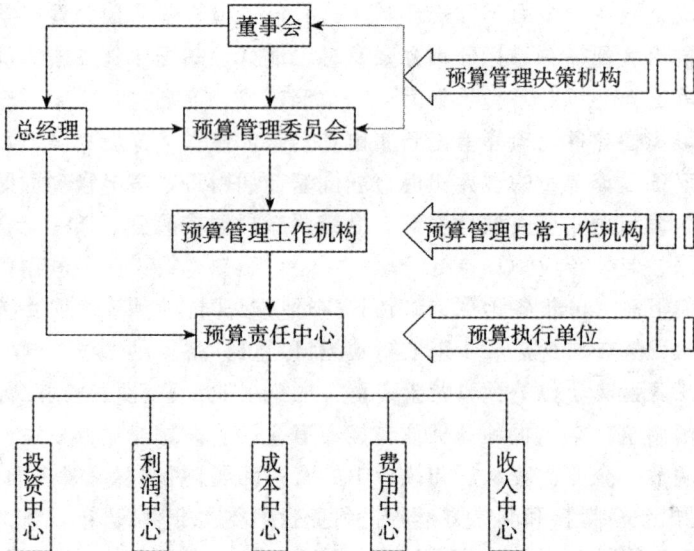

图13-2 全面预算管理组织体系基本架构图

资料来源 财政部会计司.《企业内部控制应用指引第15号——全面预算》解读[J].财务与会计，2011（5）.

二、预算编制控制措施

（一）预算编制控制的基本原则

为了使预算内容更准确、更符合实际情况，预算编制应遵循以下原则进行：

（1）坚持效益优先原则，实行总量平衡，进行全面预算管理；

（2）坚持积极稳健原则，确保以收定支，加强财务风险控制；

（3）坚持权责对等原则，确保切实可行，围绕经营战略实施。

（二）预算编制控制的具体措施

企业应当在企业战略的指导下，以上一期间的实际状况为基础，结合本企业业务发展情况，综合考虑预算期内经济政策变动、行业市场状况、产品竞争能力、内部环境变化等因素对生产经营活动可能造成的影响，根据自身业务特点和工作实际编制相应的预算，并在此基础上汇总编制预算方案。

1.全面性控制

全面预算，顾名思义，企业应该进行全面的预算管理。具体地说，一是企业各个部门必须参与到全面预算的管理过程中，二是将企业的所有经济活动的各个方面、各个环节都纳入预算编制范围，形成由经营预算、投资预算、筹资预算、财务预算等一系列预算组成的相互衔接和钩稽的全面预算体系。

2.编制依据和数据控制

一是制定明确的战略规划，并依据战略规划制定年度经营目标和计划，作为制定预算目标的首要依据；二是通过深入开展企业外部环境的调研和预测，获得完整的编制数据，确保预算编制有据可依、有据可循；三是深入分析企业上一期间的预算执行情况，充分预计预算期内企业资源状况、生产能力、技术水平等自身环境的变化，确保预算编制符合企业生产经营活动的客观实际。

3.编制程序控制

预算编制的程序可分为：自上而下式、自下而上式以及上下结合式三种方式。《企业内部控制应用指引第15号——全面预算》要求，企业应当根据发展战略和年度生产经营目标，综合考虑预算期内市场环境变化等因素，应当按照上下结合、分级编制、逐级汇总的程序，编制年度全面预算。一是建立系统的指标分解体系，并在与各预算责任中心进行充分沟通的基础上，分解下达初步预算目标；二是各预算责任中心按照下达的预算目标和预算政策，结合自身特点以及预测的执行条件，认真测算并提出本责任中心的预算草案，逐级汇总上报预算管理工作机构；三是预算管理工作机构进行充分协调、沟通，审查平衡预算草案并上报预算管理委员会；四是预算管理委员会对预算草案进行研究论证，从企业发展全局角度提出进一步调整、修改的建议，形成企业年度全面预算草案并提交董事会；五是董事会审核全面预算草案，确保全面预算与企业发展战略、年度生产经营计划相协调。

4.编制方法控制

企业应当遵循经济活动规律，充分考虑企业自身经济业务特点，选择适合企业发展需要的预算编制方法。企业可以选择或综合运用固定预算、弹性预算、零基预算、滚动预算、概率预算等方法编制预算。

5.预算目标及指标体系设计控制

一是按照"财务指标为主体、非财务指标为补充"的原则设计预算指标体系；二是将企业的战略规划、经营目标体现在预算指标体系中；三是将企业产、供、销、投融资等各项活动的各个环节、各个方面的内容都纳入预算指标体系；四是将预算指标体系与绩效评价指标协调一致；五是按照各责任中心在工作性质、权责范围、业务活动特点等方面的不同，设计不同或各有侧重的预算指标体系。

三、预算审批和下达控制措施

企业全面预算应当按照《公司法》等相关法律法规及企业章程的规定报经审议批准，企业全面预算经审议批准后应在规定的时间内以文件形式下达执行。

四、预算指标分解和责任落实控制

（1）企业全面预算一经批准下达，各预算执行单位应当将预算指标层层分解，寻找影响预算目标的关键因素并加以控制。

（2）建立预算执行责任制度，对照已确定的责任指标，定期或不定期地对相关部门及人员责任指标完成情况进行检查，实施考评。

（3）分解预算指标和建立预算执行责任制应当遵循定量化、全局性、可控性原则。

五、预算执行控制

在预算执行阶段，企业各部门在生产经营及相关的各项活动中，需要充分地按预算办事，围绕实现预算开展经济活动。在预算的执行过程中，企业应该明确各项业务的授权审批权限及审批流程，强调预算的"硬约束性"，对于无预算或者超预算的项目进行严格控制。

（1）建立预算执行的预警机制。通过建立预算执行的预警机制，企业能够科学选择预警指标，合理确定预警范围，及时发出预警信号，积极采取应对措施。

（2）建立预算执行的记录与报告制度。企业应当以年度预算作为预算期内组织、协调各项生产经营活动和管理活动的基本依据，可将年度预算细分为季度、月度等时间进度预算，通过实施分期预算控制，实现年度预算目标。企业预算管理部门应当运用财务报告和其他有关资料监控预算执行情况，及时向企业决策机构和各预算执行单位报告反馈预算执行进度、执行差异及对预算目标的影响，促进企业完成预算目标。

（3）建立预算执行实时监控制度，及时发现和纠正预算执行中的偏差，确保企业的各项经济活动符合预算要求；对于涉及生产过程和成本费用的，还应严格执行相关计划、定额、定率标准。

（4）建立预算执行的责任制度。企业预算批准下达后，各预算执行单位必须认真组织实施，将预算指标层层分解，从横向和纵向落实到内部各部门、各环节和各岗位。同时，企业应当建立预算执行责任制度，对照已确定的责任指标，定期或不定期地对相关部门及人员责任指标完成情况进行检查、实施考评。

（5）建立重大预算项目特别关注制度。对于工程项目、对外投融资等重大预算项目，企业应当密切跟踪其实施进度和完成情况，实行严格监控。对于重大的关键性预算指标，也要密切跟踪、检查。

（6）建立预算执行结果质询制度。要求预算执行单位对预算指标与实际结果之间的重大差异作出合理解释，并采取相应措施。

六、预算分析

（1）企业预算管理工作机构和各预算执行单位应当建立预算执行情况分析制度，定期召开预算执行分析会议，通报预算执行情况，研究、解决预算执行中存在的问题，认真分析原因，提出改进措施。

（2）企业应当加强对预算分析流程和方法的控制，确保预算分析结果准确、合理。预算分析流程一般包括确定分析对象、收集资料、确定差异及分析原因、提出措施及反馈报告等环节。

七、预算调整

企业在预算执行过程中，可能会由于市场环境、经营条件、国家法规政策等发生重大变化，或出现不可抗力的重大自然灾害、公共紧急事件等致使预算的编制基础不成立，或者将导致预算执行结果产生重大差异，需要调整预算的，应当报经原预算审批机构批准。调整预算由预算执行单位逐级向原预算审批机构提出正式书面报告，说明预算执行中遇到的客观因素变化情况及其对预算执行造成的影响程度，提出预算调整的边界。企业预算管理部门应当对预算执行单位提交的预算调整报告进行审核分析，集中编制企业年度预算调整方案，提交原预算审批机构审议批准，然后下达执行。其程序如下：

（1）明确预算调整条件。企业在预算执行过程中，确需调整预算的，应当履行严格的审批程序。企业应当在有关预算管理制度中明确规定预算调整的条件。

（2）强化预算调整原则。一是预算调整应当符合企业发展战略、年度经营目标和现实状况，重点放在预算执行中出现的重要的、非正常的、不符合常规的关键性差异方面；二是预算调整方案应当客观、合理、可行，在经济上能够实现最优化；三是预算调整应当谨慎，调整频率应予以严格控制，年度调整次数应尽量少。

（3）规范预算调整程序，严格审批。预算管理委员会应当对年度预算调整方案进行审议，根据预算调整事项性质或预算调整金额的不同，按照授权进行审批，或提交原预算审批机构审议批准，然后下达执行。企业预算管理委员会或董事会审批预算调整方案时，应当依据预算调整条件，并考虑预算调整原则严格把关，对于不符合预算调整条件的，坚决予以否决；对于预算调整方案欠妥的，应当协调有关部门和单位研究改进方案，并责成预算管理工作机构予以修改后再履行审批程序。

八、预算考核

企业应当建立严格的预算执行考核奖惩制度，坚持公开、公正、透明的原则，对所有预算执行单位和个人进行考核，切实做到有奖有惩、奖惩分明，促进企业实现全面预算管理目标。

（1）建立健全预算执行考核制度。一是建立严格的预算执行考核制度，对各预算执行单位和个人进行考核，将预算目标执行情况纳入考核和奖惩范围，切实做到有奖有惩、奖惩分明。二是制定有关预算执行考核的制度或办法，并认真、严格地组织实施。三是定期组织实施预算考核，预算考核的周期一般应当与年度预算细分周期相一致，即一般按照月度、季度实施考评，预算年度结束后再进行年度总考核。

（2）合理界定预算考核主体和考核对象。预算考核主体分为两个层次：预算管理委员会和内部各级预算责任单位。预算考核对象为企业内部各级预算责任单位和相关个人。

（3）按照公开、公平、公正原则实施预算考核。一是考核程序、标准、结果要公开。企业应当将全面预算考核程序、考核标准、奖惩办法、考核结果等及时公开。二是考核结果要客观公正。预算考核应当以客观事实作为依据。预算执行单位上报的预算执行报告是预算考核的基本依据，应当经本单位负责人签章确认。企业预算管理委员会及其工作机构定期组织预算执行情况考核时，应当将各预算执行单位负责人签字上报的预算执行报告和已掌握的动态监控信息进行核对，确认各执行单位预算完成情况。必要时，实行预算执行情况内部审计制度。三是奖惩措施要公平合理并得以及时落实。预算考核的结果应当与各执行单位以及员工的薪酬、职位等进行挂钩，实施预算奖惩。企业设计预算奖惩方案时，应当以实现全面预算目标为首要原则，同时还应遵循公平合理、奖罚并存的原则。奖惩方案要注意各部门利益分配的合理性，要根据各部门承担的工作难易程度和技术含量合理确定奖励差距。要奖罚并举，不能只奖不罚，并防止奖惩实施中的人情因素。

第三节　案例分析

A集团全面预算控制案例

（一）案例简介

A集团公司目前拥有两个控股子公司、三个全资子公司和十几个分支机构。近年来，A集团公司逐步建立和完善了一套切合本企业实际的以财务管理为中心的企业经济运行新机制，把企业全面预算控制制度作为贯彻落实以财务管理为中心的基本制度。在内容上，全面预算体系具体包括8个预算：资本性支出预算、销售预算、产量预算、采购预算、成本预算、各项费用预算、现金预算和总预算。

A集团公司全面预算的编制按时间分为年度预算编制和月度预算编制。月度预算是为确保年度预算的实现，经过科学地计划组织与分析，结合本企业不同时期动态的生产经营情况进行编制的。全面预算具体明确了6个要点：①预算编制原则：先急后缓、统筹兼顾、量入为出。②预算编制程序：自上而下、自下而上、上下结合。③预算编制基础：集团年度预测目标。④预算编制重点：销售预算。⑤预算前提：企业方针、目标、利润。⑥预算指标的确定：年度预算股东大会审议批准，月度预算董事会审议批准。

全面预算编制紧紧围绕资金收支两条线，涉及企业生产经营活动的方方面面，将产供销、人财物全部纳入预算范围，每个环节疏而不漏。在预算编制过程中，每一收支项目的数字指标必须依据充分真实的资料，并总结出规律，进行严密的计算，不能随意编造。全面预算确定后，层层分解到各分厂、车间、部门、处室，各部门再落实到每个人，从而使每个人都紧紧围绕预算目标各负其责、各司其职。

年度，月度全面预算下达后，就成为企业生产经营经济运行所遵循的基本准则，在执行过程中要做到：

（1）有效控制。权限由总经理掌握，控制月度各预算项目实际发生值与预算控制计划值差额比例在5%以内；年度各预算项目实际发生值与预算控制计划值差额比例控制在4%~5%，如遇特殊突发事件超出年度预算、月度预算控制差额比例的开支项目，则由开支部门提出书面申请，按程序逐级申报并经原批准机构审议通过后实施。

（2）信息及时反馈。建立信息反馈系统，对各公司、部门执行预算的情况进行跟踪监控，不断调整执行偏差，确保预算目标的实现。

在销售环节，财务部门通过计算机统一开票的方式实施监控，对每个客户建立应收账款业务结算卡，应收账款超过一定限额，则停止开票，避免坏账。同时，财务部门依据每天的销售和回款情况，编制销售日报和收款日报，及时向有关部门和领导反馈收入预算的执行情况，确保销售预算目标的实现。

在物资采购环节，财务部门严格审核每笔业务有无计划处签发的"采购计划通知单"、有无审计处审签并盖章的经济合同和"价格审核通知单"、有无财务预算、专用发票是否规范等。

财务部门对每个供应商建立应付账款业务结算卡，根据欠款及供应商的信誉等情况调节付款节奏，争取最优惠的付款方式。各部门从仓库领料及到财务部门报销时，必须有财务部门的会计派驻员、成本核算员或预算计划处的签章，各种领料月末统一由预算计划处结算，从而有效地控制成本及相关费用的开支。财务部门根据每天的资金支出日报，及时向各部门和领导反馈预算的执行情况，控制资金支出。

（二）案例分析

1.内部控制目标方面

（1）确定了全面预算管理在企业中的重要地位。A集团公司把全面预算控制制度作为贯彻落实以财务管理为中心的基本制度，通过实行全面预算规划在某个计划期间的经济活动及其成果。同时，全面预算还是财务部门实施经济业务监控的依据及评定考核各公司、部门工作实绩的标准。

（2）预算目标的制定具有科学性和可操作性。A集团公司预算目标的设置不是凭空设想的，而是在考虑企业实际情况的基础上，设置了符合企业发展的以财务管理为中心的预算管理目标，具有科学性和可操作性。

2.预算控制的作用

（1）有效规范预算的编制、执行及考核过程。在预算的编制中，对编制的原则、程序、基础、重点及前提等均有详尽的规定；在预算的执行中，A集团公司规定要做到有效控制和信息及时反馈；在预算考核中，由财务部门根据某个时期（月度、年度）企业静态的会计资料和各部门会计派驻员掌握的动态经济信息，全面、系统分析各部门预算项目的完成情况和存在的问题，并提出纠偏的建议和措施，报经总经理批准后协同职能部门按程序对各部门的预算执行情况进行全面考核，经被考核部门、责任人确认后奖惩兑现。

（2）发挥预算管理的实质性作用，避免流于形式。A集团公司通过实施全面预算，规范了企业生产经营活动的行为，将企业各项经济行为都纳入了科学的管理轨道，基本上在物资和货币资金及经营等方面实现了企业资金流、信息流、实物流的同步控制，为企业进入市场、以市场为导向打下了基础。

3.关键控制点的控制措施

（1）岗位分工和授权批准控制。在A集团公司中，尽管没有设置实名的预算管理委员会，但是存在实质性的预算管理机构——股东大会和董事会，其中集团的年度预算指标由股东大会审议批准，月度预算指标由董事会审议批准。在预算执行过程中，总经理对年度预算和月度预算指标的权限进行有效控制。

（2）预算编制控制。

第一，实现全面预算控制。A集团公司的全面预算体系涉及生产经营活动的方方面面，将产供销、人财物全部纳入预算范围，每个环节疏而不漏，形成了由资本性支出预算、销售预算、产量预算、采购预算、成本预算、各项费用预算、现金预算和总预算所构成的一个综合预算体系。

第二，预算编制依据合理。以财务管理为中心进行编制，采用"先急后缓、统筹兼顾、量入为出"的编制原则。

第三，编制程序规范，编制基础扎实。集团采用"自上而下、自下而上、上下结合"的编制程序，同时，以"集团年度预测目标"作为编制基础。

第四，预算指标的设置合理、科学。A集团公司预算指标分为年度预算指标和月度预算指标，其中年度预算指标由股东大会审议批准，月度预算指标由董事会审议批准。

（3）预算审批控制。《公司法》规定，企业预算的审批权归属于股东会或董事会。在A集团公司中，预算主要分为年度预算和月度预算，其中年度预算的审批权归属于股东大会；同时，为了细化、深化预算管理的要求，企业的月度预算审批权归属于董事会。

（4）预算指标分解控制。企业的预算指标经股东大会和董事会审批并下达后，层层分解到各分厂、车间、部门、处室，各部门再落实到每个人，从而使每个人都紧紧围绕预算目标各负其责、各司其职。

（5）预算执行控制。A集团公司规定，在预算执行中做到：

第一，有效控制。权限由总经理掌握，控制月度各预算项目实际发生值与预算控制计划值差额比例在5%以内。

第二，信息及时反馈。建立信息反馈系统，对各公司、部门执行预算的情况进行跟踪监控，不断调整执行偏差，确保预算目标的实现。

（6）预算调整控制。企业要求在预算执行过程中将年度各预算项目实际发生值与预算控制计划值差额比例控制在4%~5%，如遇特殊突发事件超出年度预算、月度预算控制差额比例的开支项目，需要进行预算调整的，必须由开支部门提出书面申请，按程序逐级申报并经股东大会、董事会批准后实施。财务部门及时和生产、销售、采购、供应等部门保持信息沟通，对各部门完成预算情况进行动态跟踪监控，不断调整偏差，确保预算目标的实现。

资料来源　佚名.潍坊亚星集团全面预算管理的评析[N].中国财经报，2000-07-06.

复习思考题

1.是否所有企业都需要编制全面预算？

2.全面预算和财务计划的区别有哪些？

3.预算对组织中的每个人可能产生哪些行为影响及道德影响？

中英文专业术语

全面预算 comprehensive budget

预算管理 budget management

补充学习内容

1.《企业内部控制应用指引第15号——全面预算》及其讲解。

2.结合本章内容，自己设计并分析一个典型案例。

3.案例。

仪征化纤的理财之道

仪征化纤股份有限公司（以下简称"仪征化纤"）是我国最大的现代化化纤和化纤原料生产基地，主要从事生产及销售聚酯切片和涤纶纤维业务。为了提高财务管理水平，根据公司的财务管理基础与实际情况，仪征化纤提出了"企业管理以财务管理为中心，财务管理以资金管理为中心，牢牢牵住成本这个牛鼻子，开源节流，生财聚财"的理财观念。仪征化纤坚持以资金集中为前提，以现金流量为中心，对资金流入流出实行全过程的监控，收到了较好效果。

（1）成立内部结算中心，对资金实行全过程的监控。

公司自1987年起建立内部银行，在此基础上演变成目前的内部结算中心，负责内部转账和资金收付等业务。内部结算中心的主要职能是统一对口专业银行，办理所有本外币结算业务。对公司的资金实行集中归口管理，统借统还，统一平衡调度，实行结算监督。经过十几年的努力，内部结算中心已经形成一套完整的收支监控体制，其表现是：公司的产品销售收入、劳务销售收入等一切收入款项，直接回笼到内部结算中心在银行统一开立的结算账户，各二级单位作缴款处理。公司的原材料、工资及奖金发放、对外支付的劳务和费用，在各二级单位审核确认的基础上，统一由内部结算中心审核支付。

（2）财务人员集中管理，对资金集中和全面监控起保证作用。

公司从1997年7月起实行二级单位财务委派制，从公司财务人员中选聘166人，派驻到18个二级单位，实现了财务人员的集中管理，在构筑新的理财机制方面迈出了一大步。如果用三句话来概括仪化化纤的理财机制的话，就是：你的钱，我看着你花；你的账，我替你记；你的财务，我帮你管。其核心就是财权上收，财务高度集中。财务人员委派制，从体制上对资金集中和全面监控起到保证作用。

（3）推行全面预算制度，完善公司授权制度。

首先，加强资金的收支预算管理。财务部要求各二级单位在年度生产计划和成本费用预算的基础上，编制年度资金收支预算；在年度资金预算计划确定的基础上，编制季度、月度资金使用计划，做到年计划、月平衡、周安排。其次，实行现金流量周报制度，及时反映企业的营运、投资和融资状况。再次，完善成本核算体制，强化目标成本管理。以目标利润倒推成本，对成本发生要做到心中有数，事前有预算、事中有控制、事后有考核。最后，在建立预算管理制度的同时，建立各项费用的授权管理制度，内部结算中心严把对外付款审批权限。

（4）资金运作上采取一系列行之有效的措施。

资金运作的基本战略是：密切注视国内外金融动态和政策导向，充分调动中外多家商业银行的积极性，最终实现资金成本最低化、服务质量最优化。公司调整资金结构的基本做法有：①调整贷款的本外币结构，规避潜在的汇率风险；②调整贷款长短期结构，减少财务费用；③建立贷款能上能下机制，最大限度地减少资金沉淀，降低资金成本；④研究政策，用足政策，降低财务费用。

资料来源　根据百度文库《全面预算管理》整理而成。

第十四章 合同管理控制

【学习目标】

通过本章的学习，可以了解合同及合同管理的相关理论，掌握合同管理的基本过程以及合同管理过程中存在的风险及应对措施。

【导入性案例】

秦山核电站位于杭州湾畔，是中国第一座依靠自己的力量设计、建造和运营管理的30万千瓦压水堆核电站，是我国和平利用核能的光辉典范，同时也使我国成为继美、英、法、俄、加拿大、瑞典之后世界上第七个能够自行设计、建造核电站的国家。秦山核电站在建设中，尽量利用国内技术和条件，同时引进了一些国内一时难以解决的关键设备和材料。设备按台件统计，国产占95%，进口占5%；按资金统计，国产占70%，进口占30%。

然而，如何保证所有国内和国外供货设备、材料以及工程施工按照合同如期履约？如何强化合同管理和预概算管理？一切以合同为基础，严格按预概算控制投资，满足工程建设需要，是秦山核电各级领导、合同管理人员极为关注的问题。秦山核电通过多方考察，最终决定采用建文软件PM软件系统的合同管理系统，其目标主要是实现全方位的合同管理功能，从合同起草、合同签订、文本管理、结算安排、执行进展、合同变更，到实际结款以及对合同结款情况统计分析的全方位管理，从而为业务决策提供有力的数据支持，降低因信息不全而造成的合同损失。

资料来源　佚名.秦山核电站合同管理应用分析[EB/OL].[2008-10-21].http://www.justwin.cn/example/201010/20101019_44.html.

第一节　风险评估

合同，是指企业与自然人、法人及其他组织等平等主体之间设立、变更、终止民事权利义务关系的协议，但企业与职工签订的劳动合同除外。合同管理是企业作为经济法律关系的主体，依法对单位经济合同的签订、履行、变更、解除以及经济合同纠纷所进行的计划、组织、控制、调解、诉讼和监督检查等一系列活动的总称。

一、合同

（一）合同的特征

（1）合同是一种法律行为。合同以意思表示为成立要素，并且按照意思表示的内容赋予法律效果，故合同是一种法律行为，而非事实行为。

（2）合同是以设立、变更、终止民事权利义务为目的的法律行为。法律行为是民事主体有意识的行为。任何民事行为均具有目的性。合同作为一种法律行为，其目的在于在当事人之间设立、变更、终止财产权利义务关系。财产权利义务关系是指物权关系、债权关系、知识产权关系等具有财产内容的权利义务关系。

（3）合同是两方以上当事人的意思表示一致的民事行为。这是合同区别于单方民事行为的重要标志。

（4）合同是当事人各方在平等、自愿基础上产生的民事行为。

（二）合同的分类

根据不同的标准，可以对合同进行不同的分类。

1. 典型合同与非典型合同

根据法律是否对合同规定了特定名称并加以规范，可将合同划分为典型合同与非典型合同。典型合同又称为有名合同，是指法律上已经确定了特定名称及规则的合同。非典型合同又称为无名合同，是指法律上尚未确定特定名称与规则的合同。

2. 双务合同与单务合同

根据合同当事人双方是否负担给付义务，可将合同划分为双务合同与单务合同。双务合同是指当事人双方互负给付义务的合同，如买卖合同。单务合同是指仅有一方当事人负担给付义务的合同，如赠予合同。

3. 有偿合同与无偿合同

根据合同当事人依据合同实现利益是否付出相应代价，可将合同划分为有偿合同与无偿合同。有偿合同是指当事人一方依据合同从对方取得利益时必须向对方支付相应代价的合同，如买卖、租赁合同等。无偿合同是指当事人一方依据合同从对方取得利益时不必向对方作出任何对价性给付的合同，如赠予、借用合同等。

4. 诺成合同与实践合同

根据是否以交付标的物作为合同成立的条件，可将合同分成诺成合同与实践合同。诺成合同又称为不要务合同，是指只要当事人各方的意思表示一致即可成立的合同，如买卖、租赁合同等。在社会经济生活中，绝大多数合同都是诺成合同。实践合同又称为要务合同，是指除当事人各方的意思表示一致以外，还必须实际交付标的物才能成立的合同，如保管、借用合同等。

5. 要式合同与不要式合同

根据合同的成立是否必须采取特定的形式，可将合同分为要式合同与不要式合同。要式合同是指必须采用法律规定的特定形式订立方能成立的合同。不要式合同是指法律没有要求其必须采用某种特定形式订立的合同。在经济生活中，大多数合同都属于不要式合同。

6. 主合同与从合同

根据相互有联系的合同之间的主从关系，可以将合同划分为主合同与从合同。在两个相互有联系的合同之间，不需要依赖其他合同而能独立存在的合同为主合同；反之，以其他合同（主合同）的存在为其存在前提的合同是从合同。

二、合同管理

（一）合同管理的内容

合同管理作为企业经营管理的重要组成部分，涉及企业生产经营的各个方面、各个环节，是一项综合性很强的工作。一般来说，企业的合同管理包括以下几个方面的内容：

（1）组织本企业合同业务人员、管理人员认真学习《合同法》，普及经济合同有关知识，这是管好合同的思想基础。

（2）建立健全合同管理机构，这是管好合同的组织保证。

（3）建立健全合同管理制度，这是管好合同的制度保障。

（4）加强企业经济法制建设，妥善解决经济纠纷。许多企业聘请律师担任法律顾问，有些企业还设立了法律事务机构，配备了法律顾问人员。这些法律顾问帮助企业起草法律文书，审查合同，参加企业重大合同的谈判，接受企业委托，参加合同纠纷的调解、仲裁和诉讼活动，有效地维护了企业的合法权益。

（二）合同管理的制度要求

企业需要建立一系列制度体系和机制保障，促进合同管理的作用得到有效发挥。

1. 建立分级授权管理制度

企业应当根据经济业务性质、组织机构设置和管理层级安排，建立合同分级管理制度。属于上级管理权限的合同，下级单位不得签署。对于重大投资类、融资类、担保类、知识产权类、不动产类合同，上级部门应加强管理。下级单位认为确有需要签署涉及上级管理权限的合同，应当提出申请，并经上级合同管理机构批准后才能办理。上级单位应当加强对下级单位合同订立、履行情况的监督检查。

2. 建立统一归口管理制度

企业可以根据实际情况指定法律部门等作为合同归口管理部门，对合同实施统一规范管理，具体负责制定合同管理制度，审核合同条款的权利义务对等性，管理合同标准文本，管理合同专用章，定期检查和评价合同管理中的薄弱环节，采取相应控制措施，促进合同的有效履行等。

3. 明确职责分工与进行密切协作

公司各业务部门在明确分工的基础上，各负其责，互相配合，互相支持，共同保证合同的调查、谈判、订立、履行和终结责任。公司财会部门侧重于履行对合同的财务监督职责。

4. 健全考核与责任追究制度

企业应当健全合同管理考核与责任追究制度，开展合同后评估，对合同订立、履行过程中出现的违法违规行为，应当追究有关机构或人员的责任。

（三）合同管理的组织体系

建立健全企业合同管理组织体系，是加强和改善企业合同管理的组织保证。

1.加强合同管理是企业法定代表人的重要职责

企业法定代表人既是企业的最高管理者，也是企业合同管理的总负责人。其具体权责一般包括：

（1）认真贯彻《合同法》及相关法律、法规、规章，保证国家法律、法规、规章在本企业得到切实执行；

（2）把合同管理工作纳入本企业总体发展规划和目标责任制，保证本企业经济合同依法签订和全面履行；

（3）建立健全合同管理机构和各项合同管理制度，把合同管理纳入规范化、制度化的轨道，维护企业的合法权益；

（4）依法亲自签订、审查重大合同，积极解决合同纠纷；

（5）监督、检查本企业合同的签订和履行情况，并对有关单位和个人实施奖惩。

2.企业法律事务机构是合同管理的归口部门

企业法律事务机构是企业设置的，运用法律手段管理企业、处理涉法事务的职能部门。其作为合同的统一管理部门，权责一般包括：

（1）配合企业管理层，对本企业的合同管理进行通盘研究、总体规划，全面提高企业合同管理水平；

（2）组织企业各级员工学习合同法律、法规、规章，促进企业依法生产经营；

（3）建立健全合同管理制度或管理办法，逐步把本企业的合同管理纳入规范化、法制化轨道；

（4）参与重大经济合同谈判，起草、审查本企业重大经济合同；

（5）指导、监督、检查本企业各类经济合同的签订、履行；

（6）建立健全合同档案、台账、报表等基础工作；

（7）对企业合同专用章、法人授权委托证书和空白合同用纸进行管理和控制；

（8）参与合同纠纷的调查、调解、仲裁、诉讼活动，对合同纠纷实行归口管理；

（9）对本企业合同的签订、履行情况进行调查研究、统计分析，向企业管理层提出加强合同管理的意见和建议。

第二节　关键控制点

一、关键控制点

（一）合同管理控制的流程

从整体上来讲，合同管理可以划分为合同订立阶段和合同履行阶段。合同订立阶段包括合同调查、合同谈判、合同文本拟定、合同审批、合同签署等环节；合同履行阶段涉及合同履行、合同补充和变更、合同解除和结算等环节。图14-1列示了企业合同管理的基本业务流程。

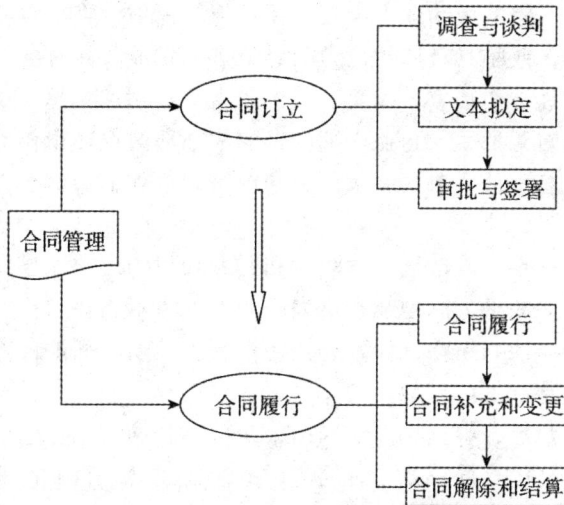

图14-1 企业合同管理的基本业务流程

资料来源　财政部会计司.《企业内部控制应用指引第16号——合同管理》解读[J].财务与会计，2011（5）.

（二）合同管理流程控制的目标

（1）确保合同双方当事人具备签订合同的相应资格；

（2）在遵循自愿、公平、诚实信用原则的基础上，明确双方的权利义务和违约责任；

（3）保障合同文本的合法性、合规性和完整性；

（4）保障合同的有效性；

（5）保障合同正常履行。

（三）合同管理流程控制的风险

企业在合同管理控制中，可能会出现以下风险：未订立合同、未经授权对外订立合同、合同对方主体资格未达要求、合同内容存在重大疏漏和欺诈，可能导致企业合法权益受到侵害；合同未全面履行或监控不当，可能导致企业诉讼失败、经济利益受损；合同纠纷处理不当，可能损害企业利益、信誉和形象。具体地讲：

1.合同调查控制

合同订立前，企业应当对对方当事人进行调查，充分了解合同对方的主体资格、信用状况等有关情况，确保对方当事人具备履约能力。主要风险有：

（1）未对被调查对象的主体资格进行审查，准合同对象不具有相应民事权利能力和民事行为能力或不具备特定资质，与不具备代理权或越权代理的主体签订合同，导致合同无效，或引发潜在风险；

（2）在合同签订前错误判断被调查对象的信用状况，或在合同履行过程中没有持续关注对方的资信变化，致使企业遭受损失；

（3）对被调查对象的履约能力未能进行正确的评估，将不具备履约能力的对象确定为准合同对象，或将具有履约能力的对象排除在准合同对象之外。

2.合同谈判控制

初步确定准合同对象后，企业内部的合同承办部门将在授权范围内与对方进行合同谈判，按照自愿、公平原则，磋商合同内容和条款，明确双方的权利义务和违约责任。主要风险有：

（1）谈判经验不足，缺乏技术、法律和财务知识的支撑，导致企业利益损失；

（2）忽略合同中的重大问题或在重大问题上作出不当让步；

（3）泄露本企业谈判策略，导致企业在谈判中处于不利地位。

3.合同文本拟定控制

企业在合同谈判后，根据协商谈判结果，拟定合同文本。主要风险有：

（1）选择不恰当的合同形式，合同与国家法律法规、行业产业政策、企业总体战略目标或特定业务经营目标发生冲突，合同内容和条款不完整、表述不严谨准确，或存在重大疏漏和欺诈，导致企业合法利益受损；

（2）有意拆分合同，规避合同管理规定等；

（3）对于合同文本须报经国家有关主管部门审查或备案的，未履行相应程序。

4.审核和签署控制

当企业的合同文本拟定之后，必须经相应部门进行审核。合同的审核工作是保障合同有效的重要环节。经审核无误之后，企业应当与对方当事人正式签署并加盖企业合同专用章。主要风险有：

（1）合同审核人员因专业素质或工作态度原因未能发现合同文本中的不当内容和条款；

（2）审核人员虽然通过审核发现问题但未提出恰当的修订意见；

（3）合同起草人员没有根据审核人员的改进意见修改合同，导致合同中的不当内容和条款未被纠正；

（4）超越权限签订合同，合同印章管理不当，签署后的合同被篡改，因手续不全导致合同无效等。

5.合同履行控制

合同订立后，企业应当与合同对方当事人一起遵循诚实信用原则，根据合同的性质、目的和交易习惯履行通知、协助、保密等义务。

（1）本企业或合同对方当事人没有恰当地履行合同中约定的义务；

（2）合同生效后，对合同条款未明确约定的事项没有及时协议补充，导致合同无法正常履行；

（3）在合同履行过程中，未能及时发现已经或可能导致企业利益受损情况，或未能采取有效措施；

（4）合同纠纷处理不当，导致企业遭受外部处罚、诉讼失败，损害企业利益、信誉和形象等。

6.结算和登记控制

合同结算是合同执行的重要环节，既是对合同签订的审查，也是对合同执行的监督，一般由财会部门负责办理。合同登记管理制度体现合同的全过程封闭管理，合同的签署、履行、结算、补充或变更、解除等都需要进行合同登记。主要风险有：

（1）违反合同条款，未按合同规定期限、金额或方式付款，疏于管理，未能及时催收到期合同款项，在没有合同依据的情况下盲目付款；

（2）合同档案不全、合同泄密、合同滥用等。

二、合同管理的风险控制措施

企业应当加强合同管理，确定合同归属管理部门，明确合同拟定、审批、执行等环节的程序和要求，定期检查和评价合同管理中的薄弱环节，采取相应控制措施，促进合同有效履行，切实维护企业的合法权益。

（一）合同调查控制

（1）审查合同主体的身份证件、法人登记证书、资质证明、授权委托书等证明原件，同时，可通过发证机关查询证书的真实性和合法性，关注授权代理人的行为是否在其被授权范围内，在充分收集相关证据的基础上评价主体资格是否恰当。

（2）获取调查对象经审计的财务报告、以往交易记录等财务和非财务信息，分析其获利能力、偿债能力和营运能力，评估其财务风险和信用状况，并在合同履行过程中持续关注其资信变化，建立和及时更新合同对方的商业信用档案。

（3）对被调查对象进行现场调查，实地了解和全面评估其生产能力、技术水平、产品类别和质量等生产经营情况，分析其合同履约能力。

（4）与被调查对象的主要供应商、客户、开户银行、主管税务机关和工商管理部门等沟通，了解其生产经营、商业信誉、履约能力等情况。

（二）合同谈判控制

（1）收集谈判对手资料，充分熟悉谈判对手情况，做到知己知彼；仔细研究国家相关法律法规、行业监管、产业政策、同类产品或服务价格等与谈判内容相关的信息，正确制定本企业谈判策略。

（2）关注合同核心内容、条款和关键细节，具体包括合同标的的数量、质量或技术标准，合同价格的确定方式与支付方式，履约期限和方式，违约责任和争议的解决方法、合同变更或解除条件等。

（3）对于影响重大、涉及较高专业技术或法律关系复杂的合同，组织法律、技术、财会等专业人员参与谈判，充分发挥团队智慧，及时总结谈判过程中的得失，研究确定下一步谈判策略。

（4）必要时可聘请外部专家参与相关工作，并充分了解外部专家的专业资质、胜任能力和职业道德情况。

（5）加强保密工作，严格责任追究制度。

（6）对谈判过程中的重要事项和参与谈判人员的主要意见，予以记录并妥善保存，作为避免合同舞弊的重要手段和责任追究的依据。

（三）合同文本拟定控制

（1）企业对外发生经济行为，除及时结清方式外，应当订立书面合同。

（2）严格审核合同需求与国家法律法规、产业政策、企业整体战略目标的关系，保证其协调一致；考察合同是否以生产经营计划、项目立项书等为依据，确保完成具体业务经营目标。

（3）合同文本一般由业务承办部门起草，法律部门审核；重大合同或法律关系复杂的特殊合同应当由法律部门参与起草。国家或行业有合同示范文本的，可以优先选用，但对涉及权利义务关系的条款应当进行认真审查，并根据实际情况进行适当修改。各部门应当各司其职，保证合同内容和条款的完整准确。

（4）通过统一归口管理和授权审批制度，严格合同管理，防止通过化整为零等方式故意规避招标的做法和越权行为。

（5）由签约对方起草的合同，企业应当认真审查，确保合同内容准确反映企业诉求和谈判达成的一致意见，特别留意"其他约定事项"等需要补充填写的栏目，如不存在其他约定事项时注明"此处空白"或"无其他约定"，防止合同后续被篡改。

（6）合同文本须报经国家有关主管部门审查或备案的，应当履行相应程序。

（四）合同审核和签署控制

（1）审核人员应当对合同文本的合法性、经济性、可行性和严密性进行重点审核，关注合同的主体、内容和形式是否合法，合同内容是否符合企业的经济利益，对方当事人是否具有履约能力，合同权利和义务、违约责任和争议解决条款是否明确等。

（2）建立会审制度，对影响重大或法律关系复杂的合同文本，组织财会部门、内部审计部、法律部、业务关联的相关部门进行审核，内部相关部门应当认真履行职责。

（3）慎重对待审核意见，认真分析研究，对审核意见准确无误地加以记录，必要时对合同条款作出修改并再次提交审核。

（4）按照规定的权限和程序与对方当事人签署合同。对外正式订立的合同应当由企业法定代表人或由其授权的代理人签名或加盖有关印章。授权签署合同的，应当签署授权委托书。

（5）严格合同专用章保管制度，合同经编号、审批及企业法定代表人或由其授权的代理人签署后，方可加盖合同专用章。用印后保管人应当立即收回，并按要求妥善保管，以防止他人滥用。保管人应当记录合同专用章使用情况以备查，如果发生合同专用章遗失或被盗现象，应当立即报告公司负责人并采取妥善措施，如向公安机关报案、登报声明作废等，以最大限度消除可能带来的负面影响。

（6）采取恰当措施，防止已签署的合同被篡改，如在合同各页码之间加盖骑缝章、使用防伪印记、使用不可编辑的电子文档格式等。

（7）按照国家有关法律、行政法规规定，需办理批准、登记等手续之后方可生效的合同，企业应当及时按规定办理相关手续。

（五）合同履行控制

（1）强化对合同履行情况及效果的检查、分析和验收，全面适当执行本企业义务，敦促对方积极执行合同，确保合同全面有效履行。

（2）对合同对方的合同履行情况实施有效监控，一旦发现有违约可能或违约行为，应当及时提示风险，并立即采取相应措施将合同损失降到最低。

（3）根据需要及时补充、变更甚至解除合同。一是对于合同没有约定或约定不明确的内容，通过双方协商一致对原有合同进行补充，无法达成补充协议的，按照国家相关法律法规、合同有关条款或者交易习惯确定；二是对于显失公平、条款有误或存在欺诈行为的合同，以及因政策调整、市场变化等客观因素已经或可能导致企业利益受损的合同，按规定程序及时报告，并经双方协商一致，按照规定权限和程序办理合同变更或解除事宜；三是对方当事人提出中止、转让、解除合同的，造成企业经济损失的，应向对方当事人书面提出索赔。

（4）加强合同纠纷管理，在履行合同过程中发生纠纷的，应当依据国家相关法律法规，在规定时效内与对方当事人协商并按规定权限和程序及时报告。合同纠纷经协商一致的，双方应当签订书面协议；合同纠纷经协商无法解决的，根据合同约定选择仲裁或诉讼方式解决。企业内部授权处理合同纠纷，应当签署授权委托书。纠纷处理过程中，未经授权批准，相关经办人员不得向对方当事人作出实质性答复或承诺。

（六）结算和登记控制

（1）财会部门应当在审核合同条款后办理结算业务，按照合同规定付款，及时催收到期欠款。

（2）未按合同条款履约或应签订书面合同而未签订的，财会部门有权拒绝付款，并及时向企业有关负责人报告。

（3）合同管理部门应当加强合同登记管理，充分利用信息化手段，定期对合同进行统计、分类和归档，详细登记合同的订立、履行和变更、终结等情况，合同终结应及时办理销号和归档手续，以实行合同的全过程封闭管理。

（4）建立合同文本统一分类和连续编号制度，以防止或及早发现合同文本的遗失。

（5）加强合同信息安全保密工作，未经批准，任何人不得以任何形式泄露合同订立与履行过程中涉及的国家或商业秘密。

（6）规范合同管理人员职责，明确合同流转、借阅和归还的职责权限和审批程序等有关要求。

第三节　案例分析

案例一　借款合同案例

（一）案例简介

华夏公司为开发新项目，急需资金。2010年4月12日，向天勤公司借款15万元。双方谈妥，天勤公司借给华夏公司15万元，借期6个月，月息为银行贷款利息的1.5倍，至同年10月12日本息一起付清，华夏公司为天勤公司出具了借据。华夏公司因新项目开发不顺利未盈利，到了10月12日无法偿还欠天勤公司的借款。某日，天勤公司向华夏公司催促还款无果，但得到一信息：某单位曾向华夏公司借款20万元，现已到还款期，某单位正准备还款，但华夏公司让某单位不用还款。于是，天勤公司向法院起诉，请求华夏公司以某单位的还款来偿还债务，华夏公司辩称该债权已放弃，无法清偿债务。

（二）案例分析

1.案例评述

（1）合同订立阶段。华夏公司与天勤公司的借贷合同是在公平、自愿的原则上订立的，合同是有效的。同时，《企业内部控制应用指引第16号——合同管理》第五条规定："合同订立前，应当充分了解合同对方的主体资格、信用状况等有关内容，确保对方当事人具备履约能力。"在本案例中，虽然合同双方在公平、自愿的原则上订立借贷合同，但是在合同签订前天勤公司没有对华夏公司的信用状况作出正确的判断，未对对方公司的履约能力进行正确的评估，合同管理的相关内部控制措施失效，致使天勤公司在合同到期时未能收回借款，企业遭受损失。

（2）合同履行阶段。在本案例中，虽然天勤公司与华夏公司所签订的合同是有效的，但是在合同履行过程中没有持续的关注华夏公司的资信变化及经营状况的恶化，使得合同管理过程中相应的内部控制措施未发挥作用。

2.案例启示

在日常经营活动中，企业以合同作为载体进行各种经济业务的往来，如以合同作为载体付出大量货币资金，收回大量经营收入资金等。合同管理一般涉及合同订立和合同履行两个环节，在每一个环节中又涉及一些子过程。能够对这些子过程进行有效的控制与管理关系着企业经营风险（损失）的大小，影响着企业能否达到预期的战略目标。因而，对合同进行有效、全面的控制和管理成为企业重要的任务。

案例二　供气合同案例

（一）案例简介

某市红光琉璃制品厂（以下简称"甲方"）与某市天然气供应公司（以下简称"乙方"）签订了常年供气合同。合同规定，乙方每天向甲方供应生产用气 5 000 立方米，如减少或停供须提前 5 天通知甲方做好准备。甲方按月结清天然气款。双方约定，甲方向乙方交付定金 10 万元。

合同签订后不久，随着用气单位的增多，天然气供应日趋紧张，有些用气单位向乙方许诺可以购买高价气。乙方为追求本单位的经济效益，要求甲方减少用气 2 000 立方米，甲方不同意。乙方在未提前通知的情况下，单方突然停止向甲方供气，致使甲方生产设备受损，造成损失约 6 万元。甲方派人前去乙方交涉，要求其保证供气，并双倍返还其已交付的定金。乙方不同意。甲方遂向某市人民法院起诉，要求乙方继续履行合同，双倍返还其已交付的定金，赔偿其他损失。

（二）案例分析

1.合同订立阶段

甲公司与乙公司的供气合同是在公平、自愿的原则上订立的，合同是有效的。同时，《企业内部控制应用指引第 16 号——合同管理》第五条规定："合同订立前，应当充分了解合同对方的主体资格、信用状况等有关内容，确保对方当事人具备履约能力。"在本案例中，虽然合同双方在公平、自愿的原则上订立供气合同，乙公司也具有相应的合同主体资格，但是在合同签订前甲公司并没有对乙公司的信用状况作出正确的判断，对乙公司的履约能力也没有进行正确的评估，造成合同管理的相关内部控制措施失效，因而当乙公司突然停止向甲方供气，致使甲方生产设备受损，造成损失约 6 万元。

2.合同履行阶段

在合同的履行阶段，由于没有有效的内部控制措施，可能会致使合同一方存在以下风险：本企业或合同对方当事人没有恰当地履行合同中约定的义务；在合同履行过程中，未能及时发现已经或可能导致企业利益受损情况，或未能采取有效措施；合同纠纷处理不当，导致企业遭受外部处罚、诉讼失败，损害企业利益、信誉和形象等。当类似风险存在时，该合同应该采取以下措施：（1）强化对合同履行情况及效果的检查、分析和验收，全面执行本企业义务，敦促对方积极执行合同，确保合同全面有效履行；（2）对合同对方的合同履行情况实施有效监控，一旦发现有违约可能或违约行为，应当及时提示风险，并立即采取相应措施将合同损失降到最低；（3）根据需要及时补充、变更甚至解除合同。一是对于合同没有约定或约定不明确的内容，双方通过协商一致对原有合同进行补充；无法达成补充协议的，按照国家相关法律法规、合同有关条款或者交易习惯确定。在本案例中，在供气合同履行的过程中，随着用气单位的增多，供气紧张的情形出现，甲公司没有及时对合同履行情况进行实时的监控、检查、分析和验收，也没有敦促对方积极执行合同，确保合同全面有效履行，最后导致乙方单方擅自减少供气，未按照合同规定履约给甲方造成一定的损失。

资料来源 根据相关资料整理而成。

复习思考题

1.合同管理控制对企业的重要性有哪些？

2.如何建立有效的合同管理制度？

中英文专业术语

合同 contract

合同管理 contract management

补充学习内容

1.《企业内部控制应用指引第16号——合同管理》及其讲解。

2. 结合本章内容自己设计并分析一个典型案例。

3.案例。

古董买卖合同是否有效？

李某本人酷爱收藏，并且具有相当高的古玩鉴赏能力。其家中收藏有一商代酒杯，但由于年代太久远，李某无法评估其真实价值，而只能大略估计其价值在10万元以上。某日，李某将酒杯带到一古董店，请古董店老板鉴赏，该老板十分喜欢该酒杯，并且知道其价值不下百万，于是提出向李某买下该酒杯，出价为50万元。李某对此高价内心十分满意，但仔细一想，该酒杯价值绝对超过50万元，如果拍卖，超过百万也有可能。但苦于拍卖成本过高，于是，李某心生一计，同意将酒杯卖给古董店老板，待日后古董店老板高价卖出后再主张合同可撤销，要求变更合同。结果，古董店老板通过拍卖，酒杯被卖到1 000万元。此后，李某向法院主张合同显失公正，要求古董店老板至少再补偿900万元。

资料来源 根据百度文库《合同法经典案例解析》整理而成。

要求：请分析该案例合同管理中的关键控制点和相关措施。

第十五章　内部信息传递控制

【学习目标】

通过本章的学习，可以了解内部信息传递的基本内容，掌握内部信息传递流程，掌握内部信息传递控制各环节主要风险点、内部信息传递控制要点及风险控制措施。

【导入性案例】

唐山冀东水泥股份有限公司制定了公司内部信息对外报送和使用管理制度，包括对企业内部信息的披露、信息保密以及违反保密规定的相应处罚措施。

1.企业内部信息披露的主体

公司的董事、监事和高级管理人员应当遵守信息披露内部控制制度的要求，包括对公司定期报告及重大事项履行必要的传递、审核和披露流程。

2.企业内部信息保密规定

（1）公司的董事、监事和高级管理人员及其他相关涉密人员在定期报告编制、公司重大事项筹划期间，负有保密义务。定期报告、临时报告公布前，不得以任何形式、任何途径向外界或特定人员泄露定期报告、临时报告的内容，包括但不限于业绩座谈会、分析师会议、接受投资者调研座谈等方式。

（2）对于无法律法规依据的外部单位对年度统计报表等有报送要求，公司应拒绝报送。

（3）公司依据法律法规的要求应当报送的，需要将报送的外部单位相关人员作为内幕知情人登记在案备查。

（4）公司应将报送的相关信息作为内幕信息，并书面提醒报送的外部单位相关人员履行保密义务。

（5）公司依据法律法规向特定外部信息使用人报送年报相关信息的，提供时间不得早于公司业绩快报的披露时间，业绩快报的披露内容不得少于向外部信息使用人员提供的信息内容。

（6）外部单位或个人不得泄露依据法律法规报送的本公司未公开重大信息，不得利用所获取的未公开重大信息买卖本公司证券或建议他人买卖本公司证券。

（7）外部单位或个人及其工作人员因保密不当致使前述重大信息被泄露，应立即通知公司，公司应在第一时间向深圳证券交易所报告并公告。

（8）外部单位或个人在相关文件中不得使用公司报送的未公开重大信息，除非与公司同时披露该信息。

3.违反内部信息披露、保密规定的相关处理

（1）外部单位或个人本人应该严守上述条款，如违反本制度及相关规定使用

公司报送信息，致使公司遭受经济损失的，公司将依法要求其承担赔偿责任。

（2）如利用所获取的未公开重大信息买卖公司证券或建议他人买卖公司证券的，公司将依法收回其所得的收益；如涉嫌犯罪的，应当将案件移送司法机关处理。

（3）报告期内若公司存在对外报送信息、内幕信息知情人违法违规买卖公司股票或非经营性资金占用的情况，应在公司披露年报后10个工作日内向证券交易所或上市公司所在地证监局进行备案。

（4）公司报告期内存在对外报送信息的，应将报送依据、报送对象、报送信息的类别、报送时间、业绩快报披露情况、对外部信息使用人保密义务的书面提醒情况、登记备案情况等进行报备。

（5）公司报告期内存在内幕信息知情人违规买卖公司股票行为的，应将具体情况、对相关人员采取的问责措施、违规收益追缴情况、董事会秘书督导责任的履行情况以及公司采取的防范措施等进行报备。

（6）公司报告期内发生非经营性资金占用的，应将公司对相关责任人的处罚问责措施和结果进行报备。

资料来源　企业内部控制编审委员会.企业内部控制配套指引解读与案例分析[M].上海：立信会计出版社，2010.

第一节　风险评估

信息与沟通作为企业有效内部控制的基本要素之一，信息沟通传递有效与否直接影响着内部控制的效果，所以企业必须建立有效的内部信息传递机制，以保证信息传递是有效和充分的。

内部信息传递，是指企业内部各管理层级之间通过内部报告形式传递生产经营管理信息的过程，换个角度说，只要企业存在生产经营管理活动，就存在内部信息传递，它是实现企业生产经营管理活动的重要手段，而内部报告则是它的载体。所以企业在建立健全内部控制体系时，应当加强内部报告管理，全面梳理内部信息传递过程中的薄弱环节，建立科学的内部信息传递机制，明确内部信息传递的内容、保密要求及密级分类、传递方式、传递范围以及各管理层级的职责权限等，促进内部报告的有效利用，充分发挥内部报告的作用，这样才能迎合企业现代化、信息化管理的要求，提升企业生产经营管理水平、竞争能力，促进企业健康发展。

企业内部信息传递可以划分为内部报告的形成和内部报告的使用两个流程。企业内部信息传递至少应当关注下列风险：

（1）内部报告系统缺失，功能不健全，内容不完整，可能影响生产经营有序运行；

（2）内部信息传递不通畅、不及时，可能导致决策失误、相关政策措施难以落实；

（3）内部信息传递中泄露商业秘密，可能削弱企业核心竞争力。

内部报告系统缺失，内部信息传递不通畅、不及时，会直接影响企业生产经营管理的效率、效果，导致内部控制体系失效，所以企业要高度关注内部信息传递的安全性，严格限制传递对象、传递范围，在确保信息沟通顺畅的同时建立内部信息保密机制。

一、内部信息传递控制流程评估

《企业内部控制应用指引第17号——内部信息传递》规定："为了促进企业生产经营管理信息在内部各管理层级之间的有效沟通和充分利用，根据《企业内部控制基本规范》及其配套指引，设计与实施内部信息传递控制。"

信息资源是一个企业赖以生存的重要因素之一，企业在制定决策和日常运作中需要各种形式的信息。内部信息传递是企业内部各管理层级之间通过内部报告形式传递生产经营管理信息的过程。企业的内部控制活动离不开信息的沟通和传递。信息在企业内部进行有目的的传递，对贯彻落实企业发展战略、执行企业全面预算、识别企业生产经营活动中的内外部风险具有重要作用。

企业应当加强内部报告管理，全面梳理内部信息传递过程中的薄弱环节，建立科学的内部信息传递机制，明确内部信息传递的具体要求，关注内部报告的有效性、及时性和安全性，促进内部报告的有效利用，充分发挥内部报告的作用。

企业内部信息传递的一般流程如图15-1所示。企业在实际操作中，应当充分结合自身业务特点和管理要求，构建和优化内部信息传递流程。

（一）内部报告形成控制

企业应当以经营快报等方式，规定不同级次内部报告的指标体系，反映经营管理的主要情况。

内部报告的形式有多种，如书面报告、口头介绍、电视电话会议、音像制品、计算机多媒体显示等和集上述形式于一体的信息中心。内部报告的一般格式为文本格式、图标格式、数字和综合格式等。有些格式在设计时，还要考虑字体、颜色等内容，以突出重要信息。但对格式进行设计时，重点还是要考虑传递信息的特点、信息使用者的偏好和理解能力，以及成本费用等因素。

内部报告一般有定期报告和非定期报告等两种。内部报告的提交要有时限上的要求，如日报告应在当天结束或第二天一早收到，时限设计要根据报告制作程序复杂程度而设计。

内部报告的内容就是所需传递的各类信息，设计时，可考虑先对信息分类。一般所需信息可分下面两类报告：完成计划情况的报告和调查分析报告。

企业应当充分利用信息技术，采集、汇总、生成内部报告信息，构建科学的内部报告网络体系。企业内部各级次均应当制定专人负责内部报告工作，规定不同级次报告的时点，确保在同一时点上形成分级和汇总信息。

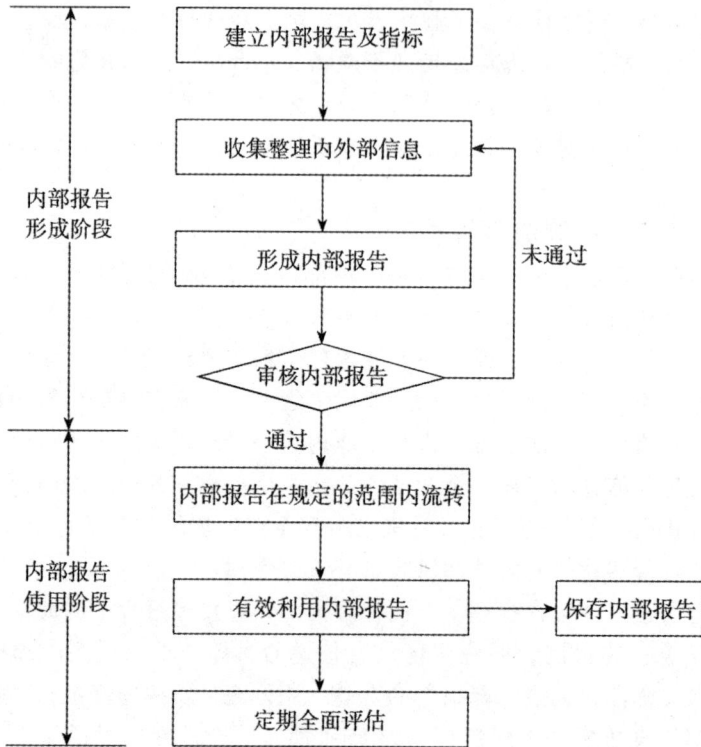

图15-1 内部信息传递的一般流程

资料来源 财政部会计司.《企业内部控制应用指引第17号——内部信息传递》解读[J].财务与会计，2011（5）.

公司董事会是公司重大信息的管理机构。内部报告工作的负责人可以为董事会秘书。经董事会授权，董事会秘书负责公司重大信息的管理及对外信息披露的具体协调工作，包括公司应披露的定期报告和临时报告。重要风险信息可以直接报告高级管理人员。

企业应当拓宽内部报告渠道，通过多种有效方式，鼓励员工为企业经营发展提供合理化建议，反映和举报生产经营中的违规、舞弊行为。

内部报告形成的控制要素：

1.规范内部报告指标体系及报告形成

企业应当根据发展战略、风险控制和业绩考核要求，科学规范不同级次内部报告的指标体系，采用经营快报等多种形式，全面反映与企业生产经营管理相关的各种内外部信息。

内部报告指标体系的设计应当与全面预算管理相结合，并随着环境和业务的变化不断进行修订和完善。设计内部报告指标体系时，应当关注企业成本费用预算的执行情况。

内部报告应当简洁明了、通俗易懂、传递及时，便于企业各管理层级和全体员工掌握相关信息，正确履行职责。

2.内部报告流程，责任人及审批制度

企业应当制定严密的内部报告流程，充分利用信息技术，强化内部报告信息集成和共享，将内部报告纳入企业统一信息平台，构建科学的内部报告网络体系。

企业内部各管理层级均应当指定专人负责内部报告工作，重要信息应及时上报，并可以直接报告高级管理人员。企业应当建立内部报告审核制度，确保内部报告信息质量。

3.收集与传递外部信息

企业应当关注市场环境、政策变化等外部信息对企业生产经营管理的影响，广泛收集、分析、整理外部信息，并通过内部报告传递到企业内部相关管理层级，以便采取应对策略。

4.收集建议、强化反舞弊机制及举报、投诉机制

企业应当拓宽内部报告渠道，通过落实奖励措施等多种有效方式，广泛收集合理化建议。企业应当重视和加强反舞弊机制建设，通过设立员工信箱、投诉热线等方式，鼓励员工及企业利益相关方举报和投诉企业内部的违法违规、舞弊和其他有损企业形象的行为。

（二）内部报告使用控制

内部报告的使用对象，也就是内部报告将递交的部门及相关人员。设计者要考虑各部门的职能，了解他们所需要的信息，尤其要注意一些机密信息的传递限制，建立报告传递分布系统，保证每一位管理者都知道他们在何时能收到什么内容的报告。

企业对于内部报告反映出的经营管理中存在的突出问题和重大风险，应当启动应急预案。此外，企业应当建立内部报告的评估制度，对内部报告的形成和使用进行全面评估，重点关注报告信息的准确性和沟通机制的有效性。

内部报告义务人及其他知情人员在信息披露前，应当将该信息的知情者控制在最小范围内，不得泄露公司的内幕信息，不得进行内幕交易或配合他人操纵股票及其衍生品种交易价格。

内部报告制度一旦付诸实施，就应不断地进行检查并在必要时予以修正，以确保它们能恰当地反映内部需要。通常，企业在发生下面几种情况时，必须修正内部报告制度：

（1）企业经营策略发生变化；

（2）企业管理政策发生变化；

（3）企业内部机构发生变化；

（4）反馈意见表明内部报告制度中存在较大缺陷。

同时，需要注意以下几个问题：

（1）内部报告制度是企业进行内部控制的一种办法，可用于内部会计控制上，

也可以用于内部管理控制上；

（2）内部报告制度的设计，并非一定要以一个单行文件的方式出现，它可以并存在其他的管理文件中；

（3）内部报告制度的设计者可以是财务人员，也可以是非财务人员；

（4）内部报告往往面向企业内部的所有人员。

内部报告使用的控制要素：

1.充分利用报告管理和指导经营活动

企业各级管理人员应当充分利用内部报告管理和指导企业的生产经营活动，及时反映全面预算执行情况，协调企业内部相关部门和各单位的运营进度，严格绩效考核和责任追究，确保企业实现发展目标。

2.有效利用内部报告进行风险管理

企业应当有效利用内部报告进行风险评估，准确识别和系统分析企业生产经营活动中的内外部风险，确定风险应对策略，实现对风险的有效控制。企业对于内部报告反映出的问题应当及时解决；涉及突出问题和重大风险的，应当启动应急预案。

3.严格内部报告的保密制度

企业应当制定严格的内部报告保密制度，明确保密内容、保密措施、密级程度和传递范围，防止泄露商业秘密。

4.建立内部报告的评估制度

企业应当建立内部报告的评估制度，定期对内部报告的形成和使用进行全面评估，重点关注内部报告的及时性、安全性和有效性。

二、内部信息传递控制各环节主要风险点评估

（一）建立内部报告指标体系

内部报告指标体系是否科学，直接关系到内部报告反映的信息是否完整和有用，这就要求企业应当根据自身的发展战略、风险控制和业绩考核特点，系统、科学地规范不同级次内部报告的指标体系，合理设置关键信息指标和辅助信息指标，并与全面预算管理等相结合，同时应随着环境和业务的变化不断进行修订和完善。在设计内部报告指标体系时，企业应当根据内部各"信息用户"的需求选择信息指标，以满足其经营决策、业绩考核、企业价值与风险评估的需要。该环节的主要风险是：指标体系的设计不能结合企业的发展战略，指标体系级次混乱，与全面预算管理要求相脱节，并且一旦设定后不能根据环境和业务的变化而调整。

（二）收集内外部信息

为了随时掌握有关市场状况、竞争情况、政策变化及环境的变化，保证企业发展战略和经营目标的实现，企业应当完善内外部重要相关信息的收集机制和传递机制，使重要信息能够及时获得并向上级呈报。企业可以通过行业协会组织、社会中

介机构、业务往来单位、市场调查、来信来访、网络媒体以及有关监管部门等渠道获取外部信息；通过财务会计资料、经营管理资料、调研报告、专项信息、内部刊物、办公网络等渠道获取内部信息。企业应当广泛收集、分析、整理内外部信息，并通过内部报告传递到企业内部相关管理层级，以便及时采取应对策略。该环节的主要风险是：收集的内外部信息过于散乱，不能突出重点；内容准确性差，根据信息进行的决策容易误导经营活动；获取内外部信息的成本过高，违反了成本效益原则。

（三）编制及审核内部报告

企业各职能部门应将收集的有关资料进行筛选、抽取，然后根据各管理层级对内部报告的信息需求和先前制定的内部报告指标建立各种分析模型，提取有效数据并进行反馈汇总，在此基础上，对分析模型进一步改造，进行资料分析，起草内部报告，形成总结性结论，并提出相应的建议，从而对发展趋势、策略规划、前景预测等提供重要的分析指导，为企业的效益分析、业务拓展提供有力的保障。企业内部报告因报告类型不同、反映的信息特点不同，其格式也不尽一致。一般情况下，企业内部报告应当包括报告名、文件号、执行范围、内容、起草或制定部门、报送和抄送部门及时效要求等。该环节的主要风险是：内部报告未能根据各内部使用单位的需求进行编制，内容不完整，编制不及时，未经审核即向有关部门传递。

（四）构建内部报告流转体系及渠道

企业应当制定严密的内部报告传递流程，充分利用信息技术，强化内部报告信息集成和共享，将内部报告纳入企业统一信息平台，构建科学的内部报告网络体系。企业内部各管理层级均应当指定专人负责内部报告工作。正常而言，内部报告应当按照职责分工和权限指引中规定的报告关系传递信息。但为保证信息传递的及时性，重要信息应当及时传递给董事会、监事会和经理层。企业应当拓宽内部报告渠道，通过落实奖励措施等多种有效方式，广泛收集合理化建议。该环节的主要风险是：缺乏内部报告传递流程，内部报告未按传递流程进行传递流转，内部报告流转不及时。

（五）内部报告有效使用及保密要求

企业各级管理人员应当充分利用内部报告进行有效决策，管理和指导企业的日常生产经营活动，及时反映全面预算执行情况，协调企业内部相关部门和各单位的运营进度，严格绩效考核和责任追究，确保企业实现发展战略和经营目标。企业应当有效利用内部报告进行风险评估，准确识别和系统分析企业生产经营活动中的内外部风险。企业对于内部报告反映出的问题应当及时解决。企业应当制定严格的内部报告保密制度，明确保密内容、保密措施、密级程度和传递范围，防止泄露商业秘密。该环节的主要风险是：企业管理层在决策时并没有使用内部报告提供的信息，内部报告未能用于风险识别和控制，商业秘密通过企业内部报告被泄露。

（六）内部报告的保管

在企业的经营管理活动中，会产生大量的数据信息，管理好这些资料，对于分析和解决企业管理中的问题至关重要。但是，有些企业对这些管理中产生的大量数据记录采取粗放经营的态度，甚至使一些重要数据丢失，造成不可挽回的损失。例如，在原材料采购和商品销售过程中，市场价格的调查资料、对供应商和销售商作出选择的依据、对方企业的资金信用状况等数据资料，不仅是企业以后购销工作的重要参考依据，同时也是实行财务监督的重要依据，但是许多企业对以上资料不作长期保留，致使发生了原材料质量问题或者应收账款变成坏账等问题以后，都找不到企业内部的责任者，分析不出失误的原因，更找不到解决问题的方法。该环节的主要风险是：企业缺少内部报告的保管制度，内部报告的保管存放杂乱无序，对重要资料的保管期限过短，保密措施不严。

（七）内部报告评估

由于内部报告传递对企业具有重要影响，《内部信息传递》强调企业应当建立内部报告评估制度。企业应当对内部报告是否全面、完整，内部信息传递是否及时、有效，对内部报告的利用是否符合预期做到心中有数，这就要求企业建立内部报告评估制度，通过对内部报告的编制和利用情况进行全面的回顾和评价，掌握内部信息的真实状况。企业对内部报告的评估应当定期进行，具体由企业根据自身管理要求作出规定，至少每年度对内部报告进行一次评估。企业应当重点关注内部报告的及时性、内部信息传递的有效性和安全性。经过评估发现内部报告存在缺陷的，企业应当及时进行修订和完善，确保内部报告提供的信息及时、有效。该环节的主要风险是：企业缺乏完善的内部报告评价体系，对各信息传递环节和传递方式控制不严，针对传递不及时、信息不准确的内部报告缺乏相应的惩戒机制。

（八）反舞弊

舞弊是指以故意的行为获得不公平的或者非法的收益，主要存在于以下领域：虚假财务报告、资产的不适当处置、不恰当的收入和支出、故意的不当关联方交易、税务欺诈、贪污以及收受贿赂和回扣等方面。有效的反舞弊机制是企业防范、发现和处理舞弊行为、优化内部环境的重要制度安排。有效的信息沟通是反舞弊程序和控制成功的关键。如果信息交流机制不畅通，就会产生信息不对称的问题，舞弊行为产生的机会就会增大。企业应当建立反舞弊机制，坚持惩防并举、重在预防的原则，明确反舞弊工作的重点领域、关键环节和有关机构在反舞弊工作中的职责权限，规范舞弊案件的举报、调查、处理、报告和补救程序。该环节的主要风险是：忽视了对员工的道德准则体系的培训，内部审计监察不严，内部人员未经授权或者采取其他不法方式侵占、挪用企业资产，在财务报告和信息披露等方面存在着虚假记录、误导性陈述或者重大遗漏等，董事、监事、经理及其他高管人员滥用职权，相关机构或人员串通舞弊，企业对举报人的保护力度小，信访事务处理不及时，缺乏相应的舞弊风险评估机制。

第二节 关键控制点

一、内部信息传递控制要点

（一）内部报告生成子系统

在内部报告生成子系统中，企业应当根据发展战略、风险控制和业绩考核要求，科学规范不同层级内部报告的指标体系，采用经营快报等多种形式，全面反映与企业生产经营管理相关的各种内外部信息。内部报告指标体系的设计应当与全面预算管理相结合，并随着环境和业务的变化不断进行修订和完善。设计内部报告指标体系时，应当关注企业成本费用预算的执行情况。

具体来说，内部报告生成一般经过以下过程：首先，企业的相关部门应当及时收集内部经营管理信息，对收集的信息要仔细筛选核对，然后汇总；其次，对汇总的内部信息要进行详细的审核，这是关系到内部传递的信息是否准确的关键；最后，将审核无误的内部信息生成内部报告，主要是编制企业的经营快报。快报要做到简洁明了，通俗易懂，这样有利于企业的各个层级都能比较容易地接受报告内容。

1.收集、核对以及汇总内部信息

企业的经营管理信息不只包括财务方面的，如财务报表资料，也包括非财务方面信息，像企业的经营管理资料。对这些信息的筛选收集，企业应当注意只针对那些对企业经营决策有用的相关信息，而对于非有用的信息可以不予考虑。

2.核对内部信息

企业应当建立核对相关信息的内部机制，首先，核对信息是否准确，对于不准确的信息，要及时告知相关部门，追究信息的源头，重新收集准确的信息；其次，要核对信息是否全面，信息不全面可能会导致后期经营管理决策的失误。

3.生成内部报告

内部报告一般以经营快报的形式来反映，包括财务报告和非财务报告。快报可以包括企业的相关产品的市场占有率情况、企业近期的营销策略、近期的人事变动情况、产品库存情况、现金流情况、债务负担情况、消费者对相关产品的认同情况、竞争对手的经营策略和财务政策、调研报告以及外部监管部门颁布的相关行业的细则规定等。企业的内部报告应当包括所有对企业近期经营决策有用的信息，要全面且准确。

（二）内部报告传递和使用子系统

在内部报告传递子系统中，首先，企业应当制定严密的内部报告流程，充分利用信息技术，强化内部报告信息集成和共享，将内部报告纳入企业统一信息平台，构建科学的内部报告网络体系；其次，企业应当关注市场环境、政策变化等外部信息对企业生产经营管理的影响，广泛收集、分析、整理外部信息，并通过内部报告传递到企业内部相关管理层级，以便采取应对策略；再次，企业应当拓宽内部报告渠道，通过落实奖励措施等多种有效方式，广泛收集合理化建议；再次，企业应当设立严格的内部报告保密制度，明确保密内容、保密措施、密集程度和传递范围，防止泄露商业秘密；最后，企业应当重视和加强反舞弊机制建设，通过设立员工信箱、投诉热线等方式，鼓励员工及企业利益相关方举报和投诉企业内部的违法违规、舞弊和其他有损企业形象的行为。

1.内部报告传递阶段

企业传递的内部报告一般包括重大的风险报告和一般的内部经营报告。这两种报告的传递路径是不一致的，前者要及时地直接达到企业高层，这样保证高层有比较充裕的时间来处理这类报告，及时给出决策意见，供下属层级制定相应的对策；后者可以按企业的组织结构依次来传递，让企业各部门都能清楚近期企业的经营管理信息，这样就能更好地指导、开展相关工作。

2.内部报告使用阶段

内部报告的使用要达到指导生产经营管理、评估外部风险以及应急预警等目标。企业各级管理人员应当充分利用内部报告管理和指导企业的生产经营活动，及时反映全面预算执行情况，协调企业内部相关部门和各单位的运营进度，严格绩效考核和责任追究，确保企业实现发展目标。企业应当有效利用内部报告进行风险评估，准确识别和系统分析企业生产经营活动中的内外部风险，确定风险应对策略，实现对风险的有效控制。首先，企业管理高层对重大的风险信息要仔细研究，确定这类信息对企业的经营方针或财务策略是否具有很大的不确定性，然后要及时地作出相关决策，督促下属层级尽快实施相应的对策，以便将企业的风险降至最低；其次，在使用一般的经营管理报告时，要依据企业事先设定的经营管理目标，如企业产品成本控制目标、销售额目标、市场占有率目标、相关费用的控制目标以及现金流的保证目标等，以此来考察当期是否达到了相关目标，如果没有达到，就要及时查找原因，找出差距，实现改进。

（三）内部报告评估子系统

在内部报告评估子系统中，企业应当建立内部报告的评估制度，定期对内部报告的形成和使用进行全面评估，重点关注内部信息传递的及时性、安全性和有效性。对传递过程中所暴露出来的问题要吸取教训，及时加以处理，如发现企业传递的信息不准确或信息的决策有用性不高，就要及时查清原因，对负责生成相关内部报告的部门追究责任；若是企业高层没有及时拿到企业当期营运情况的报告，就要及时查清内部报告是在企业传递的哪个环节出了问题，出了什么问题。这样，除了有效地评估原有的信息传递过程中的漏洞或不完善之外，才能对下期的内部报告流程作出有效的改进，最大可能地使企业内部报告制度趋于完善。

二、内部信息传递控制各环节主要风险点的风险控制措施

（一）建立内部报告指标体系

主要管控措施：

（1）应认真研究企业的发展战略、风险控制要求和业绩考核标准，根据各管理层级对信息的需求和详略程度，建立一套级次分明的内部报告指标体系。企业明确的战略目标和具体的战略规划为内部报告控制目标的确定提供了依据。

（2）企业内部报告指标确定后，应进行细化，层层分解，使企业中各责任中心及其各相关职能部门都有自己明确的目标，以利于控制风险并进行业绩考核。由此可见，企业的战略目标、战略规划、内部报告的控制目标、各责任中心以及各职能部门的控制目标，是一个通过内部信息传递相互联系、不断细化的体系。

（3）内部报告需要依据全面预算的标准进行信息反馈，将预算控制的过程和结果向企业内部管理层报告，以有效控制预算执行情况、明确相关责任、科学考核业绩，并根据新的环境和业务，调整决策部署，更好地规划和控制企业的资产和收益，实现资源的最有效配置和管理的协同效应。

（二）收集内外部信息

主要管控措施：

（1）根据特定服务对象的需求，选择信息收集过程中重点关注的信息类型和内容。为特定对象、特定目标服务的信息，具有更高的适用性，对于使用者具有更现实、更重要的意义。因此，需要根据信息需求者要求按照一定的标准对信息进行分类汇总。

（2）对信息进行审核和鉴别，对已经筛选的资料作进一步的检查，确定其真实性和合理性。企业应当检查信息在事实与时间上有无差错，是否合乎逻辑，其来源单位、资料份数、指标等是否完整。

（3）企业应当在收集信息的过程中考虑获取信息的便利性及其获取成本的高低，如果需要较大代价获取信息，则应当权衡其成本与信息的使用价值，确保所获取的信息符合成本效益原则。

（三）编制及审核内部报告

主要管控措施：

（1）企业内部报告的编制单位应紧紧围绕内部报告使用者的信息需求，以内部报告指标体系为基础，编制内容全面、简洁明了、通俗易懂的内部报告，便于企业各管理层级和全体员工掌握相关信息，正确履行职责。

（2）企业应合理设计内部报告编制程序，提高编制效率，保证内部报告能在第一时间提供给相关管理部门。对于重大突发事件应尽可能快地编制出内部报告，向董事会报告。

（3）企业应当建立内部报告审核制度，设定审核权限，确保内部报告信息的质

量。企业必须对岗位与职责分工进行控制，内部报告的起草与审核岗位分离，内部报告在传递前必须经签发部门负责人审核。对于重要信息，企业应当委派专门人员对其传递过程进行复核，确保信息正确地传递给使用者。

（四）构建内部报告流转体系及渠道

主要管控措施：

（1）企业应当制定内部报告传递制度。企业可根据信息的重要性、内容等特征，确定不同的流转环节。

（2）企业应严格按设定的传递流程进行流转。企业各管理层对内部报告的流转应做好记录，对于未按照流转制度进行操作的事件，应当调查原因，并作相应处理。

（3）企业应及时更新信息系统，确保内部报告有效安全地传递。企业应在实际工作中尝试精简信息系统的处理程序，使信息在企业内部更快地传递。对于重要紧急的信息，可以越级向董事会、监事会或经理层直接报告，便于相关负责人迅速作出决策。

（五）内部报告有效使用及保密要求

主要管控措施：

（1）企业在预算控制、生产经营管理决策和业绩考核时充分使用内部报告提供的信息。企业应当将预算控制和内部报告接轨，通过内部报告及时反映全面预算的执行情况；要求企业尽可能利用内部报告的信息对生产、购售、投资、筹资等业务进行因素分析、对比分析和趋势分析等，发现存在的问题，及时查明原因并加以改进；将绩效考评和责任追究制度与内部报告联系起来，依据及时、准确、按规范流程提供的信息进行透明、客观的定期业绩考核，并对相关责任人进行追究惩罚。

（2）企业管理层应通过内部报告提供的信息对企业生产经营管理中存在的风险进行评估，准确识别和系统分析企业生产经营活动中的内外部风险，涉及突出问题和重大风险的，应当启动应急预案。

（3）企业应从内部信息传递的时间、空间、节点、流程等方面建立控制，通过职责分离、授权接触、监督和检查等手段防止商业秘密泄露。

（六）内部报告的保管

主要管控措施：

（1）企业应当建立内部报告保管制度，各部门应当指定专人按类别保管相应的内部报告。

（2）为了便于内部报告的查阅、对比分析，改善内部报告的格式，提高内部报告的有用性，企业应按类别保管内部报告，对影响较大的、金额较高的一般要严格保管，如企业重大重组方案、企业债券发行解读方案等。

（3）企业对不同类别的报告应按其影响程度规定其保管年限，只有超过保管年限的内部报告方可予以销毁。对影响重大的内部报告，应当永久保管，如公司章程及相应的修改、公司股东登记表等。有条件的企业应当建立电子内部报告保管库，分性质，按照类别、时间、保管年限、影响程序及保密要求等分门别类地储存电子内部报告。

（4）企业应当制定严格的内部报告保密制度，明确保密内容、保密措施、密级程度和传递范围，防止泄露商业秘密。有关公司商业秘密的重要文件要由企业较高级别的管理人员负责，至少由两人共同管理，放置在专用保险箱内。查阅保密文件时，必须经高层管理人员同意，由两人分别开启相应的锁具方可打开。

（七）内部报告评估

主要管控措施：

（1）企业应建立并完善企业对内部报告的评估制度，严格按照评估制度对内部报告进行合理评估，考核内部报告在企业生产经营活动中所起的真实作用。

（2）为保证信息传递的及时准确，企业必须执行奖惩机制。对经常不能及时或准确传递信息的相关人员应当进行批评和教育，并与绩效考核体系挂钩。

（八）反舞弊

主要控制措施：

（1）企业应当重视和加强反舞弊机制建设，对员工进行道德准则培训，通过设立员工信箱、投诉热线等方式，鼓励员工及企业利益相关方举报和投诉企业内部的违法违规、舞弊和其他有损企业形象的行为。

（2）企业应通过审计委员会对信访、内部审计、监察、接受举报过程中收集的信息进行复查，监督管理层对财务报告施加不当影响的行为、管理层进行的重大不寻常交易，以及企业各管理层级的批准、授权、认证等，防止企业资产侵占、资金挪用、虚假财务报告、滥用职权等现象的发生。

（3）企业应当建立反舞弊情况通报制度。企业应定期召开反舞弊情况通报会，由审计部门通报反舞弊工作情况，分析反舞弊形势，评价现有的反舞弊控制措施和程序。

（4）企业应当建立举报人保护制度，设立举报责任主体、举报程序，明确举报投诉处理程序，并做好投诉记录的保存。切实落实举报人保护制度是举报投诉制度有效运行的关键。结合企业的实际情况，企业应明确举报人应向谁举报，以何种方式进行举报，举报内容的界定等；确定举报责任主体接到投诉报告后进行调查的程序、办理时限、办结要求及将调查结论提交董事会处理的程序等。

第三节　案例分析

10分钟悲剧的内部控制案例

（一）案例简介

2008年9月15日上午10点，拥有158年历史的美国第四大投资银行雷曼兄弟公司向法院申请破产保护，消息转瞬间通过电视、广播和网络传遍地球的各个角落。令人匪夷所思的是，在如此明朗的情况下，德国国家发展银行10分钟之后居然按照外汇掉期协议，通过计算机自动付款系统向雷曼兄弟公司即将冻结的银行账户转入了3亿欧元。毫无疑问，3亿欧元将是肉包子打狗有去无回。

转账风波曝光后，德国社会各界大为震惊。德国财政部部长佩尔·施泰因布吕克发誓，一定要将事实查个水落石出并严厉惩罚相关责任人。

从10点到10点10分，这短短的10分钟银行内部到底发生了什么事情，从而导致如此愚蠢的低级错误？几天后，一家受财政部委托的法律事务所向德国国会和财政部递交的报告显示了该银行人员在这"黄金10分钟"内忙了些什么：

首席执行官乌尔里奇·施罗德：我知道今天要按照协议预先的约定转账，至于是否撤销这笔巨额交易，应该让董事会开会讨论决定。

董事长保卢斯：我们还没有得到风险评估报告，无法及时作出正确的决策。

董事会秘书史里芬：我打电话给国际业务部催要风险评估报告，可那里总是占线，我想还是隔一会儿再打吧。

国际业务部经理克鲁克：星期五晚上准备带上全家人去听音乐会，我得提前打电话预订门票。

国际业务部副经理伊梅尔曼：忙于其他事情，没有时间去关心雷曼兄弟公司的消息。

负责处理与雷曼兄弟公司业务的高级经理希特霍芬：我让文员上网浏览新闻，一旦有雷曼兄弟公司的消息就立即报告，现在我要去休息室喝杯咖啡了。

文员施特鲁克：10点3分，我在网上看到了雷曼兄弟公司向法院申请破产保护的新闻，马上就跑到希特霍芬的办公室，可是他不在，我就写了张便条放在办公桌上，他回来后会看到的。

结算部经理德尔布吕克：今天是协议规定的交易日子，我没有接到停止交易的指令，那就按照原计划转账吧。

结算部自动付款系统操作员曼斯坦因：德尔布吕克让我执行转账操作，我什么也没问就做了。

信贷部经理莫德尔：我在走廊里碰到了施特鲁克，他告诉我雷曼兄弟公司的破产消息，但是我相信希特霍芬和其他职员的专业素养，一定不会犯低级错误，因此也没必要提醒他们。

公关部经理贝克：雷曼兄弟公司破产是板上钉钉的事，我想跟乌尔里奇·施罗德谈谈这件事，但上午要会见几个克罗地亚客人，等下午再找他也不迟，反正不差这几个小时。

德国经济评论家哈恩说：在这家银行，上到董事长，下到操作员，没有一个人是愚蠢的，可悲的是，几乎在同一时间，每个人都开了点小差，加在一起，就创造出了"德国最愚蠢的银行"。

（二）案例分析

"10分钟悲剧"的发生，除了操作人员责任心因素外，非常重要的原因就是企业内部信息沟通和传递环节存在问题，导致内部控制失效。反思这个案例，企业可从以下方面加强信息与沟通。

一是建立明确的内外部信息收集机制。为了随时掌握有关市场状况、竞争情况、政策变化及环境的变化，企业应当完善内外部重要相关信息的收集和传递机制，使重要信息能够及时获得并向上级呈报。企业可以通过行业协会组织、社会中介机构、业务往来单位、市场调查、来信来访、网络媒体以及有关监管部门等渠道，获取外部信息；通过财务会计资料、经营管理资料、调研报告、专项信息、内部刊物、办公网络等渠道，获取内部信息。企业应当广泛收集内外部信息，并对收集到的内外部信息进行必要分析和整理，通过内部报告传递到企业内部相关管理层级，以便及时采取应对策略。

二是构建内部信息流转体系及渠道。企业应当制定严密的内部信息传递流程，充分利用信息技术，强化内部报告信息集成和共享，将内部报告纳入企业统一信息平台，构建科学的内部报告网络体系。企业内部各管理层级均应当指定专人负责内部报告工作。正常而言，内部报告应当按照职责分工和权限指引中规定的报告关系传递信息。但为保证信息传递的及时性，重要信息应当及时传递给董事会、监事会和经理层。企业应当拓宽内部报告渠道，通过落实奖励措施等多种有效方式，广泛收集各类信息及合理化建议。

三是在构建内部信息流转体系时，要明确信息的流转环节，并对信息流转做好记录，同时为保证信息传递或沟通的有效性，应建立反馈机制，确保信息确实进行传递并得到相应处理。而现实中，有时信息报告方将信息传递给相关人员，但对于信息接收方是否真正已收到或处理该信息，缺乏反馈机制，导致内部控制失效。

四是有效使用内部信息。企业各级管理人员应当充分利用相关信息进行有效决策，管理和指导企业的经营活动。企业应当有效利用内部报告进行风险评估，准确识别和系统分析企业生产经营活动中的内外部风险，确定风险应对策略，实现对风险的有效控制。企业对于内部报告反映出的问题应当及时解决。同时，要制定相关措施，加强内部信息的保密，防止信息不恰当传递给公司带来损失。

资料来源 佚名.10分钟悲剧的内控启示[N].中国会计报，2011-10-28.

复习思考题

1.企业内部信息传递至少应当关注哪些风险？

2.企业为什么要建立内部报告制度？在什么样的情况下，必须修正内部报告制度？同时，需要注意哪些问题？

3.简述内部报告指标体系建立环节的主要风险及其管控措施。

4.简述内部报告编制及审核环节的主要风险及其管控措施。

中英文专业术语

内部信息 internal information
内部信息传递 internal information transfer
信息与沟通 information and communication
内部报告 internal report

补充学习内容

1.《企业内部控制应用指引第17号——内部信息传递》及其讲解。

2.查找中国科健股份有限公司制定的《重大信息内部报告制度》并进行评价。

3.案例。

华夏证券公司（以下简称"华夏证券"）于1992年10月成立，注册资本为27亿余元，由工行、农行、中行、建行、人保五家金融机构作为主要发起人，联合其他41家大型企业共同组建。华夏证券成立后发展迅猛，曾一度拥有91家营业部和24家证券服务部，并成为第一家全国交易联网券商。但与此同时，公司尚未建立健全的内部控制制度。这一方面加大了内部风险，导致持有客户保证金、违规回购国债、账外经营和投资、违规坐庄、账目作假和不清等事件的频繁发生；另一方面使公司丧失了应对银行提前收贷、融资成本高涨、实业投资损失、证券市场低迷等外部风险的抵御能力。主管部门在对其拯救中未能对症施治，在内乱外患之下，公司逐渐走向衰亡。

华夏证券破产的主要原因有：一是封锁经营信息，如封锁负责自营业务的"四人领导小组"成员林某的电脑信息，封闭正常交易数据和情况等。二是编制假账，如2002年公司通过将21家上市公司法人股转让给下属公司，虚增利润5.15亿元；2003年通过计提应收债权项目的利息和罚息，虚增利润4.5亿元。三是证券资料缺失，如有8只三板上市法人股投资和2笔长期投资项目既无权属资料，也无账户信息或其他证明文件。四是违规改动电脑数据，如下属三家营业部违规以经纪人提成为名，异户返佣2 214.7万元，少交大量营业税。

本案例中，华夏证券之所以遭遇内忧外患，内部信息传递机制严重失效是其中的主要原因。华夏证券一例给我们以下警示：

（1）在企业内部信息传递过程中，首先必须保证信息是真实的，这关系到管理层作出的一系列决策是否准确。像编制假账、利用会计准则的缺陷来进行盈余管理以及违规操作等行为，都会造就虚假的内部信息。这样，就算企业的内部报告制度设置得再到位，都只会传递虚假的信息，误导管理层，以致作出错误的决策。

（2）要建立畅通的内部报告制度，使重要的经营管理信息及时传递至管理层。

　　企业建立内部报告制度，关键在于使其畅通，无论在哪个环节出现信息堵塞，都会最终影响决策，使相关政策难以及时落实。

　　（3）企业要定期、全面地梳理内部信息传递过程中的薄弱环节，建立科学的内部信息传递机制。如明确内部信息传递的内容、传递方式、传递范围和时限，以及各管理层级的职责权限等。

　　（4）企业应当重视和加强内部的反舞弊和反做假的制度建设，如通过设立投诉信箱以及各种行之有效的员工反映渠道，来鼓励企业利益相关者揭发企业内部有关违反规定、舞弊等有损企业的行为。

　　资料来源　傅胜，池国华.企业内部控制规范指引操作案例点评[M].北京：北京大学出版社，2011.

第十六章 信息系统控制

【学习目标】

通过本章的学习，了解信息系统技术对内部控制的影响，掌握企业利用信息系统实施内部控制至少应当关注哪些风险，理解和掌握信息系统控制框架的内容，掌握信息系统控制各环节主要风险的识别与评估方法。

【导入性案例】

美国 HPL 技术公司财务舞弊案

HPL技术公司是美国硅谷的一家软件制造商，其董事会主席兼首席执行官乐培健（Lepejian）在公司上市第一年就采用各种手段虚构了80%的销售收入，其股票已被纳斯达克摘牌。在连续5个季度内，Lepejian伪造了数十张来自佳能公司和微电公司的订货单，对信息技术驾轻就熟的Lepejian轻易地从以往与上述两个客户的真实订货单中提取了相关负责人的签名，在电脑上将其粘贴至伪造的订货单上。之后，他又修改了HPL技术公司一台传真机的程序，将伪造的订货单以佳能公司和微电公司的名义发至HPL技术公司的另一台传真机。Lepejian接着伪造发运凭证，他为每份假订单起草了一份电子邮件，并以佳能公司和微电公司的名义向HPL技术公司发出电子邮件，并确认HPL技术公司发出的软件已经运抵佳能公司和微电公司。

Lepejian自导自演的骗局最终被戳穿。就在HPL技术公司对外公布其财务报告后不久，该公司董事会收到了佳能公司法律顾问的质疑报告。报告指出，佳能公司与HPL技术公司的大部分款项往来是不存在的。至此，Lepejian的阴谋彻底败露。

原因分析：公司缺乏对管理层的监督以及审核，对信息系统数据的真实性以及有效性没有进行验证，相关业务单据没有进行职责分离的复核审批。

资料来源　佚名.美国HPL技术公司财务舞弊案及其启示[EB/OL].[2008-04-20]. http：//www. iaudit.cn/Article/ShowArticle.asp？ArticleID=55324.

第一节　来自信息系统控制的挑战

一、信息化给企业带来的新风险

（一）组织管理层面

• 运营策略

• 风险识别

• 组织沟通

• 信息流程

- 跨部门协调

（二）人员管理层面

- 企业文化与价值
- 人为错误
- 组织结构
- 服务能力
- 专业技能
- 员工舞弊

（三）流程管理层面

- 流程的效益与正确性
- 效率及效果的衡量
- 法律法规的遵守情形
- 变更管理的有效性
- 运营中断的损失
- 持续改进/监督与应变

（四）系统管理层面

- 数据处理的完整性
- 系统优化
- 系统的有效性
- 系统的可用性
- 输入/输出管理
- 信息技术安全

（五）新业务流程处理层面

- 策略变更
- 整合与再造
- 新产品与服务
- 意外事件管理
- 外部事件应对

（六）外包服务层面

- 管理的有效性
- 预期效益的确定
- 执行能力与风险监督

二、内部控制遵循项目面临的挑战

　　根据德勤会计师事务所的专业调查，在内部控制遵循项目的进展过程中，通常可能面临的各种各样的挑战见表16-1。

表16-1　　　　　　　　　　　内部控制遵循项目面临的挑战

序号	问题事项	是	否
1	是否有适当的审计委员会		
2	财务结账和报告流程及系统是否有效*		
3	是否有能力评价外包服务机构的内部控制*		
4	是否存在有效的内部审计部门		
5	在复杂的跨地域的经营环境中是否存在监控		
6	是否有足够的能力理解会计准则的要求		
7	管理者评价财务报告内部控制的经验是否足够		
8	语言沟通方面是否成为限制		
9	信息系统控制是否存在*		
10	应用系统控制的设计和测试是否可以有效进行*		
11	是否存在跨地域评价内部控制的复杂性*		
12	是否存在有效防范欺诈的程序*		

注释：与信息系统控制相关的挑战如上述"*"所示。可以看出，与财务报告相关的信息系统控制如果没有进行规范管理，将是引发重大缺陷的主要原因之一。

资料来源　根据德勤公司《2010年中国上市公司内部控制调查分析报告》整理而成。

第二节　信息系统控制

信息系统是指企业利用计算机和通信技术，对内部控制进行集成、转化和提升所形成信息的平台。为了促进企业有效实施内部控制，尽量提高现代化管理水平，尽量减少人为因素，财政部等五部门制定了《企业内部控制应用指引第18号——信息系统》。

一、信息系统控制框架

信息系统控制一般可分为三个层次：公司层面控制、应用系统控制、计算机整体控制。信息系统控制内容构成如图16-1所示。

（一）公司层面控制

企业应当将内部控制相关信息在企业内部各管理级次、责任单位、业务环节之间，以及企业与外部投资者、债权人、客户、供应商、中介机构和监管部门等有关方面之间进行沟通与反馈。信息沟通过程中发现的问题，应当及时报告并加以解决。重要信息应当及时传递给董事会、监事会和经理层。[①]

① 《企业内部控制基本规范》第五章第四十条。

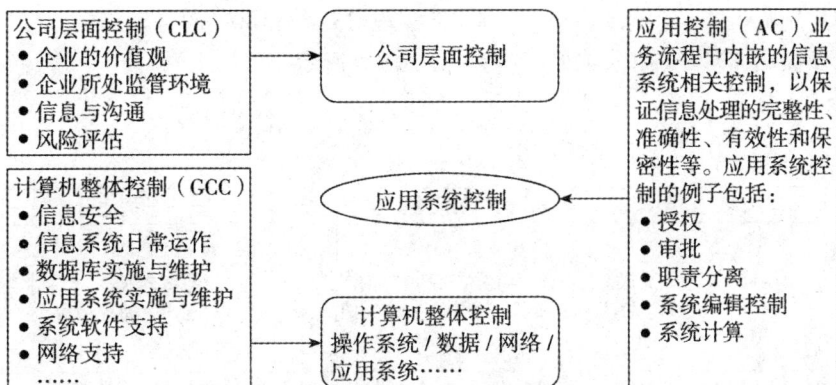

图16-1 信息系统控制内容构成

资料来源 刘迪.管理信息系统[M].北京：中国电力出版社，2008.

公司层面的信息控制如图16-2所示：

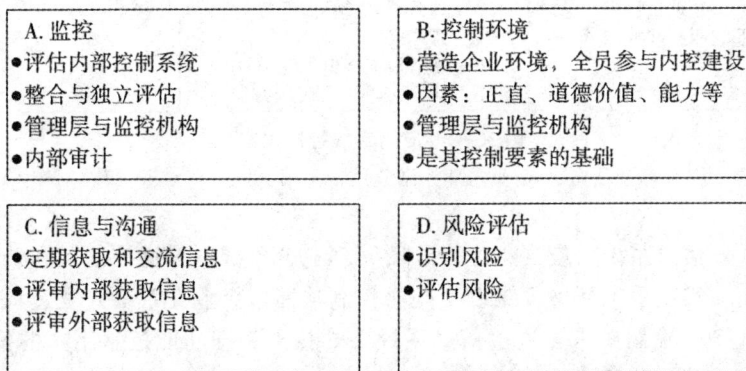

图16-2 公司层面的信息控制内容

资料来源 刘迪.管理信息系统[M].北京：中国电力出版社，2008.

企业应当建立反舞弊机制，坚持惩防并举、重在预防的原则，明确反舞弊工作的重点领域、关键环节和有关机构在反舞弊工作中的职责权限，规范舞弊案件的举报、调查、处理、报告和补救程序。企业至少应当将下列情形作为反舞弊工作的重点：

（1）未经授权或者采取其他不法方式侵占、挪用企业资产，牟取不当利益。

（2）在财务报告和信息披露等方面存在虚假记载、误导性陈述或者重大遗漏等。

（3）董事、监事、经理及其他高级管理人员滥用职权。

（4）相关机构或人员串通舞弊。[①]

（二）应用系统控制

企业应当运用信息技术加强内部控制，建立与经营管理相适应的信息系统，促

---

① 《企业内部控制基本规范》第五章第四十二条。

进内部控制流程与信息系统的有机结合，实现对业务和事项的自动控制，减少或消除人为操纵因素。[①]应用系统控制内容如图16-3所示。

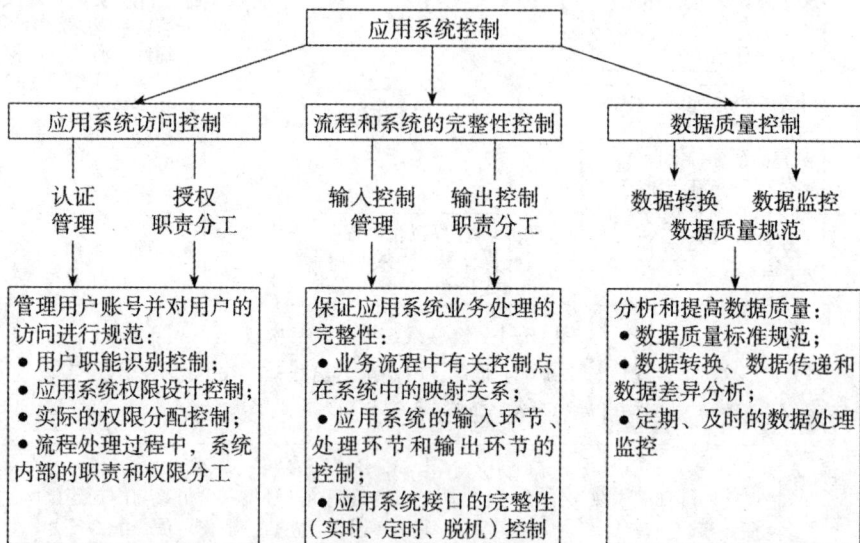

图16-3 应用系统控制内容

资料来源 财政部会计司.《企业内部控制应用指引第18号——信息系统》解读[J].财务与会计，2011（5）.

　　企业开发信息系统，应当将生产经营管理业务流程、关键控制点和处理规则嵌入系统程序，实现手工环境下难以实现的控制功能。企业在系统开发过程中，应当按照不同业务的控制要求，通过信息系统中的权限管理功能控制用户的操作权限，避免将不相容职责的处理权限授予同一用户。[②]

　　（三）计算机整体控制

　　企业信息系统归口管理部门应当组织内部各单位提出开发需求和关键控制点，规范开发流程，明确系统设计、编程、安装调试、验收、上线等全过程的管理要求，严格按照建设方案、开发流程和相关要求组织开发工作。[③]计算机整体控制内容如图16-4所示。

　　企业应当建立用户管理制度，加强对重要业务系统的访问权限管理，定期审阅系统账号，避免授权不当或存在非授权账号，禁止不相容职务用户账号的交叉操作。[④]

　　企业应当综合利用防火墙、路由器等网络设备，漏洞扫描、入侵检测等软件技术以及远程访问安全策略等手段，加强网络安全，防范来自网络的攻击和非法侵入。企业对于通过网络传输的涉密或关键数据，应当采取加密措施，确保信息传递

---

① 《企业内部控制基本规范》第一章第七条。
② 《企业内部控制应用指引第18号——信息系统》第二章第六条。
③ 《企业内部控制应用指引第18号——信息系统》第二章第五条。
④ 《企业内部控制应用指引第18号——信息系统》第三章第十二条。

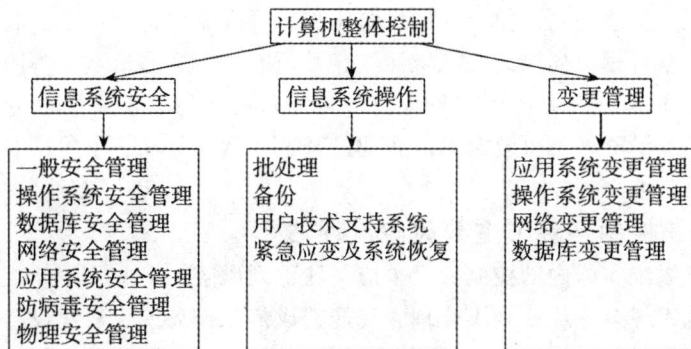

图 16-4　计算机整体控制内容

资料来源　财政部会计司.《企业内部控制应用指引第18号——信息系统》解读[J].财务与会计，2011（5）.

的保密性、准确性和完整性。[①]

（四）计算机整体控制与应用系统控制的关系

（1）良好的信息系统总体控制可以为应用系统控制的有效性提供有力的保障。

（2）由计算机系统提供的自动控制优于手工控制。

二、信息系统控制流程评估

风险评估（risk assessment），是指在风险事件发生之前或之后（但还没有结束），对该事件给人们的生活、生命、财产等各个方面造成的影响和损失的可能性进行量化评估的工作，即风险评估就是量化测评某一事件或事物带来的影响或损失的可能程度。

从信息安全的角度来讲，风险评估是对信息资产（即某事件或事物所具有的信息集）所面临的威胁、存在的弱点、造成的影响，以及三者综合作用所带来风险的可能性的评估。作为风险管理的基础，风险评估是组织确定信息安全需求的一个重要途径，属于组织信息安全管理体系策划的过程。

企业的信息系统是在经营流程和管理流程两个平台上运行的。那么，什么叫经营流程和管理流程呢？企业的商业活动是由许许多多的业务过程组成的，这些业务流程可以概括为两大类：经营流程与管理流程。经营流程由人员、组织、设备、政策、程序组成，其目的就是完成商品生产或提供服务的职能工作。管理流程由人员、授权、组织、政策、程序组成，其目标是管理企业的经营活动。这两个流程的关系是：经营流程是基层的工作，是横向的业务流程；管理流程是业务的管理，目标是实现企业目标，是纵向的。无论横向流程还是纵向流程，要想实现自己的目标，完成这一流程的任务，必须依赖流程内相关各方之间的信息交流。信息系统正是交流工具的提供者。

信息系统与企业的业务经营和管理的关系，如同道路与汽车。信息系统提供路

---

① 《企业内部控制应用指引第18号——信息系统》第三章第十三条。

径、交通标识、交通规则，使企业的经营流程与管理流程得以持续、高效运行，从而实现企业战略目标。如果道路坑坑洼洼，甚至断开，交通指示又不明确，交通规则混乱，再好的汽车也无法到达目标。但是经营流程与管理流程也不是绝对区分的，它们是相互渗透、不可分割的。企业的某些经营业务从一个角度看是此，从另一个角度看就是彼。

三、信息系统控制各环节主要风险点评估

企业信息系统实施内部控制，至少应关注下列风险：

（1）信息系统缺乏或规划不合理，可能造成信息孤岛或重复建设，导致企业经营管理效率低下。

（2）信息系统开发不符合内部控制要求，授权管理不当，可能导致无法利用信息技术实施有效控制。

（3）系统运行和维护安全措施不到位，导致信息泄露或毁损，系统无法正常运行。

第三节　关键控制点

正是由于存在上述的技术风险，企业管理层必须制定内部控制新规定，以确保企业信息的准确性、可靠性和安全性。控制要点如下：

一、岗位分工，责任明确，操作控制

由于微机环境下的操作往往是一人一机，要明确岗位责任，凭密码进入微机，获取（或制作）信息必须凭文件，并保存批准原始文件，以备检查核对；重要的信息输入输出必须获得授权，不能单独一人操作，需要在授权人监督下同时工作。如果一个人操作，必须限制别人操作，该微机的信息输入、处理、输出均由个人负责。

二、数据和程序软件的安全控制

计算机病毒可谓微机环境下的最大威胁，而且计算机病毒的严重性容易被人们忽视。所以，有的企业规定员工外带软盘将被开除，所有输入必须经批准，并且严格进行病毒扫描。这一控制不仅适用于软盘等可移动存储器，而且还适用于数据的网络来源。所以，企业要做到：指定责任人负责软件保管；不断完善防火防水设置；所有磁盘使用前都要自动扫描病毒；文件移入移出实行手续制度；安装拷贝保护程序。

三、程序和数据的逻辑安全控制

计算机的程序和数据很容易被篡改，微机的软件没有足够的控制功能。因此，可以在机内安装一些控制程序，防止程序和数据遭到破坏。

控制措施主要有如下几点：

（1）将信息划分为多个文件，将文件分别存放在不同的文件目录下。

这是指在允许将文件划分为多个的条件下，分别存储到可移动和不可移动的存储介质中。未经授权的人，是很难进入不可移动存储介质的。

（2）使用隐秘文件和秘密文件。

机密文件、敏感数据可以使用秘密文件名保护。

（3）使用密码。

使用登录名和密码分级使用制度，密码由相关员工分配和保管，限定接触范围。

第四节　案例分析

案例一　中国黄金第一案

（一）案例简介

20×6年5月，某用户用2.7万元在某国有银行开设了黄金买卖账户。在一次交易中，该用户以每克145元的价格居然委托购买成功，而当时市场价大约为每克160元。于是，该用户开始输入远低于即时正常黄金价格的买入价格，最低探到每克142元也能成交。20×6年6月29日至7月8日间，该用户总共操作126笔买卖，狂赚2 100多万元。

20×6年7月12日，银行找到该用户，认为其操作具有明显恶意性质，应予以取消。据了解，警方曾接到银行报案，但没有立案。此后，银行强行从其账户上划走了2 195余万元。20×7年4月，该用户递交了民事起诉状。接到起诉状后，银行对该用户进行了反诉。据该用户的律师介绍，庭审中，审判员专门询问银行，为何能用远低于市场价的价格达成交易？银行方代理律师解释，是用户采取了违规操作才达成的交易。审判员随即问道，既然违规，为何银行交易系统能够接受呢？律师表示可能是由于系统出现了故障，法庭要求原告方尽早提交系统故障的详细说明。

银行方代理律师认为，客户交易的主观恶意很明显。用户律师则认为，该用户持有合法身份，按照正常语音提示逐步操作，完全符合章程中的规定。输入的交易命令得到了系统的认可，最终产生了交易后果，在这个过程中并不存在违规现象。银行方面在没有经过该用户同意的情况下，没有依照法律程序，就单方面划走2 100多万元，这才应当被视为违规操作。

（二）案例分析

系统对业务操作中一些明显违反业务逻辑的操作没有任何的控制防范功能。在舆论层面，银行更多地处于负面的环境中。

案例二　利用职务便利充值废卡侵占公司资产

（一）案例简介

2011年，北京市丰台区检察院以职务侵占罪，对利用职务便利、侵占公司财产的李某提起公诉。李某为公司信息部操作员，平日他发现办公室里常有一些废弃的消费卡。他便琢磨将这些废卡"利用"起来，于是利用虚构的或已经调走的人员身份，进入公司电脑系统，修改数据给这些废卡"充了值"。

（二）案例分析

嫌疑人李某以虚构的用户名和编码进入系统，从而篡改消费卡数据进行职务侵占行为，得逞于公司给予信息录入员权限过大。经查，李某自2007年9月2日起，私自向14张公司的消费卡中共计充入人民币49 860元，同时，李某以消费或办假退货的方式，侵占人民币48 254.89元。

资料来源 根据相关资料整理而成。

复习思考题

1．企业利用信息系统实施内部控制应当关注的风险至少有哪些？

2．简述信息系统控制框架的内容。

3．简述信息化条件下内部控制遵循项目面临的挑战。

4．企业开发信息系统，应当将生产经营管理业务流程、关键控制点和处理规则嵌入系统程序，实现手工环境下难以实现的控制功能。手工环境下难以实现的控制功能主要表现在哪些方面？

中英文专业术语

公司层面管理 company level control（CLC）

应用系统控制 application control（AC）

计算机整体控制 general computer control（GCC）

补充学习内容

1．《企业内部控制应用指引第18号——信息系统》及其讲解。

2．案例。

公司关键商业信息外泄 被对手占得先机

某大型国企集团的产品实行上网竞价。然而，令企业备受困扰的是，竞争对手总能报出比底线价格更低的价格。后来检查发现，问题的关键在于这家企业的ERP系统对接触信息的人员和权限控制不严，很多重要的财务数据，包括预算数据等，可以被一般工作人员看到，这就造成了公司关键产品成本的详细信息外泄。

总之，公司没有健全的制度来保护其信息安全，ERP中的权限控制不严格造成了机密信息的外泄。由于公司关键产品成本的详细信息外泄，总被对手占得先机。

资料来源 企业内部控制编审委员会.企业内部控制配套指引解读与案例分析[M].上海：立信会计出版社，2012.

第三篇 内部控制评价

第十七章 内部控制评价

【学习目标】

通过本章的学习，理解、把握内部控制评价的基本思路、内容和程序，全面掌握内部控制建立、实施、评价等内容共同构成的有机循环。

【导入性案例】

《周易》提出："君子终日乾乾，夕惕若，厉，无咎。"是说君子能整天整日显示出自强不息的行为状态，即使到晚间，也要保持戒慎，即检查自己在白天的所作所为，不要把过错带到第二天。

内部控制评价即企业对自己行为的检查。内部控制评价有助于企业自我完善内部控制体系。企业通过评价、反馈、再评价，报告企业在内部控制建立与实施中存在的问题，分析内部控制缺陷并有针对性地督促落实整改，可以及时堵塞管理漏洞，防范偏离目标的各种风险，促进企业内部控制体系的不断完善。同时，企业通过开展内部控制评价，出具评价报告，将企业的风险管理水平、内部控制状况以及与此相关的发展战略、竞争优势、可持续发展能力等公布于众，有利于提升企业市场形象和公众认可度，为自己创造更为有利的外部环境，促进企业的长远可持续发展。

第一节 内部控制评价理论

一、内部控制评价概述

控制自我评价（control self-assessment，CSA），是指企业内部为实现目标、控制风险而对内部控制系统的有效性和恰当性实施自我评价的方法。

国际内部审计师协会（IIA）在1996年的研究报告中总结了控制自我评价的三个基本特征：关注业务的过程和控制的成效，由管理部门和职员共同进行，用结构化的方法开展自我评价。

很多组织或研究者从各自的角度出发，对控制自我评价进行了描述：

（1）控制自我评价是一种风险管理项目，在其中风险和控制得到检查和评价，以便为管理层提供业务目标可以实现的合理保证，并且控制自我评价项目的责任是由全体员工来承担的。

（2）控制自我评价是一种在系统（主要的应用系统和总的支持系统）中进行的自我评价，或者一整套的为一组相互联系的系统（企业内部或外部的）而进行的自我评价，它是一种常用于衡量信息系统安全保证的方法，这种保证是一种对于保护系统和信息的管理、技术和经营性的安全措施的信心程度。

（3）控制自我评价要求直接参与业务活动的雇员和管理者评价适当的程序是否得到了有效的执行，目标是否会得以实现。

（4）控制自我评价是一种有力的工具，它帮助审计人员及管理层对非正式的或主观的控制进行评价，诸如在道德习惯、管理哲学和人力资源政策等方面的控制，通过各个层次雇员的参与，CSA试图通过开诚布公的沟通和同心协力的努力以改进控制的不足。

（5）控制自我评价是一种管理技术，它可以向股东、顾客和其他部门保证企业的内部控制系统是可靠的，同时它也保证了雇员对企业风险的了解。

（6）控制自我评价计划是一个过程，它让管理者和员工对现有控制进行评价以赞同或改进现有控制，它可能包括对控制评价过程中风险标准的应用，以及可能会延伸到对关键的、已识别出的控制已经得到了足够有效的执行而进行的确认。

二、内部控制评价发展进程

内部控制评价的发展历经企业主动基于管理进行自我评价和企业被动基于监管要求进行自我评价两个阶段。

CSA思想最早在1987年由加拿大海湾（Gulf Canada）公司首次提出。促成该公司实施CSA的环境因素主要有两个：①一项法庭判决要求该公司报告内部控制；②传统审计程序在解决油和气的计量问题方面碰到了困难。会计人员和审计人员决定召开引导会议来说明双方的问题。他们发现，这种方法是一种比一对一审计访谈更为有效的实现其目标的方法。于是，在接下来的十年之中，该组织不断使用CSA来评价和改进它的内部控制系统。

虽然CSA最早出现在20世纪80年代末期，但其最主要的发展是在90年代，特别是在1992年COSO报告公布之后。COSO报告首次把内部控制从原来自上而下财务模式的平面结构发展为更具弹性的企业整体模式的立体框架。此后，一些国家发布的有关内部控制的报告，均以COSO报告为模本。我国的《内部控制基本规范》就是以COSO报告为基础的。

我国内部控制信息披露规范始于2000年证监会发布的《公开发行证券公司信息披露编报规则》，该规则要求金融类上市公司在招股说明书和年报中对内部控制制度的完整性、合理性和有效性作出说明，并委托聘请的会计师事务所对其内部控制制度及风险管理进行系统评价和报告。

2001年，证监会发布了《公开发行证券公司信息披露的内容与格式准则》，要求非金融类上市公司在招股说明书的"公司治理结构"部分披露公司管理层对内部控制的自我评估意见；要求非金融类上市公司的监事会在年度报告中对内部控制制度的建立情况发表独立意见。

2005年，国务院批转了证监会的《关于提高上市公司质量意见》，指出上市公司要对内部控制制度的完整性、合理性及其实施的有效性进行定期检查和评估，同时聘请外部审计师对公司的内部控制制度以及公司的自我评估报告进行核实评价，并披露相关信息。

2006年，上交所和深交所分别发布了《上市公司内部控制指引》，要求公司董事会根据内部控制检查监督工作报告及相关信息，评价公司内部控制的建立和实施情况，形成内部控制自我评估报告，并委托会计师事务所对内部控制的有效性进行审计，出具鉴证报告。

《上市公司内部控制指引》的发布使得企业内部控制信息披露的内容和方式发生变化，内部控制信息披露趋于综合化、规范化。

2008年7月，财政部、证监会、审计署、银监会和保监会联合发布了《企业内部控制基本规范》，明确内部控制是由企业董事会、监事会、经理层和全体员工实施的，旨在实现控制目标的过程。内部控制的目标是合理保证企业经营管理合法合规、资产安全、财务报告及相关信息真实完整，提高经营效率和效果，促进企业实现发展战略。《企业内部控制基本规范》要求企业评价内部控制的有效性，披露内部控制自我评价报告，并聘请会计师事务所对内部控制的有效性进行审计。由于种种原因，上市公司实际执行该规范的日期不断推后。

2010年4月，财政部等五部委又联合发布了《企业内部控制配套指引》，标志着我国企业内部控制规范体系基本形成。配套指引由21项应用指引（现已发布18项）和《企业内部控制评价指引》《企业内部控制审计指引》组成。其中，应用指引是对企业按照内部控制原则和内部控制"五要素"建立健全本企业内部控制所提供的指引，在配套指引乃至整个内部控制规范体系中占据主体地位；《企业内部控制评价指引》是为企业管理层对本企业内部控制有效性进行自我评估提供的指引；《企业内部控制审计指引》是为注册会计师和会计师事务所执行内部控制审计业务提供的执业准则。《企业内部控制配套指引》要求境内外同时上市的公司自2011年1月1日施行该指引，上交所和深交所的主板上市公司自2012年1月1日起施行该指引。执行《企业内部控制基本规范》及《企业内部控制配套指引》的上市公司，应当对内部控制的有效性进行自我评价，披露年度自我评价报告，同时，应当聘请会计师事务所对财务报告内部控制的有效性进行审计并出具审计报告。根据该指引，上市公司内部控制自评报告、对财务报告内部控制有效性的审计报告的披露将逐步由自愿性披露全部转变为强制性披露。

我国监管部门从2000年开始对内部控制信息披露提出明确监管要求，自此之后内部控制信息的披露范围从特定的金融类上市公司扩大至所有上市公司，披露的内容从监事会发表独立意见扩展到董事会进行总体评价，披露的时点从事件性的临时披露演变为例行的定期报告。

第二节　内部控制评价内容

一、内部控制评价的总体思路

内部控制作为一个系统，是企业整体管理的有机结合，是一种动态的过程，会随着企业自身发展及所处环境的变化而面临种种新挑战，因此，由企业董事会或类似权力机构全面负责内部控制的设计与运行情况，通过对企业内部控制进行梳理、反省和评价，可以促使企业内部控制建设更加全面，更加有效。

内部控制的有效性包括设计的有效性和运行的有效性。内部控制设计的有效性是指为实现控制目标所必需的内部控制要素都存在并且设计恰当；内部控制运行的有效性是指现有内部控制按照规定程序得到了正确执行。企业在对其内部控制制度的有效性进行评价时，要注意内部控制不仅仅需要在总体上是有效的，而且需要各项具体制度也要有明确的目的并发挥其自身的作用。

从本质上看，内部控制评价是一个动态的有机过程，它能够帮助公司高层探查到企业所面临的风险，适时监测处理风险的内部控制制度，评价或评估内部控制制度的适当性。该评价过程要求关注业务的过程和控制的成效，用结构化的方法开展内部控制有效性评估。可以将这一过程理解为评估企业内部风险、机遇、优势与劣势的广义概念。

内部控制评价过程不仅需要评价诸如财务报告，资产与记录的接触、使用与传递，授权授信，岗位分离，数据处理与信息传递等"硬控制"，还需要评价包括公司治理、高层经营理念与管理风格、职业道德、诚实品质、胜任能力、风险评估等"软控制"。

企业在进行内部控制评价时，应当遵循以下原则：第一，全面性原则。内部控制评价不仅需要关注内部控制设计的有效性，更应关注内部控制运行的有效性。不仅关注书面化的内部控制制度，更要确保制度的落实。只有对内部控制实施的有效性进行有力的监督，才能确保内部控制被不折不扣地执行，才能有助于将控制理念融入企业的生产经营各环节，形成内部控制的长效机制，才能不断发现企业内部运营的薄弱环节，并对其进行及时的改进，从而不断提升企业的运营水平。第二，重要性原则。基于内部控制全面评价的基础，结合企业所处的行业、企业特征等因素，根据与内部控制目标的相关性和对内部控制目标的重要性的不同，关注重要业务单位、重大业务事项和高风险领域，更有针对性地进行内部控制评价，以期高效率地改善公司内部控制质量。第三，客观性原则。由于公司运行发展存在一定利益格局，在进行内部控制评价时，应当客观严谨，准确揭示经营管理的风险状况，如实反映内部控制设计与运行的有效性。

二、内部控制评价的内容

企业应当围绕内部环境、风险评估、控制活动、信息与沟通、内部监督等要素，确定内部控制评价的具体内容，对内部控制设计与运行情况进行全面评价。

第一，内部环境评价。内部环境为控制要素之首，构成一个组织的内部控制氛围。内部环境是影响、制约企业内部控制建立与执行的各种内部因素的总称，是实施内部控制的基础。内部环境主要包括治理结构、组织机构设置与权责分配、发展战略、企业文化、人力资源政策、社会责任等。

分析影响内部控制环境的具体因素。一是"人"的因素，包括董事会、管理层、员工职业道德和操守、胜任能力等，二是程序和组织问题，如组织机构设置及职责权限划分、内部监督机构等。如果企业组织建立了合理的控制政策和程序，但决策人疏忽大意，精力分散，判断失误，职能越权，对控制指令随意性居多，就会导致控制失效；如果执行人员相互勾结，串通舞弊，内部监督机构监督不力，内部控制就会名存实亡。

第二，风险评估机制评价。风险评估本质上是一个识别变化并采取必要措施的过程。风险评估首先要设定目标。风险是与目标伴随的，首先必须有目标，管理层才能对实现目标的风险进行识别。目标包括企业层面的目标和业务层面的目标。管理层通过目标设定来明确业绩衡量标准，目标具体分为经营目标、财务报告目标和合规目标。这些目标是相互补充和相互关联的。随着经济、行业和监管等外部环境的变化，企业的风险识别应当考虑到目标实现面临的各种可能出现的风险。在进行风险识别时，既要关注外部风险，也要关注内部风险。来自外部的风险主要有技术进步引起的风险、客户需求变化风险、市场竞争风险、法律法规变动风险、自然灾害风险以及经济环境变化风险等；来自内部的风险包括信息系统故障风险、员工素质能力等方面的风险、管理层变动风险以及董事会或审计委员会不作为的风险等。

风险分析的目的在于为企业风险应对提供依据。企业应采用定性与定量相结合的方法，按照风险发生的可能性及其影响程度等，对识别的风险进行分析和排序，确定重点关注和优先控制的风险。鉴于风险分析的专业性和复杂性，要求企业进行风险分析时充分吸收专业人员，组成风险分析团队，按照严格规范的程序开展工作，确保风险分析结果的准确性。

企业应当根据风险分析的结果，结合风险承受度，权衡风险与收益，确定风险应对策略。风险应对策略包括风险规避、风险降低、风险分担和风险承受等。

第三，控制活动评价。控制活动是指企业管理部门为了保证既定目标得以顺利实现而制定并执行的各项控制政策和程序。企业应当结合风险评估的结果，通过采用常规控制与例外控制、预防性控制与发现性控制相结合的方法，运用相应的控制措施，将风险控制在可承受范围之内。

企业的控制措施一般包括不相容职务分离控制、授权审批控制、会计系统控制、财产保护控制、预算控制、运营分析控制和绩效考评控制等。

在对企业控制活动测试评价时，要重点审核组织机构方面采取的控制活动和内部控制制度建设方面采取的控制活动。在组织结构方面重点审核：机构、岗位及职责权限是否合理设置和分工，不相容职务是否相互分离，是否成立相关法律事务部门和职能，对采购与验收等环节是否设置相互监督制度，做到人员分离。企业是否把业务流程作为内部控制制度建设的重点，设置关键控制点和反馈系统。在内部控制制度建设方面重点审核：企业是否制定了董事会的议事规则、总经理事权规则、财务管理制度、采购管理制度、投资管理制度、合同管理制度、内部控制检查监督制度等。

要避免出现将控制活动局限于会计控制，而忽视对企业管理的控制作用，避免制定了内部控制制度，设立了相应的职能部门，也有控制环节和控制流程，但在实际工作中未完全按照制度行事，造成有章不循、有制度不依、处罚不严、内部控制虚化的局面。

第四，信息与沟通评价。企业整体层面上的信息沟通，是一个多重主体、多重客体、多重目标的"网络化"沟通过程。由于沟通的多重性使沟通变得非常复杂，这些复杂的沟通最终要统一于企业的整体目标。

企业应当对收集的各种内部信息和外部信息进行合理筛选、核对、整合，提高信息的有用性。从内部信息来讲，要求企业根据经营目标等建立与其经营活动相适应的信息系统，持续性地收集经营活动所生成的各种信息。企业应当通过财务会计资料、经营管理资料、调研报告、专项信息、内部刊物、办公网络等渠道获取内部信息。从外部信息来讲，要求企业通过行业协会组织、社会中介机构、业务往来单位、市场调查、来信来访、网络媒体以及有关监管部门等渠道获取外部信息。由于所收集的各种信息来自于不同的渠道和信息源，属于零散的、非系统的，必须对所收集信息进行必要的筛选、整理和加工，以提供给有关方面。

信息的最终目标在于使用，为企业经营目标的实现服务，处于内部控制之中的信息则必须服务于内部控制，服务于内部控制的有效性。为了提高内部控制的有效性，企业应当将相关信息在企业内部各管理级次、责任单位、业务环节之间进行内部传递。内部信息传递一方面要完善信息向下传递机制，使企业内部参与经营活动各个方面和全体人员了解企业实现经营目标方面的信息，明确各自职责，了解自身在内部控制体系中的地位和作用；另一方面要完善信息向上传递机制，使企业员工能够及时将其在企业经营活动中所了解的重要信息向管理层及董事会等方面传递。此外，还须建立信息横向传递机制，特别是要使信息在管理层与企业董事会及其委员会之间进行沟通。企业还应当建立良好的外部沟通渠道，加强与外部投资者、客户、供应商、中介机构和监管部门等有关方面之间的沟通与反馈。

应当以内部信息传递、财务报告、信息系统等相关应用指引为依据，结合本企业的内部控制制度，对信息收集、处理和传递的及时性、反舞弊机制的健全性、财务报告的真实性、信息系统的安全性，以及利用信息系统实施内部控制的有效性等进行认定和评价。

第五，内部监督评价。内部监督指企业对内部控制建立与实施情况进行监督检查，评价内部控制的有效性，发现内部控制缺陷，及时加以改进的一个过程。

企业应当根据制定的内部控制监督制度，明确各机构部门在内部监督中的职责权限，规范内部监督的程序、方法和要求。

《内部控制基本准则》明确了董事会、监事会、审计委员会、内部审计机构等在内部控制设计和运行中应当发挥的监督作用。在对内部控制进行评价时，应分别考察职责部门对内部控制监督的完成情况。董事会负责内部控制的建立健全和有效实施。董事会下设立审计委员会，审计委员会负责审查企业内部控制，监督内部控制的有效实施和内部控制自我评价情况，协调内部控制审计及其他相关事宜等。监事会对董事会建立与实施内部控制进行监督。经理层负责组织领导企业内部控制的日常运行。

评价内部控制实施质量的过程，即对内部控制设置、运行及改进活动的评价，要贯穿于经营活动之中，具有独立性。内部监督分为日常监督和专项监督。日常监督是指企业对建立与实施内部控制的情况进行常规、持续的监督检查；专项监督是指在企业发展战略、组织结构、经营活动、业务流程、关键岗位员工等发生较大调整或变化的情况下，对内部控制的某一或者某些方面进行有针对性的监督检查。

最后要注意的一点是，公司在对内部控制有效性进行评价时，必须保存证据，为内部控制有效性的评估报告提供合理的支持。形成和保存这些证据也是有效执行内部控制的一个内在要素。内部控制评价工作应当形成工作底稿，详细记录企业执行评价工作的内容，包括评价要素、主要风险点、采取的控制措施、有关证据资料以及认定结果等。企业要清楚内部控制的评价程序，在编制内部控制评价报告前企业应对自身的内部控制进行全面自查并保存检查的证据或工作底稿，这样编制内部控制评价报告的程序才规范，所得结论才有充分、适当的证据支持。

三、内部控制评价的程序

内部控制评价的程序一般包括制订评价工作方案、组成评价工作组、实施现场测试、认定控制缺陷、汇总评价结果、编报评价报告等环节。

董事会及其审计委员会负责领导企业的内部控制评价工作。监事会对董事会实施内部控制评价进行监督。企业可以授权内部审计部门负责组织和实施内部控制评价工作。内部审计部门定期向审计委员会报告内部审计计划的执行情况以及内部审计工作中发现问题的具体情况。

审计委员会、得到授权的内部审计部门或专门机构负责内部控制评价的具体组织实施工作。评价工作方案的设计需要既能评价内部控制的设计，又能测试内部控制运行有效性。该工作方案至少包括如下内容：董事会或相关机构对内部控制检查评价的授权；公司各部门及下属机构对内部控制的责任义务；内部控制检查评价的项目、时间、程序及方法；内部控制检查评价工作报告的方式；内部控制检查评价工作相关责任的划分；内部控制检查评价工作的奖惩制度。应当明确评价范围、工作任务、人员组织、进度安排和费用预算等相关内容。该方案报经董事会或其授权机构审批后实施。

根据经批准的评价方案，成立内部控制评价工作组，具体实施内部控制评价工作。评价工作组应当吸收企业内部相关机构熟悉情况的业务骨干参加，也可以对外聘请专家进行内部控制的评价指导，还可以委托中介机构实施内部控制评价。为了确保内部控制评价的客观性，工作组成员对本部门的内部控制评价工作应当实行回避制度。需要注意的是如果企业聘请会计师事务所进行内部控制评价咨询服务，不得再请该事务所为其提供内部控制审计服务。

在具体进行内部控制评价时，内部控制评价工作组应当对被评价单位进行现场测试，综合运用个别访谈、调查问卷、专题讨论、穿行测试、实地查验、抽样和比较分析等方法，充分收集被评价单位内部控制设计和运行是否有效的证据。收集的证据至少应回答以下问题：内部控制制度是否建立健全；内部控制制度是否有效实施；内部控制检查监督工作的情况；内部控制制度及其实施过程中出现的重大风险及其处理情况；完善内部控制制度的有关措施；内部控制是否存在缺陷等。

最后，按照评价的具体内容，填写评价工作底稿。在进行内部控制评估测试时，可能会发现控制薄弱环节，这些环节可能给企业带来危害和损失，因此要分析该控制弱点是否会产生潜在错误。内部控制缺陷按其影响程度，分为重大缺陷、重要缺陷和一般缺陷，不管哪类缺陷都是对内部控制有效的一种否定，是企业需要重点关注的问题。

企业内部控制评价工作组应当建立评价质量交叉复核制度，评价工作组负责人应当对评价工作底稿进行严格审核，并对所认定的评价结果签字确认后，提交企业内部控制评价部门。企业内部控制评价部门应当编制内部控制缺陷认定汇总表，结合日常监督和专项监督发现的内部控制缺陷及其持续改进情况，对内部控制缺陷及其成因、表现形式和影响程度进行综合分析与全面复核，提出认定意见，并以适当的形式向董事会、监事会或者经理层报告。重大缺陷应当由董事会予以最终认定。

董事会最终认定内部控制的重大缺陷时，应当确定这些缺陷是如何发生的，并对管理层设计、运行和监督内部控制系统的持续过程的有效性进行重新评估。

企业对于认定的重大缺陷，应当及时采取应对策略，切实将风险控制在可承受度之内，并追究有关部门或相关人员的责任。

四、内部控制缺陷认定

内部控制缺陷是描述内部控制有效性的一个负向的维度。企业开展内部控制评价，主要工作内容之一就是要找出内部控制缺陷并有针对性地进行整改。

内部控制缺陷认定在一定程度上决定内部控制评价的成效，且具有一定难度，需要运用职业判断。

（一）内部控制缺陷的分类

1.按照内部控制缺陷的成因或来源，内部控制缺陷分为设计缺陷和运行缺陷

设计缺陷是指企业缺少为实现控制目标所必需的控制，或现存控制设计不适当，即使正常运行也难以实现控制目标。运行缺陷是指设计有效的内部控制由于运行不当（包括由不恰当的人执行、未按设计的方式运行、运行的时间或频率不当、没有得到一贯有效运行等）而形成的内部控制缺陷。

2.按照影响企业内部控制目标实现的严重程度，内部控制缺陷分为重大缺陷、重要缺陷和一般缺陷

重大缺陷，是指一个或多个控制缺陷的组合，可能导致企业严重偏离控制目标。当存在任何一个或多个内部控制重大缺陷时，应当在内部控制评价报告中作出内部控制无效的结论。

重要缺陷，是指一个或多个控制缺陷的组合，其严重程度低于重大缺陷，但仍有可能导致企业偏离控制目标。重要缺陷的严重程度低于重大缺陷，不会严重危及内部控制的整体有效性，但也应当引起董事会、经理层的充分关注。

一般缺陷，是指除重大缺陷、重要缺陷以外的其他控制缺陷。

将内部控制评价中发现的内部控制缺陷划分为重大缺陷、重要缺陷和一般缺陷，需要借助一套可系统遵循的认定标准，认定过程中还需要内部控制评价人员充分运用职业判断。一般而言，如果一个企业存在的内部控制缺陷达到了重大缺陷的程度，我们就不能说该企业的内部控制是整体有效的。

3.按照影响内部控制目标的具体表现形式，内部控制缺陷分为财务报告缺陷和非财务报告缺陷

财务报告内部控制是指针对财务报告目标而设计和实施的内部控制。由于财务报告内部控制的目标集中体现为财务报告的可靠性，因而财务报告内部控制的缺陷主要是指不能合理保证财务报告可靠性的内部控制设计和运行缺陷。

非财务报告内部控制是指针对除财务报告目标之外的其他目标的内部控制。这些目标一般包括战略目标、资产安全、经营目标、合规目标等。非财务报告评价应当作为企业内部控制评价的重点。

（二）内部控制缺陷的认定标准

1.内部控制缺陷的重要性和影响程度

首先，内部控制评价从属于内部监督，是监督结果的总体体现。在企业正常的生产经营中，内部控制评价倚重内部监督。其次，在充分利用日常监督与专项监督结果的基础上，至少每年由内部控制评价机构对内部控制的五要素相对独立地进行评价，全面地、综合地分析，提出认定意见，报董事会审定。再次，企业应当根据评价指引，结合自身情况和关注的重点，自行确定内部控制重大缺陷、重要缺陷和

一般缺陷的具体认定标准。最后，根据具体认定标准认定企业存在的内部控制缺陷，由董事会最终审定。企业在确定内部控制缺陷的认定标准时，应当充分考虑内部控制缺陷的重要性及其影响程度。

2.财务报告内部控制缺陷和非财务报告内部控制缺陷

将财务报告内部控制的缺陷划分为重大缺陷、重要缺陷和一般缺陷，所采用的认定标准直接取决于由于该内部控制缺陷的存在可能导致的财务报告错报的重要程度。这种重要程度主要取决于两个方面的因素：（1）该缺陷是否具备会导致企业的内部控制不能及时防止或发现并纠正财务报告错报的合理可能性。合理可能性是指大于微小可能性（几乎不可能发生）的可能性，确定是否具备合理可能性涉及评价人员的职业判断。（2）该缺陷单独或连同其他缺陷可能导致的潜在错报金额的大小。另外，一些迹象通常表明财务报告内部控制可能存在重大缺陷：（1）董事、监事和高级管理人员舞弊；（2）企业更正已公布的财务报告；（3）注册会计师发现当期财务报告存在重大错报，而内部控制在运行过程中未能发现该错报；（4）企业审计委员会和内部审计机构对内部控制的监督无效。

一般而言，如果一项内部控制缺陷单独或连同其他缺陷具备合理可能性，导致不能及时防止或发现并纠正财务报告中的重大错报，就应将该缺陷认定为重大缺陷。重大错报中的"重大"，涉及企业管理层确定的财务报告的重要性水平。

非财务报告内部控制缺陷认定具有涉及面广、认定难度大的特点。企业可以根据自身的实际情况、管理现状和发展要求，加以细化或按内部控制原理补充，参照财务报告内部控制缺陷的认定标准，合理确定定性和定量的认定标准，根据其对内部控制目标实现的影响程度认定为一般缺陷、重要缺陷和重大缺陷。其中：定量标准，即涉及金额大小，既可以根据造成直接财产损失绝对金额制定，也可以根据其直接损失占本企业资产、销售收入及利润等的比率确定；定性标准，即涉及业务性质的严重程度，可根据其直接或潜在负面影响的性质、影响的范围等因素确定。以下迹象通常表明非财务报告内部控制可能存在重大缺陷：（1）国有企业缺乏民主决策程序，如缺乏"三重一大"决策程序；（2）企业决策程序不科学，如决策失误，导致并购不成功；（3）违犯国家法律、法规，如环境污染；（4）管理人员或技术人员纷纷流失；（5）媒体负面新闻频现；（6）内部控制评价的结果特别是重大或重要缺陷未得到整改；（7）重要业务缺乏制度控制或制度系统性失效。

为避免企业操纵内部控制评价报告，非财务报告内部控制缺陷认定标准一经确定，必须在不同评价期间保持一致，不得随意变更。

需要强调的是，在内部控制的非财务报告目标中，战略和经营目标的实现往往受到企业不可控的诸多外部因素的影响，企业的内部控制只能合理保证董事会和管理层了解这些目标的实现程度。因而，在认定针对这些控制目标的内部控制缺陷时，我们不能只考虑最终的结果，而主要应该考虑企业制定战略、开展经营活动的机制和程序是否符合内部控制的要求，以及不适当的机制和程序对企业战略及经营目标实现可能造成的影响。

五、内部控制报告

企业内部控制评价是企业董事会对内部控制有效性进行全面评价、形成评价结论、出具评价报告的过程。企业可以独立开展内部控制评价工作，也可以委托不承担本企业内部控制审计的中介机构协助开展内部控制评价工作。

财政部2012年2月23日发布《企业内部控制规范体系实施中相关问题解释第1号》，对如何编制和披露企业内部控制评价报告给出指导。该解释根据《企业内部控制基本规范》《企业内部控制评价指引》的要求，制定了企业内部控制评价报告的格式，参考格式如下：

××公司20××年度内部控制评价报告

××公司全体股东：

根据《企业内部控制基本规范》及其配套指引的规定和要求，结合本公司（以下简称"公司"）内部控制制度和评价办法，在内部控制日常监督和专项监督的基础上，我们对公司内部控制的有效性进行了自我评价。

（一）董事会声明

公司董事会及全体董事保证本报告内容不存在任何虚假记载、误导性陈述或重大遗漏，并对报告内容的真实性、准确性和完整性承担个别及连带责任。

建立健全并有效实施内部控制是公司董事会的责任；监事会对董事会建立与实施内部控制进行监督；经理层负责组织领导公司内部控制的日常运行。

公司内部控制的目标是：[一般包括合理保证经营合法合规、资产安全、财务报告及相关信息真实完整，提高经营效率和效果，促进实现发展战略]。由于内部控制存在固有局限性，故仅能对实现上述目标提供合理保证。

（二）内部控制评价工作的总体情况

公司董事会授权内部审计机构[或其他专门机构]负责内部控制评价的具体组织实施工作，对纳入评价范围的高风险领域和单位进行评价[描述评价工作的组织领导体制，一般包括评价工作组织结构图、主要负责人及汇报途径等]。

公司[是/否]聘请了专业机构[中介机构名称]提供内部控制咨询服务；公司[是/否]聘请了专业机构[中介机构名称]协助开展内部控制评价工作；公司[是/否]聘请会计师事务所[会计师事务所名称]对公司内部控制进行独立审计。

（三）内部控制评价的依据和范围

内部控制评价的范围涵盖了公司及其所属单位的主要业务和事项[列明评价范围占公司总资产比例或占公司收入比例等]，重点关注下列高风险领域：

[列示公司根据风险评估结果确定的内部控制前"十大"主要风险]

纳入评价范围的单位包括：

[无需罗列单位名称，而是描述纳入评价范围单位的行业性质、层级等]

纳入评价范围的业务和事项包括（根据实际情况调整，未尽事项可以充实）：

1.组织架构；2.发展战略；3.人力资源；4.社会责任；5.企业文化；6.资金活动；7.采购业务；8.资产管理；9.销售业务；10.研究与开发；11.工程项目；12.担保业务；13.业务外包；14.财务报告；15.全面预算；16.合同管理；17.内部信息传递；18.信息系统。

上述业务和事项的内部控制涵盖了公司经营管理的主要方面，不存在重大遗漏。

（如存在重大遗漏）公司本年度未能对以下构成内部控制重要方面的单位或业务（事项）进行内部控制评价：

[逐条说明未纳入评价范围的重要单位或业务（事项），包括单位或业务（事项）描述、未纳入的原因、对内部控制评价报告真实完整性产生的重大影响等]

（四）内部控制评价的程序和方法

内部控制评价工作严格遵循基本规范、评价指引及公司内部控制评价办法规定的程序执行[描述公司开展内部控制检查评价工作的基本流程]。

评价过程中，我们采用了（个别访谈、调查问题、专题讨论、穿行测试、实地查验、抽样和比较分析）等适当方法，广泛收集公司内部控制设计和运行是否有效的证据，如实填写评价工作底稿，分析、识别内部控制缺陷[说明评价方法的适当性及证据的充分性]。

（五）内部控制缺陷及其认定

公司董事会根据基本规范、评价指引对重大缺陷、重要缺陷和一般缺陷的认定要求，结合公司规模、行业特征、风险偏好和风险承受度等因素，研究确定了适用本公司的内部控制缺陷具体认定标准，并与以前年度保持了一致[描述公司内部控制缺陷的定性及定量标准]，或作出了调整[描述具体调整标准及原因]。

根据上述认定标准，结合日常监督和专项监督情况，我们发现报告期内存在[数量]个缺陷，其中重大缺陷[数量]个，重要缺陷[数量]个。重大缺陷分别为：[对重大缺陷进行描述，并说明其对实现相关控制目标的影响程度]。

（六）内部控制缺陷的整改情况

针对报告期内发现的内部控制缺陷（含上一期间未完成整改的内部控制缺陷），公司采取了相应的整改措施[描述整改措施的具体内容和实际效果]。对于整改完成的重大缺陷，公司有足够的测试样本显示与重大缺陷[描述该重大缺陷]相关的内部控制设计且运行有效（运行有效的结论需提供90天内有效运行的证据）。

经过整改，公司在报告期末仍存在[数量]个缺陷，其中重大缺陷[数量]个，重要缺陷[数量]个。重大缺陷分别为：[对重大缺陷进行描述]。

针对报告期末未完成整改的重大缺陷，公司拟进一步采取相应措施加以整改[描述整改措施的具体内容及预期达到的效果]。

（七）内部控制有效性的结论

公司已经根据基本规范、评价指引及其他相关法律法规的要求，对公司截至20××年12月31日的内部控制设计与运行的有效性进行了自我评价。

（存在重大缺陷的情形）报告期内，公司在内部控制设计与运行方面存在尚未完成整改的重大缺陷[描述该缺陷的性质及其对实现相关控制目标的影响程度]。由于存在上述缺陷，可能会给公司未来生产经营带来相关风险[描述该风险]。

（不存在重大缺陷的情形）报告期内，公司对纳入评价范围的业务与事项均已建立了内部控制，并得以有效执行，达到了公司内部控制的目标，不存在重大缺陷。

自内部控制评价报告基准日至内部控制评价报告发出日之间[是/否]发生对评价结论产生实质性影响的内部控制的重大变化。[如存在，描述该事项对评价结论的影响及董事会拟采取的应对措施]。

我们注意到，内部控制应当与公司经营规模、业务范围、竞争状况和风险水平等相适应，并随着情况的变化及时加以调整[简要描述下一年度内部控制工作计划]未来期间，公司将继续完善内部控制制度，规范内部控制制度执行，强化内部控制监督检查，促进公司健康、可持续发展。

董事长：[签名]

××公司

20××年××月××日

第三节　案例分析

三一重工股份有限公司内部控制评价案例

在此节选了2011年三一重工股份有限公司公布的内部控制自我评价报告，以使读者了解实务中公司如何进行内部控制自我评价。

三一重工股份有限公司内部控制自我评价报告（节选）

（一）董事会声明

公司董事会及全体董事保证本报告不存在任何虚假记载、误导性陈述或重大遗漏，并对内容的真实性、准确性和完整性承担个别及连带责任。

三一重工股份有限公司在所有重大方面保持了有效的财务报告内部控制。

（二）内部控制评价工作的总体情况

根据财政部、证监会等五部委发布的《企业内部控制基本规范》以及《关于印发企业内部控制配套指引的通知》，2011年公司切实落实内部控制的建立健全及有效实施。

（三）内部控制评价的依据和范围（略）

（四）内部控制评价的程序和方法（略）

（五）公司内部控制概述

1.内部环境

（1）组织架构——设立了股东大会、董事会、监事会，董事会下设战略委员会、审计委员会、薪酬与考核委员会、提名委员会。"三会"及专门委员会的构成和人数符合法律、法规要求，召集、召开程序符合相关规定。

（2）发展战略——秉承"品质改变世界"的核心价值观，加强研发、服务、制造三项核心能力建设，实行"最佳产品战略"，缔造世界最高品质的产品和服务，通过预算管理与经营目标责任制逐年逐级分解落实。公司战略委员会下设战略规划办公室，主要负责编制公司五年战略滚动规划。董事会在年初通过扩大会集中高级管理人员讨论、学习公司战略，审定依据战略规划制订的年度经营计划及年度预算。

（3）内部审计——公司专门设置了审计部，对公司总部及下属事业部、分（子）公司进行专项审计，内容涵盖财务会计、经济效益、经济责任以及内部控制等方面。公司在内部OA开辟"流程优化建议及流程问题投诉入口"专栏，运用"员工意见箱""董事长信箱"等开展诚信监察，较好地发挥了内部审计监察作用。

（4）人力资源——完善了员工奖惩、培训、福利、离职等制度，开展内部竞聘、员工诵读、帮助员工成功等活动，为员工创造良好的工作环境。梳理了《员工招聘管理制度》《员工调配管理制度》《诚信管理制度》等，制定了《人力资源规划》，开发了《三一领导力模型》和《领导力测评量表》，将职业道德修养和专业胜任能力作为选拔与聘用员工的重要条件，重学历更重能力、重资历更重业绩，建立和完善绩效与诚信的激励体系，推进了引进人才的市场化。

（5）社会责任——在追求经济效益的同时，公司切实践行"国家之责大于企业之利"的理念，履行了应尽的责任和义务。坚持以科学发展观、热心公益事业、关注员工成长、保护消费者权益、与合作伙伴及投资者携手共赢的理念，作为社会责任的根本。

（6）企业文化——公司长期注重企业文化建设，由三一愿景（成为卓越的装备行业领导者，全球受人尊敬的企业）、三一使命（品质改变世界）、企业精神（自强不息，产业报国）、核心价值观（先做人，后做事）、经营理念（一切为了客户，一切源于创新）、三一作风（疾慢如仇）、核心理念（一切为了客户、帮助员工成功）构成的企业文化体系在不断地完善和发展，对增强员工的责任感和使命感、提升公司形象发挥了重要作用。

2.风险评估

公司非常重视经营管理以及业务流程中的风险识别及评估，实行经理层集体决策制，全面引入了"泳道式"的跨职能部门流程图法和六西格玛分析方法，识别每个业务流程节点中的风险。

3. 控制活动

（1）资金管理控制。

梳理了资金管理方面3项核心制度及关键控制节点。

在资金安排上，首先满足核心业务的资金使用，严格控制无效益、低效益的资金使用，将年度资金预算根据工作进展情况进行分解，于每月底召开月度资金计划分析会议，以合同或协议为依据支付资金。公司将月度资金计划的编制和执行，作为各部门月度资金计划（预算）执行和考核的依据。

（2）采购管理控制。

梳理了采购管理方面38项核心制度及关键控制节点，全面使用了全球供应商门户系统（GSP）。采购完成后，公司相关部门按照品质、交货率、价格、服务等对供应商评分考核，同时关注供应商有关合作中有价值的意见和建议。

（3）资产管理控制。

梳理了资产管理方面等34项核心制度及关键控制节点。

（4）生产管理控制。

梳理了生产管理方面等85项核心制度及关键控制节点。

4. 信息与沟通

（1）信息系统建设——注重用信息技术促进信息的集成与分享。

（2）内部信息与沟通——实行分级分类差别管理。

（3）外部信息与沟通——综合运用 GSP、GCP、GHP 等先进信息手段。

（4）对外信息披露——及时、准确、完整、公平。

5. 内部监督

由股东大会和公司职工民主选举产生的监事会，对董事会和经理层的内部控制建设进行监督。公司独立董事严格按照相关法律法规和《公司章程》的要求，了解、分析公司发展及经营状况，对公司经营中的重大事项发表独立意见。

在业务层面，搭建了多层次、全方位的"防、堵、查"立体式的内部监管体系，重点监督供应链与商务招标；对存货与逾期货款等业务风险进行预警防范；从财务角度对各项业务进行周期性财务核查；对生产质量进行检查；依据内部审计准则的框架体系及相关监察制度，实施对公司财务核算和各项经营活动的审计和监察。相关部门通过日常监督和专项监督，推动了公司规章制度的贯彻执行。

（六）内部控制缺陷的认定标准

下列迹象可能表明内部控制存在重大缺陷：

（1）重要业务缺乏制度控制或者制度系统性失效；

（2）重要职权和岗位分工中没有体现不相容职务相分离的要求；

（3）企业战略、投资、募集资金等重大决策、重大事项、重大人事任免及大额资金的管理程序不科学并造成严重损失；

（4）董事、监事和高级管理人员存在或可能存在严重舞弊行为；

（5）外部审计发现当期财务报告存在重大错报，或者公司已经对外公布的财务报表由于存在重大错报而需要进行更正，在资本市场造成比较严重的负面影响；

（6）以前年度评价过程中曾经有过舞弊或错误导致重大错报的经历，公司没有在合理的时间内改正所发现的重大缺陷和重要缺陷；

（7）同一主流程（重要账户、列报）存在的重要缺陷超过10个。

（七）内部控制总体评价

1.公司独立董事对公司内部控制的意见

公司独立董事认为：在报告期内，公司认真执行国家有关内部控制的规定，关联交易、对外担保、募集资金使用、重大投资、信息披露等方面的内部控制严格、有效，经营活动中可能存在的内外部风险得到了合理控制，公司各项活动的预定目标基本实现。公司内部控制符合公司实际，具有完整性、合理性和有效性。

2.公司监事会对公司内部控制的意见

公司监事会认为：2011年，公司内部控制体系得到了进一步的健全和完善。公司努力深化内部风险评估、推进过程控制、加强监督检查，不存在重大环保或其他重大社会安全问题，运行质量及管理效率得到明显提高。公司的内部控制合理、有效，能够适应公司管理的要求和发展需要。

3.公司董事会对公司内部控制自我评价的意见

通过评估，公司董事会认为：现有的内部控制环境及监控系统能够适应现行管理的要求和未来发展的需要，公司内部控制整体健全、执行有效。

自2011年1月1日起至本报告期末，未发现本公司存在与财务报告相关的内部控制设计或执行方面的重大缺陷。在内部控制评价报告基准日至内部控制评价报告发出日之间，公司未发生对内部控制评价结论产生实质性影响的重大变化。

三一重工股份有限公司

董事会

2012年3月28日

从三一重工的内部控制自评报告我们发现，该企业已系统地学习了内部控制的应用与评价指引，对内部控制工作实际涉及的工作范畴和内部控制自评报告的披露要求有了掌握。该公司内部控制评价报告的内容框架和整体格式符合财政部的指导规范，但内部控制自我评价报告中对最重要的部分——内部控制缺陷及风险、缺陷的整改情况与措施，都没有明确予以描述。

公司在运营过程中，总会面临各类风险。美国企业在进行内部控制信息披露时，有约40%的企业披露了重要或重大控制缺陷，而国内企业基本没有披露内部控制缺陷的，这表明国内企业没有科学严谨地界定内部控制的重点区域和内容、没有设计有效的内部控制评价方法、没有切实进行内部控制检查和梳理工作、审计机构不能有效监督和检查内部控制工作、对内部控制的监督和处罚力度不够。

内部控制建设实施是一项长期、动态、高成本的工作。如果单纯以控制、检查、完善控制、检查为思路，势必会招致内部的普遍反感。任何流程的控制与管理，都必须从企业战略目标与利润的角度加以考量才能有效实施。

资料来源 上海证券交易所.三一重工股份有限公司2011年内部控制自我评价报告[EB/OL].[2012-03-29]. http：//stock.stockstar.com/notice/JC2012033000008126_1.shtml.

复习思考题

1.内部控制缺陷如何确定？类型如何划分？试举例说明。

2.内部控制评价的思路及程序是什么？

3.内部控制评价方法有哪些？这些方法各自的特点是什么？

4.集团性企业应如何确定内部控制评价的范围？

5.企业应采用何种组织形式开展内部控制评价工作？

6.如何权衡内部控制评价的实施成本与预期效益？

中英文专业术语

内部控制评价 internal control self-assessment

内部控制报告 internal control report

财务报告内部控制 internal control over financial reporting

补充学习内容

1.杨雄胜，夏俊，等.内部控制评价：理论·实务·案例[M].大连：大连出版社，2010.

2.德勤企业风险管理服务部.企业内部控制评价 [M].上海：上海交通大学出版社，2012.

3.案例。

内蒙古四海科技股份有限公司在2013年发布的内部控制自评报告中，对公司当年的内部控制问题进行自省，认为其财务报告内部控制和非财务报告内部控制均存在问题，主要是公司未按规定披露濮黎明（时任公司董事长、总经理、原实际控制人）与北京大河之洲集团有限公司签订的《关于股权转让及重组框架协议之补充一》，公司已于2013年7月12日收到中国证券监督管理委员会内蒙古监管局下发的《关于对内蒙古四海科技股份有限公司采取责令改正、责令公开说明措施的决定》。

对此问题，四海科技股份有限公司决定采取下述具体措施：

首先，组织公司董事、监事和高级管理人员学习公司法、证券法、《上市公司信息披露管理办法》等相关法规以及公司各项内部控制制度，聘请律师事务所律师对上述法规进行讲解。将此类学习形成长效机制，定期或不定期采取各种方式学习相关法律法规，尤其是信息披露方面的法律法规，以此来提升上市公司董事、监事和高级管理人员的规范意识和信息披露意识，提升上市公司规范运作的能力。

其次，由整改小组牵头、董事会秘书负责、证券部和法务部配合，在2013年9月30日前制定各部门内部信息报告制度执行细则，以提升内部控制制度的执行力度。

再次，由公司董事长负责，公司控股股东于2013年9月30日前制定和完善向上市公司报送重大信息的相关制度，建立与公司控股股东及其关联人的长效互动机制。上市公司定期向控股股东及其他与上市公司信息披露相关的个人和单位发送询问函，要求其及时报送《上市公司信息披露管理办法》及公司制度规定的事项，以便公司能及时对外披露，保证信息披露的公平、及时、准确、完整。

公司将继续加强内部控制建设，完善与公司经营规模、业务范围、竞争状况和风险水平等相适应的内部控制制度，并随着经营状况的变化及时加以调整、规范，强化内部控制监督检查，促进公司健康、可持续发展。

资料来源　根据相关资料整理而成。

第四篇　内部控制审计

第十八章　内部控制审计

【学习目标】

安然、世通等一系列公司财务舞弊事件使各国政府监管机构、企业界、学术界以及广大投资者对内部控制的重视程度进一步提升，政府监管机构也将监管的重点从单纯注重财务报告本身的可靠性转向同时注重保证财务报告可靠性机制建设，要求企业披露内部控制相关信息，并要求聘请注册会计师对内部控制有效性进行审计。本章主要介绍内部控制审计在我国的发展以及主要流程，并通过此部分的学习认识到内部控制审计的重要性及其实施要点。

【导入性案例】

新华制药被出具否定意见的内部控制审计报告

由信永中和会计师事务所出具的 2011 年山东新华制药的《内部控制审计报告》可以看出，新华制药被信永中和会计师事务所出具否定意见内部控制审计报告的原因是其内部控制制度存在重大缺陷。

新华制药内部控制主要存在两个重大缺陷：一是授信管理存在重大缺陷。新华制药下属子公司山东新华医药贸易有限公司（以下简称"医贸公司"）内部控制制度对多头授信无明确规定，且给予客户授信额度过大，甚至还存在未授信就发货的情况。医贸公司的鲁中分公司、工业销售部门、商业销售部门三个部门分别向同一客户授信，使得授信额度过大。此外，医贸公司内部控制制度规定：对客户的授信额度不得大于客户注册资本。但在实际执行中，医贸公司对部分客户超出客户注册资本授信，使得授信额度过大，同时医贸公司也存在未授信发货的情况。上述重大缺陷使得新华制药对山东欣康祺医药有限公司及与其存在担保关系方形成大额应收款项（6 073.1 万元）。同时，因欣康祺医药经营出现异常，资金链断裂，使新华制药遭受较大经济损失。显然，新华制药在信息与沟通方面以及风险评估方面存在重大缺陷。新华制药的子公司医贸公司在企业内部显然没有进行有效、合理、及时的信息沟通，这才导致其三个部门同时对一家公司授信，从而导致授信额度过大，进而产生较大的风险。二是对关联方的应收账款的计量和分析存在明显缺陷。由于山东欣康祺医药有限公司因涉嫌卷入非法吸收公众存款案被济南市公安局立案侦查，欣康祺医药等 5 家公司欠新华制药子公司的货款 6 073.1 万元也很有可能就此打了水漂。尽管山东欣康祺医药卷入吸收公众款项案属于山东新华制药非可控事件，也属于突发事件，但是也消除不了我们对新华制药在应收账款的内部控制制度方面的质疑。尽管每个企业的性质、所处的行业、规模以及内部控制及安全程度不同，使得其与应收账款交易相关的内部控制不同，但是通常应遵循以下内容：对客户进行授信评级；企业应当建立应收账款账龄分析制度和逾期应收账款催收制度；企业对于可能成为坏账的应收账款应当报告有关决策机构，对其进行审核，确定是否为坏账。

资料来源　向佳.内部控制审计案例分析——新华制药被出具否定意见[J].企业导报，2012（11）.

第一节　概　述

随着近几年的审计丑闻事件的频繁出现，内部控制审计越来越得到更广泛的关注，世界各国都在一定程度上对内部控制审计提出了具体的要求。世界各国对企业内部控制审计的相关做法可以大致分为两类：一类是以法案形式强制要求对企业财务报告内部控制进行审计，如美国和日本；另一类是未强制要求进行内部控制审计，如欧盟各国、加拿大等。

一、内部控制审计的基本概念

内部控制审计是指会计师事务所接受业务委托，对上市公司特定基准日内部控制设计与运行有效性进行审计，并应该在内部控制审计工作中获取充分、适当的证据，为发表内部控制审计意见提供合理保证。

这个概念有三点需要说明：首先，内部控制审计基于特定基准日，但这并不意味着注册会计师只关注企业基准日当天的内部控制，而是要考察企业一个时期内部控制的设计和运行情况；其次，定义中的内部控制的设计和运行是与财务报告相关的内部控制，并对内部控制审计过程中注意到的非财务报告内部控制的重大缺陷，在内部控制审计报告中增加"非财务报告内部控制重大缺陷描述段"予以披露；最后，审计对象是内部控制设计与运行的有效性。

我国《内部控制审计指引》中指出，注册会计师可以单独进行内部控制审计，也可将内部控制审计与财务报表审计整合进行。

二、内部控制审计与财务报表审计之间的关系

财务报表审计和内部控制审计是保障企业健康运营的两个主要方面。企业既离不开财务报表审计也离不开内部控制审计。

财务报表审计的目标是注册会计师通过执行审计工作，对财务报表是否按照规定的标准编制发表审计意见。规定的标准通常是企业会计准则和相关会计制度。

内部控制审计就是确认、评价企业内部控制有效性的过程，包括确认和评价企业内部控制设计和内部控制运行缺陷及缺陷等级，分析缺陷形成原因，提出改善内部控制建设的建议。

（一）内部控制审计和财务报告审计的一致性

企业内部控制的了解和测试及其有效性评估是制定财务报告审计策略、实施进一步审计程序的基础和前提。因此，内部控制审计和财务报告审计存在着很多一致性，主要体现在以下五个方面：

一是两者的最终目的一致，虽然二者各有侧重，但最终目的均为提高财务信息质量，提高财务报告的可靠性，为利益相关者提供高质量的信息。

二是两者都采取风险导向审计模式，注册会计师首先实施风险评估程序，识别和评估重大缺陷（或错报）存在的风险。在此基础上，有针对性地采取应对措施，实施相应的审计程序。

三是两者都要了解和测试内部控制，并且对内部控制有效性的定义和评价方法相同，都可能用到询问、检查、观察、穿行测试、重新执行等方法和程序。

四是两者均要识别重点账户、重要交易类别等重点审计领域。注册会计师在财务报告审计中，需要评价这些重点账户和重要交易类别是否存在重大错报；在内部控制审计中，需要评价这些账户和交易是否被内部控制所覆盖。

五是两者确定的重要性水平相同。注册会计师在财务报告审计中确定重要性水平，旨在检查财务报告中是否存在重大错报；在内部控制审计中确定重要性水平，旨在检查财务报告内部控制是否存在重大缺陷。由于审计对象、判断标准相同，因此二者在审计中确定的重要性水平亦相同。

（二）内部控制审计和财务报告审计的区别

虽然二者存在着多方面的联系，但由于审计对象、审计重点等不同，使得二者存在实质性差异，内部控制审计独立于财务报告审计。二者的差异主要体现在五个方面：

第一，对内部控制了解和测试的目的不同。注册会计师在财务报告审计中评价内部控制的目的，是为了判断是否可以相应减少实质性程序的工作量，以支持财务报告的审计意见类型；在内部控制审计中评价内部控制的目的，则是为了对内部控制本身的有效性发表审计意见。

第二，内部控制测试范围存在区别。注册会计师在财务报告审计中，根据成本效益原则可能采取不同的审计策略，对于某些审计领域，可以绕过内部控制测试程序进行审计。而在内部控制审计中，注册会计师则不能绕过内部控制测试程序进行审计，注册会计师应当针对每一审计领域获取控制有效性的证据，以便对内部控制整体的有效性发表意见。

第三，内部控制测试结果所要达到的可靠程度不完全相同。在财务报告审计中，对控制测试的可靠性要求相对较低，注册会计师测试的样本量也有一定的弹性。在内部控制审计中，注册会计师则需要获取内部控制有效性的高度保证，因此对控制测试的可靠性要求较高，样本量选择的弹性相对较小。

第四，两者对控制缺陷的评价要求不同。在财务报告审计中，注册会计师仅需将审计过程中识别出的内部控制缺陷区分为值得关注的内部控制缺陷和一般缺陷。而在内部控制审计中，注册会计师需要对内部控制缺陷进行严格的评估，将值得关注的内部控制缺陷进一步区分为重大缺陷和重要缺陷。重大缺陷将影响到审计意见的类型。

第五，审计报告的内容不同。在财务报告审计中，注册会计师一般不对外报告内部控制的情况，除非内部控制影响到对财务报告发表的审计意见。在内部控制审计中，注册会计师应报告内部控制的有效性。

所以内部控制审计和财务报告审计是相辅相成的两种手段，其目的都是为了企业能够健康运行，建立一个良好的资本运作市场。

三、内部控制审计的发展历程

20世纪80年代末，我国政府开始制定一系列的企业内部控制文件，加大对企业内部控制及其相关制度的建设力度，所以说我国内部控制审计的产生与发展离不开相关政府监督部门的推动。1988年12月27日，财政部颁布了《注册会计师检查验证会计报表规则（试行）》，在其第二十六条中规定：注册会计师应对委托人包括会计制度、财务收支管理制度、财产管理制度、内部审计制度、其他管理制度、各管理机构的内部报告和相互牵制制度等在内的内部管理制度完善程度及有效性进行检查。

我国政府自20世纪90年代开始加大力度推动企业内部控制工作的开展。1996年12月颁布《独立审计具体准则第9号——内部控制与审计风险》，明确要求审计人员应当审查公司的内部控制情况，以内部控制评价结果作为审计风险评估的基础。

2001年1月，我国证监会发布的《证券公司内部控制指引》要求证券公司聘请具有证券执业资格的会计师事务所对其内部控制情况进行评审，会计师事务所应当向证券公司提供内部控制评审报告。同年6月，财政部颁布了《内部会计控制规范——基本规范（试行）》，其第二十四条规定：单位可以聘请中介机构和相关专业人员对本单位内部会计控制制度的建立健全及有效实施进行评价，接受委托的中介机构或相关专业人员应当对委托单位内部会计控制制度存在的重大缺陷作出书面报告。

中国内部审计协会于2003年颁布了《内部审计具体准则第5号——内部控制审计》，规定内部注册会计师应对内部控制环境、风险评估、控制活动、信息与沟通及监督五要素进行审查和评价。

2005年6月，根据财政部、国资委、证监会联合上报的《关于借鉴〈萨班斯-奥克斯利法案〉完善我国上市公司内部控制制度的报告》，由财政部牵头，联合证监会和国资委，研究制定了一套科学、公认完整的企业内部控制指引。2005年10月，我国证监会出台《关于提高上市公司质量意见》，其规定要建立健全公司内部控制制度，上市公司要加强完善内部治理结构和内部约束机制。2006年7月15日，财政部、国资委、证监会、审计署、银监会、保监会联合发起成立了"企业内部控制标准委员会"，许多监管部门、大型企业、中介机构、行业组织、科研院所的领导和专家学者积极参与，为构建我国企业内部控制标准体系提供了组织和机制保障。

2008年5月22日，财政部等五部委联合发布《企业内部控制基本规范》，要求上市公司应当对本公司内部控制的有效性进行自我评价，披露年度自我评价报告，可聘请具有证券、期货业务资格的会计师事务所对内部控制有效性进行审计。为了配合《企业内部控制基本规范》的有效实施，2010年4月，财政部等五部委正式发布了《企业内部控制审计指引》三个配套指引，标志着我国内部控制规范体系的初步建立。企业内部控制配套指引和《企业内部控制基本规范》共同建立了中国企业内部控制规范体系，自2011年1月1日起，首先在境内外同时上市的公司施行，自2012年1月1日起，扩大到在上海证券交易所、深圳证券交易所主板上市的公司施行；在此基础上，择机在中小板和创业板上市公司施行，同时鼓励非上市大中型企业提前执行，政府监管部门将对相关企业执行内部控制规范体系的情况进行监督检查。

根据中国注册会计师协会公布的数据，2011年有250家上市公司进行了内部控制审计，并且披露了内部控制审计报告，相信在不久的将来，我国的内部控制审计体系会更加完善。

四、内部控制审计的现实意义

实施企业内部控制审计，是立足我国国情、借鉴国际惯例推出的一项创新之策，也是确保企业内部控制有效实施的重要标志和制度安排。

（1）实施内部控制审计，有利于揭示企业内部控制重大缺陷，促进企业健全内部控制体系，提升经营管理水平和风险防范能力。内部控制审计是全面提升企业经营管理水平的重要制度安排。作为执业审计人员，注册会计师能够更加全面、深入、客观地评价企业内部控制，及时发现内部控制中存在的重大风险和薄弱环节，并督促管理层对内部控制缺陷采取有效的整改措施。

（2）实施内部控制审计，是提高社会认知度的需要。当今世界，企业的信誉很重要，直接影响到客户对企业产品的信任感，影响企业的生存和发展。企业信誉不仅取决于当前的资金实力和盈利能力，更主要取决于人们对企业未来的预期。企业一旦发生欺诈行为、管理不善或违反法规，就会引起社会的广泛关注，造成不良的社会影响，使企业的价值大大下降。内部控制审计有利于预防此类问题的发生，并及时提出妥善的补救措施，所以企业进行内部控制审计能够提升企业的信誉。

（3）实施内部控制审计，有利于资本市场的健康发展。如果没有一个合理的制度安排对企业提供的内部控制信息进行鉴定，那么投资者将会对信息的真实性、可靠性产生怀疑，这必然会加大交易成本，影响资本市场的规范运作和效率。因此实施内部控制审计，有利于控制内部控制信息的真实性、可靠性、完整性、有用性，促进资本市场的有效发展。

（4）实施内部控制审计，有利于增强内部控制信息披露的可靠性，维护投资者的利益。内部控制信息披露质量的高低，直接影响到投资者经营决策的有效性，进而影响投资者对资本市场的信心。内部控制审计的本质功效，在于提高内部控制信息披露的可靠性和提升内部控制信息的价值。并且，它不但可以提高内部控制信息披露的可靠性，也有利于维护投资者的利益。

（5）实施内部控制审计，有利于满足政府监管部门对资本市场监管的需要。市场经济的健康发展，需要政府对市场行为和市场经济秩序进行恰当、必要的监管。无论是在一些欧美国家还是在我国，直接推动内部控制审计的核心力量都是政府监管部门。内部控制审计是政府监管部门基于提升内部控制有效性及其信息披露的可靠性所作出的制度性安排，在维护资本市场完整性方面，发挥着至关重要的作用。实施内部控制审计，有利于提高政府监管效率，不断规范市场经济秩序，更好地维护社会公平与效率。

第二节　计划审计工作

一、签订内部控制审计业务约定书

在注册会计师进行内部控制审计工作之前，会计师事务所应当与被审计单位签订单独的内部控制审计业务约定书。内部控制审计业务约定书应当至少包括下列内容：

（1）内部控制审计的目标和范围；

（2）注册会计师的责任；

（3）被审计单位的责任；

（4）指出被审计单位采用的内部控制标准；

（5）提及注册会计师拟出具的内部控制审计报告的形式和内容，以及对在特定情况下出具的内部控制审计报告可能不同于预期形式和内容的说明；

（6）审计收费。

二、制订总体审计策略和具体审计计划

注册会计师在与被审计单位签订单独的内部控制审计业务约定书后，应当贯彻风险导向审计的思路，恰当地计划内部控制审计工作，配备具有专业胜任能力的项目组，并对助理人员进行适当督导，制订总体审计策略和具体审计计划。

（一）总体审计策略

注册会计师应当在总体审计策略中体现下列内容：

（1）确定内部控制审计业务特征，以界定审计范围。例如，被审计单位采用的

内部控制标准、注册会计师预期内部控制审计工作涵盖的范围、项目组中注册会计师工作的参与程度、注册会计师对被审计单位内部控制评价工作的了解以及拟利用被审计单位内部相关人员工作的程度等。

内部控制审计范围应当包括被审计单位在内部控制评价基准日（最近一个会计期间截止日，以下简称"基准日"）或在此之前收购的实体，以及在基准日作为终止经营进行会计处理的业务。注册会计师应当确定是否有必要对与这些实体或业务相关的控制实施测试。

如果法律法规的相关豁免规定允许被审计单位不将某些实体纳入内部控制评价范围，注册会计师可以不将这些实体纳入内部控制审计的范围。

（2）明确内部控制审计业务的报告目标，以及计划审计的时间安排和所需沟通的性质。例如，被审计单位对外公布或报送内部控制审计报告的时间，注册会计师与管理层和治理层讨论内部控制审计工作的性质、时间安排和范围，注册会计师与管理层和治理层讨论拟出具内部控制审计报告的类型和时间安排以及沟通的其他事项等。

（3）根据职业判断，考虑用以指导项目组工作方向的重要因素。例如，财务报表整体的重要性和实际执行的重要性、初步识别的可能存在重大错报的风险领域、内部控制最近发生变化的程度、与被审计单位沟通过的内部控制缺陷、对内部控制有效性的初步判断、信息技术和业务流程的变化等。

（4）考虑初步业务活动的结果，并考虑对被审计单位执行其他业务时获得的经验是否与内部控制审计业务相关（如适用）。

（5）确定执行内部控制审计业务所需资源的性质、时间安排和范围。

（二）具体审计计划

注册会计师应当在具体审计计划中体现下列内容：

（1）了解和识别内部控制的程序的性质、时间安排和范围；

（2）测试控制设计有效性的程序的性质、时间安排和范围；

（3）测试控制运行有效性的程序的性质、时间安排和范围。

在计划具体审计工作时，注册会计师需要评价下列事项对财务报表和内部控制是否有重要影响，以及有重要影响的事项将如何影响审计工作：

（1）评估管理层评估的流程。注册会计师必须获得管理层对关于公司内部控制有效性评估的过程的了解。其主要包括：注册会计师决定应当对哪些控制实施测试，包括对财务报表中的所有重要会计科目和披露事项的相关认定的控制；评估控制失败导致错报的可能性、错报的程度以及在其他控制有效实施的情形下，实现同样的控制目标的程度；评估控制设计的有效性；根据评估其实施有效性的程序是否充足，来评估控制实施的有效性；决定内部控制缺陷的程度和导致重要缺陷及实质性漏洞发生的可能性；对审计发现是否合理以及是否支持管理层的评估进行评价。

（2）评估管理层的文档记录。其主要包括：对与财务报表重要会计科目和披露事项相关的所有认定进行控制的设计；关于重要交易是如何被初始、授权、记录、处理和报告的信息；关于交易流向的足够信息，包括识别可能发生错误或舞弊而导致重大错报的关键点；已设计的防止或发现舞弊的控制，包括谁实施控制以及相关的职责划分；对期末财务报告过程的控制；对资产保护的控制以及管理层进行测试和评估的结果。

（3）获得对内部控制的了解。其主要通过询问合适的管理层、监督人员和员工；检查公司文件；观察专用控制的应用；通过信息系统追踪与财务报告相关的交易来了解公司内部控制的各个方面。

（4）识别重要会计科目。注册会计师应首先在财务报表、会计科目或披露事项因素层次确定重要的会计科目和披露事项。决定财务报表内重要的会计科目和披露事项也是决定特殊控制测试的出发点。

（5）识别重要的流程和主要的交易类型。注册会计师应当对每一类主要的影响重要会计科目或几组会计科目的交易的重要流程进行识别。主要的交易类型指的是对财务报表产生重要影响的交易类型。

（6）理解期末财务报告流程。作为了解和评估期末财务报告流程的一部分，注册会计师应当评估：公司使用编制年度和季度财务报表的输入和输出方法；期末财务报告过程中使用信息技术的程度；管理层的参与；涉及经营场所的数量；调整分录的类型（例如，标准、非标准、抵销、合并等）；包括管理层、董事会和审计委员会在内的适当的机构对流程进行监管的性质和程度。

三、利用被审计单位内部相关人员工作时的考虑

2008年5月22日，财政部等五部委联合发布《企业内部控制基本规范》，要求上市公司应当对本公司内部控制的有效性进行自我评价，披露年度自我评价报告。注册会计师在进行内部控制审计工作时可以对企业内部控制自我评价进行评估，并根据评估结果来判断在内部控制审计工作中是否可以利用企业内部审计人员、内部控制评价人员和其他相关人员的工作以及可利用的程度，相应减少可能本应由注册会计师执行的工作，以减少审计工作量提高审计效率。

但是在注册会计师利用企业内部审计人员、内部控制评价人员和其他相关人员的工作时，应当对其专业胜任能力和客观性进行充分评价。并且，是否利用企业的内部控制自我评价需要区分相关控制风险，若风险越高，企业的内部控制自我评价工作的利用程度就越低，注册会计师更应该对该项控制亲自进行测试。

注册会计师应当对发表的审计意见独立承担责任，其责任不因利用企业内部审计人员、内部控制评价人员和其他相关人员的工作而减轻。

第三节　实施审计工作

一、内部控制审计的实施思路

注册会计师在对企业进行内部控制审计的实施阶段，应当按照自上而下的方法

实施审计工作。自上而下的方法是注册会计师识别风险、选择拟测试控制的基本思路。

自上而下的方法按照下列思路展开：

（1）从财务报表层次初步了解内部控制整体风险；

（2）识别企业层面控制；

（3）识别重要账户、列报及相关认定；

（4）了解错报的可能来源；

（5）选择拟测试的控制。

在财务报告内部控制审计中，自上而下的方法始于财务报表层次，以注册会计师对财务报告内部控制整体风险的了解开始。然后，注册会计师将关注的重点放在企业层面的控制上，并将工作逐渐下移至重大账户、列报及相关的认定。这种方法引导注册会计师将注意力放在显示有可能导致财务报表及相关列报发生重大错报的账户、列报及认定上。之后，注册会计师验证其了解到的业务流程中存在的风险，并就已评估的每个相关认定的错报风险，选择足以应对这些风险的业务层面控制进行测试。

自上而下的方法描述了注册会计师在识别风险以及拟测试的控制时的连续思维过程，但并不一定是注册会计师执行审计程序的顺序。

二、内部控制审计工作的实施程序

（一）识别企业层面控制

注册会计师测试企业层面控制，应当把握重要性原则，至少应当关注：

（1）与内部环境相关的控制。

（2）针对董事会、经理层凌驾于控制之上的风险而设计的控制。

（3）企业的风险评估过程。

（4）对内部信息传递和财务报告流程的控制。

（5）对控制有效性的内部监督和自我评价。

内部控制审计的实施，从财务报表层次初步了解财务报告内部控制整体风险是自上而下方法的第一步。通过了解企业与财务报告相关的整体风险，注册会计师首先可以识别出为保持有效的财务报告内部控制而必需的企业层面内部控制。此外，由于对企业层面内部控制的评价结果将影响注册会计师测试其他控制的性质、时间安排和范围，因此，注册会计师可以考虑在执行业务的早期阶段对企业层面内部控制进行评价。注册会计师应该从企业层面控制的精确度和企业层面控制的内容两方面来对企业层面内部控制进行评价。

1.评价企业层面控制的精确度

不同的企业层面控制在性质和精确度上存在着差异，这些差异可能对其他控制及其测试产生影响。

（1）某些企业层面控制，如企业经营理念、管理层的管理风格等与控制环境相关的控制，对及时防止或发现并纠正相关认定的错报的可能性有重要影响。虽然这种影响是间接的，但这些控制仍然可能影响注册会计师拟测试的其他控制，以及测试程序的性质、时间安排和范围。

（2）某些企业层面控制旨在识别其他控制可能出现的失效情况，能够监督其他控制的有效性，但还不足以精确到及时防止或发现并纠正相关认定的错报。当这些控制运行有效时，注册会计师可以减少对其他控制的测试。

（3）某些企业层面控制本身能够精确到足以及时防止或发现并纠正相关认定的错报。如果一项企业层面控制足以应对已评估的错报风险，注册会计师就不必测试与该风险相关的其他控制。

2.评价企业层面控制的内容

（1）与内部环境相关的控制。内部环境，即控制环境，包括治理职能和管理职能，以及治理层和管理层对内部控制及其重要性的态度、认识和措施。良好的控制环境是实施有效内部控制的基础。

（2）针对管理层（董事会、经理层）凌驾于控制之上的风险而设计的控制。该控制对所有企业保持有效的内部控制都有重要影响。注册会计师可以根据对企业舞弊风险的评估作出判断，选择相关的企业层面控制进行测试，并评价这些控制能否有效应对管理层凌驾于控制之上的风险。

（3）企业的风险评估过程。风险评估过程包括识别与财务报告相关的经营风险和其他经营管理风险，以及针对这些风险采取的措施。一方面，企业的内部控制能够充分识别企业外部环境（如在经济、政治、法律法规、竞争者行为、债权人需求、技术变革等方面）存在的风险；另一方面，充分且适当的风险评估过程需要包括对重大风险的估计、对风险发生可能性的评估以及确定应对风险的方法。注册会计师可以先了解企业及其内部环境的其他方面信息，以初步了解企业的风险评估过程。

（4）对内部信息传递和财务报告流程的控制。对财务报告流程的控制可以确保管理层按照适当的会计准则编制合理、可靠的财务报告并对外报告。

（5）对控制有效性的内部监督和自我评价。企业对控制有效性的内部监督和自我评价可以在企业层面上实施，也可以在业务流程层面上实施，包括：对运行报告的复核和核对、与外部人士的沟通、对其他未参与控制执行人员的监控活动，以及将信息系统记录数据与实物资产进行核对等。

此外，企业层面控制还包括：集中化的处理和控制，包括共享的服务环境；监控经营成果的控制；针对重大经营控制以及风险管理实务而采取的政策。

（二）在业务层面识别重要账户、列报及相关认定

（1）如果某账户或列报具有合理可能性包含了一个错报，该错报单独或连同其他错报将对财务报表产生重大影响（需要同时考虑多报和少报的风险），则该账户

或列报为重要账户或列报。判断某账户或列报是否重要，应当依据其固有风险，而不应考虑相关控制的影响。

（2）如果某财务报表认定具有合理可能性包含了一个或多个错报，这个或这些错报将导致财务报表发生重大错报，则该认定为相关认定。判断某认定是否为相关认定，应当依据其固有风险，而不应考虑相关控制的影响。

（3）在内部控制审计中，注册会计师在识别重要账户、列报及相关认定时应当评价的风险因素，与财务报表审计中考虑的因素相同。因此，在这两种审计中识别的重要账户、列报及相关认定应当相同。

（4）在财务报表审计中，注册会计师可能针对非重要账户、列报及相关认定实施实质性程序。

（三）测试内部控制设计和运行的有效性

注册会计师应当测试内部控制设计与运行的有效性。如果某项控制由拥有必要授权和专业胜任能力的人员按照规定的程序与要求执行，能够实现控制目标，表明该项控制的设计是有效的。如果某项控制正在按照设计运行，执行人员拥有必要授权和专业胜任能力，能够实现控制目标，表明该项控制的运行是有效的。

设计不当的控制可能表明控制存在缺陷甚至重大缺陷，注册会计师在测试控制运行的有效性时，首先要考虑控制的设计。注册会计师在测试内部控制设计与运行的有效性时，应当综合运用询问适当人员、观察经营活动、检查相关文件、穿行测试和重新执行等方法。注册会计师测试控制有效性实施的程序，按提供证据的效力，由弱到强排序为：询问、观察、检查和重新执行。其中询问本身并不能为得出控制是否有效的结论提供充分、适当的证据。执行穿行测试通常足以评价控制设计的有效性。

（四）与控制相关的风险与拟获取证据的关系

在测试所选定控制的有效性时，注册会计师需要根据与控制相关的风险，确定所需获取的证据。与控制相关的风险包括控制可能无效的风险和因控制无效而导致重大缺陷的风险。与控制相关的风险越高，注册会计师需要获取的证据就越多。

与某项控制相关的风险受下列因素的影响：

（1）该项控制以防止或发现并纠正的错报的性质和重要程度；

（2）相关账户、列报及相关认定的固有风险；

（3）相关账户或列报是否曾经出现错报；

（4）交易的数量和性质是否发生变化，进而可能对该项控制设计或运行的有效性产生不利影响；

（5）企业层面控制（特别是对控制有效性的内部监督和自我评价）的有效性；

（6）该项控制的性质及其执行频率；

（7）该项控制对其他控制（如内部环境或信息技术一般控制）有效性的依赖程度；

（8）该项控制的执行或监督人员的专业胜任能力，以及其中的关键人员是否发生变化；

（9）该项控制是人工控制还是自动化控制；

（10）该项控制的复杂程度，以及在运行过程中依赖判断的程度。

针对每一相关认定，注册会计师都需要获取控制有效性的证据，以便对内部控制整体的有效性单独发表意见，但注册会计师没有责任对单项控制的有效性发表意见。

对于控制运行偏离设计的情况（即控制偏差），注册会计师需要考虑该偏差对相关风险评估、需要获取的证据以及控制运行有效性结论的影响。

注册会计师通过测试控制有效性获取的证据，取决于实施程序的性质、时间安排和范围的组合。就单项控制而言，注册会计师应当根据与该项控制相关的风险，适当确定实施程序的性质、时间安排和范围，以获取充分、适当的证据。

测试控制有效性实施的程序，其性质在很大程度上取决于拟测试控制的性质。某些控制可能存在文件记录，反映其运行的有效性，而另外一些控制，如管理理念和经营风格，可能没有书面的运行证据。对缺乏正式运行证据的企业或企业的某个业务单元，注册会计师可以通过询问并结合运用观察活动、检查非正式的书面记录和重新执行某些控制等程序，获取有关控制有效性的充分、适当的证据。

对控制有效性的测试涵盖的期间越长，提供的控制有效性的证据就越多。注册会计师需要获取内部控制在企业内部控制自我评价基准日前足够长的期间内有效运行的证据。对控制有效性的测试实施的时间安排越接近企业内部控制自我评价基准日，提供的控制有效性的证据越有力。

在企业内部控制自我评价基准日之前，管理层可能为提高控制效率、效果或弥补控制缺陷而改变企业的控制。如果新控制实现了相关控制目标，运行足够长的时间，且注册会计师能够测试并评价该项控制设计和运行的有效性，则无需测试被取代的控制。如果被取代控制设计和运行的有效性对控制风险的评估有重大影响，注册会计师则需要测试该项控制的有效性。

注册会计师执行内部控制审计业务通常旨在对企业内部控制自我评价基准日（通常为年末）内部控制的有效性发表意见。如果已获取有关控制在期中运行有效性的证据，注册会计师应当确定还需要获取哪些补充证据，以证实在剩余期间控制的运行情况。在将期中测试的结果更新至年末时，注册会计师需要考虑下列因素，以确定需获取的补充证据：

（1）期中测试的特定控制的有关情况，包括与控制相关的风险、控制的性质和测试的结果；

（2）期中获取的有关证据的充分性、适当性；

（3）剩余期间的长短；

（4）期中测试之后，内部控制发生重大变化的可能性及其变化情况。

（五）评价内部控制缺陷

注册会计师应当评价其识别的各项内部控制缺陷的严重程度，以确定这些缺陷单独或组合起来，是否构成重大缺陷。在确定一项内部控制缺陷或多项内部控制缺陷的组合是否构成重大缺陷时，注册会计师应当评价补偿性控制（替代性控制）的影响。企业执行的补偿性控制应当具有同样的效果。

内部控制缺陷按其成因分为设计缺陷和运行缺陷，按其影响程度分为重大缺陷、重要缺陷和一般缺陷。重大缺陷，是指一个或多个控制缺陷的组合，可能导致企业严重偏离控制目标的情形。重要缺陷，是指一个或多个控制缺陷的组合，其严重程度和经济后果低于重大缺陷，但仍有可能导致企业偏离控制目标的情形。一般缺陷，是指除重大缺陷和重要缺陷以外的其他控制缺陷。

表明内部控制可能存在重大缺陷的迹象，主要包括：（1）注册会计师发现董事、监事和高级管理人员舞弊。（2）企业更正已经公布的财务报表。（3）注册会计师发现当期财务报表存在重大错报，而内部控制在运行过程中未能发现该错报。（4）企业审计委员会和内部审计机构对内部控制的监督无效。

（六）完成审计工作

注册会计师完成审计工作后，应当取得经企业签署的书面声明。书面声明应当包括下列内容：

（1）企业董事会认可其对建立健全和有效实施内部控制负责。

（2）企业已对内部控制的有效性作出自我评价，并说明评价时采用的标准以及得出的结论。

（3）企业没有利用注册会计师执行的审计程序及其结果作为自我评价的基础。

（4）企业已向注册会计师披露识别出的所有内部控制缺陷，并单独披露其中的重大缺陷和重要缺陷。

（5）企业对于注册会计师在以前年度审计中识别的重大缺陷和重要缺陷，是否已经采取措施予以解决。

（6）企业在内部控制自我评价基准日后，内部控制是否发生重大变化，或者存在对内部控制具有重要影响的其他因素。

企业如果拒绝提供或以其他不当理由回避书面声明，注册会计师应当将其视为审计范围受到限制，解除业务约定或出具无法表示意见的内部控制审计报告。

注册会计师应当与企业沟通审计过程中识别的所有控制缺陷。对于其中的重大缺陷和重要缺陷，应当以书面形式与董事会和经理层沟通。注册会计师认为审计委员会和内部审计机构对内部控制的监督无效的，应当就此以书面形式直接与董事会和经理层沟通。所有书面沟通应当在注册会计师出具内部控制审计报告之前进行。

三、实施内部控制审计时应注意的事项

（一）连续审计时的特殊考虑

在连续审计中，注册会计师在确定测试的性质、时间安排和范围时，还需要考虑以前年度执行内部控制审计时了解的情况。

影响连续审计中与某项控制相关的风险的因素除"（四）与控制相关的风险与拟获取证据的关系"中所列的10项因素外，还包括：

（1）以前年度审计中所实施程序的性质、时间安排和范围；

（2）以前年度对控制的测试结果；

（3）上次审计之后，控制或其运行流程是否发生了变化，尤其是要考虑IT环境的变化。

在考虑上述所列的风险因素以及连续审计中可获取的进一步信息之后，只有当认为与控制相关的风险水平比以前年度有所下降时，注册会计师在本年度审计中才可以减少测试。

为保证控制测试的有效性，使测试具有不可预见性，并能应对环境的变化，注册会计师需要每年改变控制测试的性质、时间安排和范围，每年在期中的不同时段测试控制，并增加或减少所执行测试的数量和种类，或者改变所使用测试程序的组合等。

（二）对应对舞弊风险的考虑

在计划和实施内部控制审计工作时，注册会计师应当考虑财务报表审计中对舞弊风险的评估结果。在识别和测试企业层面控制以及选择其他控制进行测试时，注册会计师应当评价被审计单位的内部控制是否足以应对识别出的、由于舞弊导致的重大错报风险，并评价为应对管理层和治理层凌驾于控制之上的风险而设计的控制。

被审计单位为应对这些风险可能设计的控制包括：

（1）针对重大的非常规交易的控制，尤其是针对导致会计处理延迟或异常的交易的控制；

（2）针对期末财务报告流程中编制的分录和作出的调整的控制；

（3）针对关联方交易的控制；

（4）与管理层的重大估计相关的控制；

（5）能够减弱管理层和治理层伪造或不恰当操纵财务结果的动机和压力的控制。

如果在内部控制审计中识别出旨在防止或发现并纠正舞弊的控制存在缺陷，注册会计师应当按照《中国注册会计师审计准则第1141号——财务报表审计中与舞弊相关的责任》的规定，在财务报表审计中制订重大错报风险的应对方案时考虑这些缺陷。

第四节　内部控制审计报告

在注册会计师对内部控制进行审计之后，要对审计结果作一个总结，这个总结就是内部控制审计报告。

在提出审计报告之前，审计人员应该重新检查在审计工作中获得的资料，作如下一些分析：（1）是否了解研究了被审计单位的所有重要控制；（2）所作分析判断是否得到了测试的证实或有足够的证据支持；（3）是否遗漏了其他需要考虑的影响最终评价的客观事实；（4）最后的健全性、有效性、遵循性评价是否适当，是否有足够的证据支持；（5）出现了哪些因内部控制导致的重大问题，哪些人员严重违反内部控制并且导致严重后果等。审计项目负责人还要复核审计底稿，之后就着手准备撰写审计报告。

一、内部控制审计报告的内容

注册会计师在完成内部控制审计工作后，应当出具内部控制审计报告。标准内部控制审计报告应当包括下列要素：

（1）标题；

（2）收件人；

（3）引言段；

（4）企业对内部控制的责任段；

（5）注册会计师的责任段；

（6）内部控制固有局限性的说明段；

（7）财务报告内部控制审计意见段；

（8）非财务报告内部控制重大缺陷描述段；

（9）注册会计师的签名和盖章；

（10）会计师事务所的名称、地址及盖章；

（11）报告日期。

二、内部控制审计报告的意见类型

企业内部控制审计意见包括无保留意见、否定意见和无法表示意见三种类型。

（一）无保留意见的内部控制审计报告

符合下列所有条件的，注册会计师应当对财务报告内部控制审计出具无保留意见的内部控制审计报告（也称标准内部控制审计报告）：

（1）企业按照《企业内部控制基本规范》《企业内部控制应用指引》《企业内部控制评价指引》以及企业自身内部控制制度的要求，在所有重大方面保持了有效的内部控制。

（2）注册会计师已经按照《企业内部控制审计指引》的要求计划和实施审计工作，在审计过程中未受到限制。

例1：标准内部控制审计报告

内部控制审计报告

××股份有限公司全体股东：

按照《企业内部控制审计指引》及中国注册会计师执业准则的相关要求，我们审计了××股份有限公司（以下简称"××公司"）20××年××月××日的财务报告内部控制的有效性。

一、企业对内部控制的责任

按照《企业内部控制基本规范》《企业内部控制应用指引》《企业内部控制评价指引》的规定，建立健全和有效实施内部控制，并评价其有效性是企业董事会和经其授权的经理层的责任。

二、注册会计师的责任

我们的责任是在实施审计工作的基础上，对财务报告内部控制的有效性发表审计意见，并对发现的非财务报告内部控制的重大缺陷进行披露。

三、内部控制的固有局限性

内部控制具有固有局限性，存在不能防止和发现错报的可能性。此外，由于情况的变化可能导致内部控制变得不恰当，或对控制政策和程序遵循的程度降低，根据内部控制审计结果推测未来内部控制的有效性具有一定风险。

四、财务报告内部控制审计意见

我们认为，××公司按照《企业内部控制基本规范》和相关规定在所有重大方面保持了有效的财务报告内部控制。

五、非财务报告内部控制的重大缺陷

在内部控制审计过程中，我们注意到××公司的非财务报告内部控制存在重大缺陷[描述该缺陷的性质及其对实现相关控制目标的影响程度]。由于存在上述重大缺陷，我们提醒本报告使用者注意相关风险。需要指出的是，我们并不对××公司的非财务报告内部控制发表意见或提供保证。本段内容不影响对财务报告内部控制有效性发表的审计意见。

××会计师事务所　　　　　　　　中国注册会计师：×××（签名并盖章）
（盖章）

中国注册会计师：×××（签名并盖章）

中国××市　　　　　　　　　　　20××年××月××日

（二）否定意见的内部控制审计报告

如果注册会计师认为财务报告内部控制存在一项或多项重大缺陷，除非审计范围受到限制，否则应当对财务报告内部控制发表否定意见。若注册会计师出具否定意见的内部控制审计报告，还应当包括下列内容：（1）重大缺陷的定义；（2）重大缺陷的性质及其对财务报告内部控制的影响程度。

例2：否定意见的内部控制审计报告

内部控制审计报告

××股份有限公司全体股东：

按照《企业内部控制审计指引》及中国注册会计师执业准则的相关要求，我们审计了××股份有限公司（以下简称"××公司"）20××年××月××日的财务报告内部控制的有效性。

一、企业对内部控制的责任

按照《企业内部控制基本规范》《企业内部控制应用指引》《企业内部控制评价指引》的规定，建立健全和有效实施内部控制，并评价其有效性是企业董事会和经其授权的经理层的责任。

二、注册会计师的责任

我们的责任是在实施审计工作的基础上，对财务报告内部控制的有效性发表审计意见，并对发现的非财务报告内部控制的重大缺陷进行披露。

三、内部控制的固有局限性

内部控制具有固有局限性，存在不能防止和发现错报的可能性。此外，由于情况的变化可能导致内部控制变得不恰当，或对控制政策和程序遵循的程度降低，根据内部控制审计结果推测未来内部控制的有效性具有一定风险。

四、导致否定意见的事项

重大缺陷，是指一个或多个控制缺陷的组合，可能导致企业严重偏离控制目标。

[指出注册会计师已识别出的重大缺陷，并说明重大缺陷的性质及其对财务报告内部控制的影响程度]

有效的内部控制能够为财务报告及相关信息真实完整提供合理保证，而上述重大缺陷使××公司内部控制失去这一功能。

五、财务报告内部控制审计意见

我们认为，由于存在上述重大缺陷及其对实现控制目标的影响，××公司未能按照《企业内部控制基本规范》和相关规定在所有重大方面保持有效的财务报告内部控制。

六、非财务报告内部控制的重大缺陷

在内部控制审计过程中，我们注意到××公司的非财务报告内部控制存在重大缺陷[描述该缺陷的性质及其对实现相关控制目标的影响程度]。由于存在上述重大缺陷，我们提醒本报告使用者注意相关风险。需要指出的是，我们并不对××公司的非财务报告内部控制发表意见或提供保证。本段内容不影响对财务报告内部控制有效性发表的审计意见。

××会计师事务所	中国注册会计师：×××（签名并盖章）
（盖章）	中国注册会计师：×××（签名并盖章）
中国××市	20××年××月××日

（三）无法表示意见的内部控制审计报告

注册会计师审计范围受到限制的，应当解除业务约定或出具无法表示意见的内部控制审计报告，并就审计范围受到限制的情况，以书面形式与董事会进行沟通。注册会计师在出具无法表示意见的内部控制审计报告时，应当在内部控制审计报告中指明审计范围受到限制，无法对内部控制的有效性发表意见。注册会计师在已执行的有限程序中发现财务报告内部控制存在重大缺陷的，应当在内部控制审计报告中对重大缺陷作出详细说明。

还有种可能是在企业内部控制自我评价基准日并不存在，但在该基准日之后至审计报告日之前（下称"期后期间"）内部控制可能发生变化，或出现其他可能对内部控制产生重要影响的因素。注册会计师应当询问是否存在这类变化或影响因素，并获取企业关于这些情况的书面声明。注册会计师知悉对企业内部控制自我评价基准日内部控制有效性有重大负面影响的期后事项的，应当对财务报告内部控制发表否定意见。注册会计师不能确定期后事项对内部控制有效性的影响程度的，应当出具无法表示意见的内部控制审计报告。

例3：无法表示意见的内部控制审计报告

内部控制审计报告

××股份有限公司全体股东：

按照《企业内部控制审计指引》及中国注册会计师执业准则的相关要求，我们审计了××股份有限公司（以下简称"××公司"）20××年××月××日的财务报告内部控制的有效性。

一、企业对内部控制的责任

按照《企业内部控制基本规范》《企业内部控制应用指引》《企业内部控制评价指引》的规定，建立健全和有效实施内部控制，并评价其有效性是企业董事会和经其授权的经理层的责任。

二、内部控制的固有局限性

内部控制具有固有局限性，存在不能防止和发现错报的可能性。此外，由于情况的变化可能导致内部控制变得不恰当，或对控制政策和程序遵循的程度降低，根据内部控制审计结果推测未来内部控制的有效性具有一定风险。

三、导致无法表示意见的事项

[描述审计范围受到限制的具体情况]

四、财务报告内部控制的审计意见

由于审计范围受到限制，我们未能实施必要的审计程序以获取发表意见所需的充分、适当证据，因此，我们无法对××公司财务报告内部控制的有效性发表意见。

五、识别的财务报告内部控制重大缺陷（如在审计范围受到限制前，执行有限程序未能识别出重大缺陷，则应删除本段）

重大缺陷，是指一个或多个控制缺陷的组合，可能导致企业严重偏离控制目标。

尽管我们无法对××公司财务报告内部控制的有效性发表审计意见，但在我们实施的有限程序的过程中，发现了以下重大缺陷：

[指出注册会计师已识别出的重大缺陷，并说明重大缺陷的性质及其对财务报告内部控制的影响程度]

有效的内部控制能够为财务报告及相关信息的真实完整提供合理保证，而上述重大缺陷使××公司内部控制失去这一功能。

六、非财务报告内部控制的重大缺陷

在内部控制审计过程中，我们注意到××公司的非财务报告内部控制存在重大缺陷[描述该缺陷的性质及其对实现相关内部控制目标的影响程度]。由于存在上述重大缺陷，我们提醒本报告使用者注意相关风险。需要指出的是，我们并不对××公司的非财务报告内部控制发表意见或提供保证。本段内容不影响对财务报告内部控制有效性发表的审计意见。

××会计师事务所	中国注册会计师：×××（签名并盖章）
（盖章）	中国注册会计师：×××（签名并盖章）
中国××市	20××年××月××日

（四）带强调事项段的无保留意见内部控制审计报告

注册会计师认为财务报告内部控制虽不存在重大缺陷，但仍有一项或者多项重大事项需要提请内部控制审计报告使用者注意的，应当在内部控制审计报告中增加强调事项段予以说明。

注册会计师应当在强调事项段中指明，该段内容仅用于提醒内部控制审计报告使用者关注，并不影响对财务报告内部控制发表的审计意见。

例4：带强调事项段的无保留意见内部控制审计报告

内部控制审计报告

××股份有限公司全体股东：

按照《企业内部控制审计指引》及中国注册会计师执业准则的相关要求，我们审计了××股份有限公司（下称"××公司"）20××年××月××日的财务报告内部控制的有效性。

["一、企业对内部控制的责任"至"五、非财务报告内部控制的重大缺陷"参见标准内部控制审计报告相关段落表述]

六、强调事项

我们提醒内部控制审计报告使用者关注，[描述强调事项的性质及其对内部控制的重大影响]。本段内容不影响已对财务报告内部控制发表的审计意见。

××会计师事务所	中国注册会计师：×××（签名并盖章）
（盖章）	中国注册会计师：×××（签名并盖章）
中国××市	20××年××月××日

（五）对注意到的非财务报告内部控制缺陷的处理

注册会计师对在审计过程中注意到的非财务报告内部控制缺陷，应当区别具体情况予以处理：

（1）注册会计师认为非财务报告内部控制缺陷为一般缺陷的，应当与企业进行沟通，提醒企业加以改进，但无需在内部控制审计报告中说明。

（2）注册会计师认为非财务报告内部控制缺陷为重要缺陷的，应当以书面形式与企业董事会和经理层沟通，提醒企业加以改进，但无需在内部控制审计报告中说明。

（3）注册会计师认为非财务报告内部控制缺陷为重大缺陷的，应当以书面形式与企业董事会和经理层沟通，提醒企业加以改进；同时应当在内部控制审计报告中增加非财务报告内部控制重大缺陷描述段，对重大缺陷的性质及其对实现相关控制目标的影响程度进行披露，提请内部控制审计报告使用者注意相关风险。

企业内部控制审计与财务报告审计两种意见类型相互关联，但并非一一对应。如在执行内部控制审计过程中，注册会计师发现企业财务报告内部控制存在重大缺陷，应该出具否定意见的内部控制审计报告。如果该内部控制重大缺陷尚未引起企业财务报告的重大错报，注册会计师则出具标准意见的财务报告审计报告。又如，注册会计师对企业财务报告发表否定意见，意味着财务报告的编制不符合适用的会计准则和会计制度的规定，这种情况下，企业的内部控制通常也存在重大缺陷，应该出具否定意见的内部控制审计报告。因此，企业内部控制审计能够比财务报告审计提供更进一步的信息，有利于投资者在财务报告审计意见类型基础上，深入分析企业内部控制情况、投资风险和投资价值。

复习思考题

1. 简要说明实施内部控制审计的重要性。
2. 内部控制审计的计划审计有哪些步骤？
3. 内部控制审计报告的审计意见类型有哪几种？分别应当在何种情况下出具？

中英文专业术语

内部控制审计 internal control audit
内部控制审计报告 internal control audit report
专业胜任能力 professional competence
总体审计计划 the overall audit plan
具体审计计划 the detailed audit plan
控制程序 control procedures
内部控制重大缺陷 material weakness in internal control
风险评估 risk assessment

补充学习内容

1．《企业内部控制审计指引》及其讲解。

2．案例。

泰达股份内部控制审计案例

泰达股份2013年度就曾被中审华寅五洲会计师事务所出具否定意见的内部控制审计报告。中国注册会计师协会发布的《2014年年报审计情况快报（第八期）》显示，泰达股份再次被会计师事务所出具否定意见内部控制审计报告。

中国注册会计师协会发布的《2013年年报审计情况快报（第十三期）》显示，注册会计师认为，泰达股份财务报告内部控制存在如下重大缺陷：

（1）泰达股份子公司扬州昌和工程开发有限公司在2013年存在为泰达股份其他子公司及外部单位提供担保的行为；

（2）泰达股份子公司扬州声谷信息产业发展有限公司在2013年存在为泰达股份其他子公司提供担保的行为；

（3）泰达股份子公司扬州广硕信息产业发展有限公司在2013年存在为外部单位提供担保的行为。

上述担保均未按照泰达股份内部控制制度的规定履行授权审批、信息披露等程序，与之相关的财务报告内部控制执行失效，该重大缺陷可能导致泰达股份因履行担保责任而承担损失的风险。有效的内部控制能够为财务报告及相关信息的真实完整提供合理保证，注册会计师认为上述重大缺陷使该公司内部控制失去这一功能。泰达股份管理层已识别出上述重大缺陷，并将其包含在企业内部控制评价报告中，但未在所有重大方面公允反映。2013年年底，泰达股份尚未完成上述存在重大缺陷的内部控制的整改工作，但在编制2013年度财务报表时，已对上述内部控制失效可能导致的会计差错予以关注、避免和纠正。在泰达股份2013年财务报表审计中，注册会计师已经考虑了上述重大缺陷对审计程序的性质、时间安排和范围的影响。

2014年度泰达股份更换会计师事务所，更换的理由为前任事务所合同期满，客户未续聘。泰达股份的内部控制审计机构由中审华寅五洲事务所更换为普华永道中天事务所，而普华永道中天事务所又为泰达股份出具了否定意见的内部控制审计报告。注册会计师认为，泰达股份的财务报告内部控制存在如下重大缺陷：

（1）部分子公司未定期执行资产减值评估，或在资产减值评估过程中未发现已表明该资产已发生减值的客观证据。上述重大缺陷影响了财务报表中应收账款和可供出售金融资产相关的资产的计价以及资产减值的准确性，与之相关财务报告内部控制执行失效。泰达股份尚未在2014年年底完成上述存在重大缺陷的内部控制的整改工作，但在编制2014年度财务报表时已对资产减值损失进行了恰当调整，并对前期对应数据相应进行了追溯调整及重述。

（2）部分区域开发板块子公司未执行对于应付未付工程款进行暂估、预提的分析审核的内部控制。上述重大缺陷影响了财务报表中应付未付的一级土地开发工程款的截止性和义务认定，与之相关财务报告内部控制执行失效。泰达股份尚未在2014年年底完成上述存在重大缺陷的内部控制的整改工作，但在编制2014年度财务报表时已对"存货""应付账款"等相关科目进行了恰当调整，并对前期对应数据相应进行了追溯调整及重述。

（3）个别区域开发板块子公司未执行对于工程施工成本归集和分摊的审核的内部控制，且尚未建立定期分析工程进度并按照完工百分比法进行相应会计处理的内部控制。上述重大缺陷影响了财务报表中应该按照完工百分比法确认收入的交易的准确性和截止性，与之相关财务报告内部控制设计和执行失效。泰达股份尚未在2014年年底完成上述存在重大缺陷的内部控制的整改工作，但在编制2014年度财务报表时已对二级代建开发成本、收入及相关科目进行了恰当调整，并对前期对应数据相应进行了追溯调整及重述。

（4）从事贸易批发业务的部分子公司尚未建立从贸易批发业务所承担的存货风险、信用风险等业务实质进行分析判断所适用的收入确认原则的内部控制。上述重大缺陷影响了财务报表中贸易收入及成本确认的完整性、准确性和截止性，与之相关财务报告内部控制设计失效。泰达股份尚未在2014年年底完成上述存在重大缺陷的内部控制的整改工作，但在编制2014年度财务报表时已对这些可能存在的会计差错予以关注和纠正，并对前期对应数据相应进行了追溯调整及重述。

（5）部分子公司未执行对在建工程是否达到可使用状态进行检查的控制。上述重大缺陷影响了财务报表中在建工程、固定资产和管理费用的准确性和截止性，与之相关财务报告内部控制执行失效。泰达股份尚未在2014年年底完成上述存在重大缺陷的内部控制的整改工作，但在编制2014年度财务报表时已对这些可能存在的会计差错予以关注和纠正，并对前期对应数据相应进行了追溯调整及重述。

（6）对财务人员的专业培训不够充分，对部分会计准则的理解不够准确，会计处理及财务报告披露流程中的审核存在部分运行缺陷，未能及时发现部分子公司资产减值、应付未付工程款的计提、按完工百分比法的销售确认、贸易收入及成本的确认、在建工程转固定资产、现金流量表中对现金及现金等价物的认定、银行融资在应付票据与短期借款的分类、借款在长期负债与短期负债的分类、营业收入和利息收入的分类、BOT项目核算、尚未获得土地证的预付土地款记录等方面存在的问题。

资料来源 蔡秋红.泰达股份换所后又被出具非标审计报告[EB/OL].[2015-03-30]. http://news.esnai.com/33/2015/0330/112248.shtml.

主要参考文献

[1]李凤鸣.内部控制学[M].2版.北京：北京大学出版社，2012.

[2] COSO.财务报告内部控制——较小型公众公司指南[M].方红星，主译.大连：东北财经大学出版社，2009.

[3]美国管理会计学协会.财务报告内部控制与风险管理[M].张先治，袁克利，主译.大连：东北财经大学出版社，2008.

[4]孙永尧.企业内部控制设计与应用[M].北京：经济管理出版社，2012.

[5]张长胜，等.企业内部控制[M].北京：北京大学出版社，2012.

[6]企业内部控制编审委员会.企业内部控制配套指引解读与案例分析[M].上海：立信会计出版社，2010.

[7]许江波.企业内部控制检查与评价[M].大连：大连出版社，2009.

[8]傅胜，池国华.企业内部控制规范指引操作案例点评[M].北京：北京大学出版社，2011.

[9]李书峰，等.企业内部控制配套指引操作指南[M].北京：中国市场出版社，2010.

[10]财政部，等.企业内部控制基本规范[S].财会[2008]7号，2008.

[11]企业内部控制编审委员会.企业内部控制基本规范及配套指引案例讲解[M].上海：立信会计出版社，2011.

[12]企业内部控制编审委员会.企业内部控制基本规范及配套指引案例讲解[M].2015年版.上海：立信会计出版社，2015.

[13]刘永泽，池国华.企业内部控制[M].北京：清华大学出版社，2014.

[14]刘胜强.企业内部控制[M].北京：清华大学出版社，2014.

[15]刘国红.基于内部控制目标——要素评价体系的建立与思考[J].时代金融，2009（12）.

[16]张宜霞.企业内部控制评价的方法[J].中国注册会计师，2009（4）.

[17]郑洪涛，张颖.企业内部控制学[M].3版.大连：东北财经大学出版社，2015.